Azim Semizoğlu

Social Bots im Meinungsbildungsprozess des Grundgesetzes

Schriftenreihe der Stipendiatinnen und Stipendiaten der Friedrich-Ebert-Stiftung

herausgegeben von

Klaus-Jürgen Scherer, Adalbert Schlag (†),
Burkard Thiele und Markus Trömmer

Band 55

LIT

Azim Semizoğlu

Social Bots im Meinungsbildungsprozess des Grundgesetzes

LIT

∞

Gedruckt auf alterungsbeständigem Werkdruckpapier entsprechend
ANSI Z3948 DIN ISO 9706

Bibliografische Information der Deutschen Nationalbibliothek
Die Deutsche Nationalbibliothek verzeichnet diese Publikation in der Deutschen Nationalbibliografie; detaillierte bibliografische Daten sind im Internet über https://dnb.dnb.de abrufbar.

ISBN 978-3-643-15728-7 (br.)
ISBN 978-3-643-35728-1 (PDF)
Zugl.: Leipzig, Univ., Diss., 2025

Verlagskontakt:
Fresnostr. 2 D-48159 Münster
Tel. +49 (0) 2 51-62 03 20
E-Mail: lit@lit-verlag.de https://www.lit-verlag.de

Auslieferung:
Deutschland: LIT Verlag, Fresnostr. 2, D-48159 Münster
Tel. +49 (0) 2 51-620 32 22, E-Mail: vertrieb@lit-verlag.de

In Dankbarkeit

und Liebe

für anne, *Sevgi Semizoğlu*

und baba, *Aziz Semizoğlu*

Vorwort

Die vorliegende Arbeit wurde im September 2024 von der Juristenfakultät der Universität Leipzig als Dissertation angenommen.

Meiner Doktormutter, Frau Professorin Dr. *Stephanie Schiedermair*, danke ich herzlich für die vorzügliche Betreuung, die zügige Erstellung des Erstgutachtens sowie die Forschungsfreiheit, die ich an Ihrem Lehrstuhl als wissenschaftlicher Mitarbeiter genießen durfte. Herrn Professor Dr. *Hubertus Gersdorf* danke ich für die zügige Erstellung des Zweitgutachtens.

Die zweite Hälfte dieser Arbeit entstand am Lehrstuhl von Herrn Professor Dr. *Jochen Rozek*. Ihm danke ich herzlich für den Freiraum, den er mir für die Fertigstellung dieser Arbeit gewährte sowie die ausgeprägte Fürsorge, die er als Chef zeigte. Sein plötzlicher und viel zu früher Tod im Sommer 2024 traf alle, die ihm nahestanden, schmerzlich. Ich bin dankbar für die gemeinsame Zeit und werde ihn vor allem als einen herzlichen und großzügigen Menschen in Erinnerung behalten.

Halil Ünal, RA *Alperen Özer* und *Yusuf Safa Aydınbaş* danke ich für den stetigen Zuspruch während des Promotionsstudiums sowie ihre Freundschaft, die mein Leben vielseitig bereichert.

Vielmals danke ich auch der Friedrich-Ebert-Stiftung, die mich sowohl im Jura- als auch im Promotionsstudium mit Stipendien förderte.

Der größte Dank gilt meiner Mutter, *Sevgi Semizoğlu*, und meinem Vater, *Aziz Semizoğlu*, die mich (und meine Brüder) aufopferungsvoll, mit Hingabe und Liebe auf das Leben vorbereitet haben. Ich danke ihnen für die Unterstützung in jeder Phase meines langen Bildungsweges – ihnen ist dieses Buch gewidmet. Meinen Brüdern *Avni Semizoğlu* und *Abdullah Semizoğlu* danke ich ebenfalls für ihre Unterstützung.

Meine Frau, *Salma Victoria Alami*, stieß in der Endphase dieser Arbeit in mein Leben und hat mit ihrer Liebe, ihrem Humor und Zuspruch keinen Raum für dissertationsbedingte Verstimmungen meinerseits gelassen. Dafür, für ihre Lebensfreundschaft und für alles, was sie für mich ist und sein wird, danke ich ihr aus dem Herzen.

Leipzig, im April 2025 Dr. *Azim Semizoğlu*

Inhaltsverzeichnis

Einleitung

A. Problemstellung

Die Digitalisierung der Gesellschaft schreitet unaufhaltsam voran und verändert die unterschiedlichen Lebensbereiche tiefgreifend.[1] Sie bringt gleichermaßen Chancen wie Risiken mit sich.[2] Auf der einen Seite können neue Technologien für den Einzelnen und die Gesellschaft großen Nutzen bringen; etwa durch die Steigerung des Wirtschaftswachstums, der Entwicklung neue medizinischer Möglichkeiten und die Modernisierung der Verwaltung. Auf der anderen Seite birgt die Digitalisierung auch Risiken; beispielhaft sollen nur die immense Ansammlung von personenbezogenen Daten und die Entwicklung der Cyberkriminalität erwähnt werden.

Einer der Bereiche, der sich durch die Digitalisierung wesentlich verändert hat und weiterhin verändert, ist die Kommunikation. Die zunehmende Digitalisierung der Informations- und Kommunikationstechnologie hat zu einer Veränderung der Kommunikationsinfrastruktur und damit zu „*neuen Bedingungen der öffentlichen Kommunikation, der Institutionen und Prozesse des Informationserwerbs, der Meinungsbildung und der Partizipation in der repräsentativen Demokratie*" geführt.[3] Die Entwicklungen des Internets und der sozialen Medien haben hierzu einen entscheidenden Beitrag geleistet.[4] Soziale Medien sind fester Bestandteil des

---

1 Datenethikkommission der Bundesregierung et al. (Hrsg.), Gutachten der Datenethikkommission, 2019, S. 13; *Zech*, in: Eifert (Hrsg.), Digitale Disruption und Recht, 2020, S. 29, 30; *Hoffmann-Riem*, Recht im Sog der digitalen Transformation, 2022, S. 1 m. w. N.; *Eichenhofer*, JZ 2023, 1052, 1052.

2 *Nettesheim*, in: Bitburger Gespräche Jahrbuch 2013, S. 5, 7; *Thiel*, in: Riescher/Rosenzweig/Meine (Hrsg.), Einführung in die politische Theorie, 2020, S. 331 ff.

3 Deutsche Akademie der Naturforscher Leopoldina e.V. et al. (Hrsg.), Digitalisierung und Demokratie, 2021, S. 10.

4 *Hoffmann-Riem*, AöR 137 (2012), 509, 510; soziale Medien „*sind auf der Basis von so genannter Social Software operierende Dienste, die auf Austausch angelegt sind, stets gemeinschaftlich genutzt werden, die Möglichkeiten des Empfehlens und Bewertens enthalten, Schnittstellen und Verknüpfungen zu anderen Nutzern bilden und dadurch soziale Beziehungen konstituieren.*"; siehe: *Hohlfeld/Godulla*, in: Hornung/Müller-Terpitz (Hrsg.), Rechtshandbuch Social Media, 2. Auflage, 2021, S. 15, Rn. 17; siehe auch: *Kellner*, Die Regulierung der Meinungsmacht von Internetintermediären, 2019, S. 30 ff.; *Gerecke*, in: Gerecke (Hrsg.), Handbuch Social-Media-Recht, 2023, S. 2 f.; der Begriff soziale Medien

alltäglichen Lebens vieler Menschen.[5] Mittels dieser Dienste können sich Nutzer in Echtzeit über Ereignisse in der ganzen Welt informieren und sich selbst mit unterhaltenden, bildenden oder informierenden Beiträgen an eine potentiell unbeschränkte Zielgruppe richten. Dadurch haben der Zugang zum und die Partizipationsmöglichkeiten am öffentlichen Meinungsbildungsprozess zweifelsohne stark zugenommen, was in demokratietheoretischer Hinsicht positiv zu bewerten ist.[6] Mittlerweile ist aber die anfängliche Euphorie über die erweiterten Partizipationsmöglichkeiten am öffentlichen Meinungsbildungsprozess der Sorge über die Gefahren für diesen gewichen: Desinformation, machtvolle Intermediäre, „Fake News" und „Hate Speech" sind nur einige Themenbereiche, die derzeit diskutiert werden.[7] In diesem Zusammenhang wurde in der jüngeren Vergangenheit im Zuge von Wahlen und anderen politischen Ereignissen, wie etwa der Präsidentschaftswahl 2016 in den USA,[8] des Brexit-Referendums[9] oder auch der Bundestagswahl 2017,[10] regelmäßig die Sor-

---

wird in dieser Arbeit auch als Synonym für die Begriffe soziale Netzwerke und Social Media verwendet.

5 *Hohlfeld/Godulla/Planer*, in: Hornung/Müller-Terpitz (Hrsg.), Rechtshandbuch Social Media, 2. Auflage, 2021, S. 24, Rn. 32.

6 *Gärditz*, DER STAAT 54 (2015), 113, 133.

7 *Laufer*, Im Kampf gegen Manipulation gescheitert, Tagesschau, Beitrag vom 27.04.2022, abrufbar unter: https://www.tagesschau.de/investigativ/kontraste/social-media-manipulation-101.html (zuletzt abgerufen am: 18.03.2023); *Menczer/Hills*, Die digitale Manipulation, Spektrum.de, Beitrag vom 02.04.2021, abrufbar unter: https://www.spektrum.de/news/wie-algorithmen-uns-manipulieren/1849438 (zuletzt abgerufen am: 18.03.2023).; *Wagner*, So manipuliert Social Media, Deutsche Welle, Beitrag vom 16.11.2020, abrufbar unter: https://www.dw.com/de/so-manipuliert-social-media/a-55606935 (zuletzt abgerufen am: 18.03.2023).

8 *Locker*, So haben Bots die Wahl beeinflusst, Motherboard, Beitrag vom 09.11.2016, abrufbar unter: https://motherboard.vice.com/de/article/jpjed3/so-haben-bots-die-us-wahl-beeinflusst (zuletzt abgerufen am: 18.03.2023); *Lobe*, Erzwitschere dir deine Wahl! FAZ Online, Beitrag vom 30.09.2016, abrufbar unter: http://www.faz.net/aktuell/feuilleton/debatten/twitter-bots-von-donald-trump-greifen-in-us-wahlkampf-ein-14455894.html (zuletzt abgerufen am: 18.03.2023).

9 *Heller*, Die Bots wollen raus aus der EU, Spiegel-Online, Beitrag vom 23.06.2016, abrufbar unter: http://www.spiegel.de/netzwelt/web/brexit-und-soziale-netzwerke-bots-koennten-waehler-manipulieren-a-1099196.html (zuletzt abgerufen am: 18.03.2023); *Blood*, Brexit bots and the UK election, Financial Times, Beitrag vom 08.06.2017, abrufbar unter: https://ig.ft.com/social-bots-of-brexit/ (zuletzt abgerufen am: 18.03.2023).

10 Laut *Digital Forensic Lab* (DFRLab) sollen Social Bots den Verdacht auf Wahlbetrug über Twitter verbreitet haben; siehe hierfür: DFRLab, #Election Watch: Final Hours Fake

ge um die Manipulation der öffentlichen Meinungsbildung durch Social Bots geäußert. Hierbei handelt es sich um Benutzerkonten in den sozialen Medien, die aufgrund eines vorprogrammierten Softwareprogramms automatisiert agieren und mittels realitätsnaher Profilangaben eine menschliche Identität vortäuschen, um die politische Willensbildung zu beeinflussen.[11] Diese Sorge scheint nicht ganz unbegründet zu sein: Erste empirische Studien[12] geben jedenfalls Anlass dazu, die Nutzung von Social Bots kritisch zu beobachten.

Das Themenfeld um die öffentliche Meinungsbildung ist verfassungsrechtlich geprägt. Zum einen in individueller Hinsicht: Das Grundgesetzt schützt durch die Kommunikationsfreiheiten, insbesondere die Meinungsfreiheit, das Bilden und Äußern einer Meinung. Zum anderen in systemischer Hinsicht: Der öffentlichen Meinungsbildung kommt eine hohe demokratische Bedeutung zu, die im Themenfeld „Demokratie – Wahlen – Parteien" loziert ist; das Grundgesetzt normiert dieses Feld durch seine Bestimmungen über das Demokratieprinzip, die Wahlen und Parteien. Vor diesem Hintergrund stellt sich mit Blick auf die Verwendung von Social Bots folgende Frage, die zugleich die leitende Forschungsfrage dieser Arbeit darstellt: Wie ist die Verwendung von Social Bots aus Sicht des Meinungsbildungsprozesses des Grundgesetzes zu bewerten?

Der Forschungsstand zu Social Bots ist überschaubar. Die ersten empirischen Arbeiten entstanden in den Jahren 2011 und 2012.[13] In den zugrundeliegenden Experimenten wurde zum ersten Mal die Interaktion von Menschen mit Social Bots auf Facebook und Twitter erforscht. Auch wenn sich in den folgenden Jahren die empirisch-wissenschaftliche Auseinandersetzung mit der Thematik etablierte, bleibt die Anzahl der natio-

---

News Hype in Germany: Bots an trolls push vote-rigging claim ahead of German election, Beitrag vom 23.09.2017, abrufbar unter: https://medium.com/dfrlab/electionwatch-final-hours-fake-news-hype-in-germany-cc9b8157cfb8 (zuletzt abgerufen am: 18.03.2023). Daneben sorgte die Ankündigung der AfD, Social Bots im Bundestagswahlkampf als Wahlkampfmittel nutzen zu wollen – trotzt späterem Widerruf – für Aufsehen, siehe hierfür: AfD will im Wahlkampf Social Bots einsetzen, Spiegel-Online, Beitrag vom 21.10.2016, abrufbar unter: http://www.spiegel.de/netzwelt/netzpolitik/afd-will-im-wahlkampf-social-bots-einsetzen-a-1117707.html (zuletzt abgerufen am: 18.03.2023).

11 Siehe: Teil 2.

12 *Kind* et al., Social Bots, 2017; *Hegelich*, A & A 221 (2016).

13 *Boshmaf* et al., in: Proceedings of the 27th ACSAC, 2011, S. 93.

nalen und internationalen Wissenschaftler in diesem Forschungsfeld doch überschaubar.[14] Inhaltlich legten die ersten Arbeiten ihren Schwerpunkt auf die gesellschaftlichen und wirtschaftlichen Auswirkungen der Nutzung von Social Bots.[15] Mittlerweile wird vermehrt versucht, die Effekte von Social Bots auf Diskussionsverläufe und politische Entscheidungsprozesse zu untersuchen.[16]

Die rechtswissenschaftliche Forschung in Deutschland zu diesem Thema ist deutlich jünger. Die ersten rechtswissenschaftlichen Beiträge zur Nutzung von Social Bots erschienen Anfang 2017[17] im Zuge der Diskussion über die Verwendung von Social Bots im US-Präsidentschaftswahlkampf[18] und der Sorge, dass diese auch im Rahmen der anstehenden Wahlen in Deutschland, vor allem der Bundestagswahl 2017, verwendet werden könnten.[19]

Diese und die folgenden Beiträge befassen sich im Schwerpunkt mit verfassungsrechtlichen Fragestellungen, vor allem aber mit der Frage der Vereinbarkeit einer möglichen gesetzlichen Regulierung von Social Bots mit der Meinungsfreiheit und der verfassungsrechtlichen Zulässigkeit der Verwendung jener durch Parteien als Wahlkampfinstrument.[20] Die vor-

---

14 *Bessi/Ferrara*, First Monday 21, Number 11 (2016), abrufbar unter: https://firstmonday.org/article/view/7090/5653 (zuletzt abgerufen am: 18.10.2019); *Ferrara* et al., Communications of the ACM 2016, 96 ff.; *Hegelich*, A & A 221 (2016); *Woolley*, First Monday 21, Number 4 (2016), abrufbar unter: https://firstmonday.org/article/view/6161/5300 (zuletzt abgerufen am: 18.10.2019); *Wolley/Howard*, IJoC 10 (2016), S. 4882.

15 Kind et al., Social Bots, 2017.

16 *Bessi/Ferrara*, First Monday 21, Number 11 (2016).

17 *Dankert/Dreyer*, K&R 2017, 73; so auch: *Milker*, InTeR 2017, 199, 200; *Steinbach*, ZRP 2017, 101.

18 *Fischer*, Der Roboter als Wahlkampfhelfer, Der Tagesspiegel, Beitrag vom 30.10.2016, abrufbar unter: https://www.tagesspiegel.de/gesellschaft/medien/social-bots-im-us-wahlkampf-der-roboter-als-wahlkampfhelfer/14756570.html (zuletzt abgerufen am: 18.10.2019).

19 *Welchering,* Wahlkampf der Algorithmen, Deutschlandfunk, Beitrag vom 22.01.2017, abrufbar unter: https://www.deutschlandfunk.de/social-bots-wahlkampf-der-algorithmen.740.de.html?dram:article_id=376345 (zuletzt abgerufen am: 18.10.2019).

20 *Hostacna*, Ad Legendum 2018, 1; *Milker*, ZUM 2017, 216; die ersten Monographien zum Thema erschienen von *Iben* und Laude in 2021, die in beachtlicher Weise den Untersuchungsgegenstand Social Bots hinsichtlich des Schutzes des Kommunikationsprozesses

liegende Untersuchung möchte die Erkenntnisse dieser Arbeiten aufnehmend Social Bots im Lichte relevanter grundrechtlicher und staatsorganisationsrechtlicher Bestimmungen bewerten. Der Verfasser hofft, damit einen bescheidenen Beitrag zur rechtswissenschaftlichen Diskussion leisten zu können.

B. Gang der Untersuchung

Das Untersuchungsziel soll in vier Schritten erreicht werden: Zunächst werden die relevanten empirischen Grundlagen des öffentlichen Meinungsbildungsprozesses dargelegt (Teil 1). Denn will man untersuchen, ob und inwieweit Social Bots den öffentlichen Meinungsbildungsprozess beeinflussen können, muss vorerst das Wesen und die Funktionsweise dieses Prozesses herausgearbeitet werden. In einem nächsten Schritt werden die technische Funktions- und soziale Wirkungsweise von Social Bots auf den Meinungsbildungsprozess näher dargestellt (Teil 2). Auf die Klärung der tatsächlichen Gegebenheit folgt die juristische Behandlung. Dieser beginnt mit einer Ausarbeitung des Meinungsbildungsprozesses des Grundgesetzes, die als Maßstab für die weitere Bearbeitung dient (Teil 3). An diesem Maßstab wird das Instrument Social Bots gemessen, indem die Ergebnisse aus den bisherigen Teilen zusammengeführt werden (Teil 4). Die Arbeit schließt mit einem Fazit (Teil 5).

---

und möglicher staatlicher Schutzpflichten für die politische Willensbildung in sozialen Netzwerken bewerten, siehe: *Laude*, Automatisierte Meinungsbeeinflussung, 2021, *Iben*, Staatlicher Schutz vor Meinungsrobotern, 2021.

Teil 1 – Der öffentliche Meinungsbildungsprozess

A. Begriffliche Annäherung

Semantisch setzt sich der Begriff „öffentlicher Meinungsbildungsprozess" aus den Begriffen „öffentlich" und „Meinungsbildungsprozess" zusammen und ist somit in einem Begriffsfeld mit den Begriffen – ohne Anspruch auf Vollständigkeit – „öffentlich", „Öffentlichkeit", „öffentliche Meinung", „öffentliche Diskussion/Diskurs", „Meinung(-sbildung)", „Demokratie", „Kontrolle" und „Publikum" loziert.[21] Den Begriffen kann zwar eine gewisse inhaltliche Aufladung entnommen werden, jedoch führt dieser Umstand nicht zu einer präzisen Bestimmung der einzelnen Termini. *Habermas* etwa hält in seiner Studie zum Strukturwandel der Öffentlichkeit fest, dass der „*Sprachgebrauch von ‚öffentlich' und ‚Öffentlichkeit'* […] *eine Mannigfaltigkeit von konkurrierenden Bedeutungen*" verrät.[22] Er führt fort: „*… auch die Wissenschaften sind offensichtlich außerstande, traditionelle Kategorien, wie ‚öffentlich' und ‚privat', ‚Öffentlichkeit', ‚öffentliche Meinung' durch präzisere Bestimmungen zu ersetzen.*"[23] Es scheint so, als wäre dem Begriffsfeld eine Interpretationsoffenheit und eine daraus folgende Mehrdeutigkeit inhärent. Jedenfalls kann unter dem Adjektiv „öffentlich" einerseits allgemeine Zugänglichkeit verstanden werden – etwas oder jemand ist für jeden hör- und sichtbar.[24] Andererseits ist etwas auch öffentlich, wenn es für die Allgemeinheit benutzbar ist (öffentliche Anlage), das Gemeinwohl (öffentliche

---

21 *Ingold* beschreibt, dass der Begriff Öffentlichkeit in einem „*Wortfeld, das durch die Begriffe Demokratie, Bürger, Politik, Staat, Kontrolle und Meinung geprägt wird*" verortet ist, siehe: *Ingold*, DER STAAT 56 (2017), 491, 494 unter Verweis auf: *Gerhards*, in: Jarren/Krotz (Hrsg.), Öffentlichkeit unter Viel-Kanal-Bedingungen, 1998, S. 25.

22 *Habermas*, Strukturwandel der Öffentlichkeit, 1990, S. 54.

23 *Habermas*, Strukturwandel der Öffentlichkeit, 1990, S. 54; in diese Richtung auch: *Theis-Berglmair*, in: Fröhlich et al. (Hrsg.), Handbuch der Public Relations, 3. Auflage, 2015, S. 399; *Hohendahl* etwa spricht vom „Begriffsfeld `Publikum´/`Öffentlichkeit´", siehe: *Hohendahl*, Öffentlichkeit – Geschichte eines kritischen Begriffs, 2000, S. 1; siehe zum Begriff der Öffentlichkeit in Abgrenzung zum Begriff der Privatheit: *Schiedermair*, Der Schutz des Privaten als internationales Grundrecht, 2012, S. 36 ff.; *Eichenhofer*, e-Privacy, 2021, S. 17 ff.

24 *Greve*, Artikel „Öffentlichkeit", II. Soziologie, Version 08.06.2022, in: Staatslexikon online, 8. Auflage, online abrufbar unter: https://www.staatslexikon-online.de/Lexikon/%C3%96ffentlichkeit (zuletzt abgerufen: 14.06.2023).

Angelegenheit) oder die Verwaltung eines Gemeinwesens betrifft (öffentliche Gelder, öffentlicher Dienst).[25] Schon an dieser Stelle werden die unterschiedlichen Bedeutungsinhalte erkennbar. Auf der einen Seite scheint es einen konkreten und eher wenig komplexen Bezug aufzuweisen, wenn es um „öffentlich" im Sinne allgemeiner Zugänglichkeit geht. Auf der anderen Seite wirkt „öffentlich" eher abstrakt und amorph, wenn mit „öffentlich" das Gemeinwohl betreffende Angelegenheiten gemeint ist.[26] Mit Blick auf das Themenfeld Kommunikation und Meinungsbildung haben sich die Begriffe „Öffentlichkeit" und „öffentliche Meinung" als zentrale Begriffe etabliert, die im Folgenden näher in den Blick genommen werden (B.).[27] Die realen Konstrukte, die sich hinter diesen Begriffen verbergen, existieren nicht für sich allein; vielmehr leben sie durch die Akteure, die sich in ihnen bewegen – also das Individuum, ganz gleich ob als einzelner Teilnehmer, Medienanstalt oder in Gruppen. Wie die Meinungsbildung des Einzelnen funktioniert, ist deshalb eine wesentliche Frage, die in diesem Kapitel an letzter Stelle behandelt werden soll (C.).

B. Zentrale Begriffe: Öffentlichkeit und öffentliche Meinung

I. Erste Einordnung

Öffentlichkeit und öffentliche Meinung werden als Begriffe sowohl im allgemeinen Sprachgebrauch als auch in der wissenschaftlichen Behandlung nicht immer trennscharf verwendet. Um den Begriff Öffentlichkeit zu beschreiben, werden häufig Metaphern bemüht. Die Öffentlichkeit wird u. a. als „Forum", „Markt" und „Arena" beschrieben.[28] Die Gemeinsamkeit dieser Metaphern liegt in der Bezeichnung eines Ortes, der Be-

---

25 Duden online, Artikel „öffentlich", abrufbar unter: https://www.duden.de/suchen/dudenonline/%C3%B6ffentlich (zuletzt abgerufen am: 25.09.2023).

26 *Schiewe*, Öffentlichkeit, 2004, S. 20.

27 In diese Richtung auch: *Ostermann*, Transparenz und öffentlicher Meinungsbildungsprozess, 2019, S. 329.

28 *Schulz*, Artikel „Öffentliche Meinung", Version 08.06.2022, in: Staatslexikon online, 8. Auflage, online abrufbar unter: https://www.staatslexikon-online.de/Lexikon/%C3%96ffentliche_Meinung (zuletzt abgerufen: 14.06.2023).

sonderheiten aufweist.[29] Das Forum ist für jedermann zugänglich; in früheren Gesellschaften waren das etwa die griechische Agora und das römische Forum. Das Bild des Marktes veranschaulicht, dass jeder für seine Meinung um öffentliche Aufmerksamkeit konkurriert und das Bild der Arena macht deutlich, dass in der Öffentlichkeit unterschiedliche Rollen existieren.[30] An diesen Orten werden Argumente und Gegenargumente vorgetragen, Meinungen bilden sich, Meinungen ändern sich – es findet ein diskursiver Prozess statt.

Betrachtet man die Erklärungsversuchen über die öffentliche Meinung ist auffällig, dass viele mit dem Befund beginnen, dass diesbezüglich keine abschließende und allgemeingültige Definition existiert.[31] *Noelle-Neumann* etwa hält fest, dass *„an dem Versuch, öffentliche Meinung klar zu definieren,* [...] *Generationen von Philosophen und Juristen, Historikern, Politologen und Publizistikwissenschaftlern* [sich] *die Zähne ausgebissen* [haben].“[32] Öffentliche Meinung sei ein „schillernder Begriff“, der – wie geläufig er auch sein mag – beim Versuch seiner genauen Definition große Ratlosigkeit hervorbringe.[33] Die Unklarheit erreichte zum Teil ein solches Ausmaß, dass zeitweise sogar die Existenz der öffentlichen Meinung infrage gestellt wurde.[34] *Childs* etwa hat 50 verschiedene

---

29 Schon 1848 hielt *Carl Welcker* fest: *„Das ganze politische Leben freier Völker bewegt sich in der Öffentlichkeit, wie man athmet in der Luft.“*, siehe: *Welcker*, Artikel „Öffentlichkeit“, von Rotteck/Welcker (Hrsg.), Das Staatslexikon, 1848, 10. Band, S. 246, 247.

30 *Schulz*, Öffentliche Meinung, Version: 08.06.2022, in: Staatslexikon, 8. Auflage, online abrufbar unter: https://www.staatslexikon-online.de/Lexikon/%C3%96ffentliche_Meinung (zuletzt aufgerufen am: 14.06.2023).

31 *Davison*, in: Social Sciences, 1968, S. 188; *Nolle-Neumann*, in: Noelle-Neumann/Schulz/Wilke (Hrsg.), Fischer-Lexikon Publizistik, Massenkommunikation, 2. Auflage, 2009, S. 427; *Neidhardt*, in: Neidhardt (Hrsg.), Öffentlichkeit, öffentliche Meinung, soziale Bewegungen, 1994, S. 7, 25 ff.; *Kloepfer*, in: HStR III, § 42, Rn. 1; in diese Richtung auch: *Klein/Schwarz*, in: Dürig/Herzog/Scholz (Hrsg.), GG, Art. 42, Rn. 11.

32 *Noelle-Neumann*, Die Schweigespirale, 6. Auflage, 2001, S. 84.

33 *Lamp*, Die Macht der öffentlichen Meinung, 2009, S. 7; *Oncke* hält dazu fest: *„Schwankendes und Fließendes wird dadurch nicht begriffen, daß es in eine Formel eingesperrt wird [...]. Schließlich wird jeder, wenn er gefragt wird, genau wissen, was öffentliche Meinung bedeutet.“*, siehe: *Oncken*, in: Oncken, Historisch-politische Aufsätze, Band I, 1914, S. 236.

34 *Luhmann*, in: Langenbucher (Hrsg.), Zur Theorie der politischen Kommunikation, 1974, S. 28.

Definitionen zusammengetragen.[35] Das Verständnis über Öffentlichkeit und öffentliche Meinung und ihr Verhältnis zueinander sind von der jeweiligen wissenschaftlichen Disziplin geprägt, aus der sie betrachtet wird.[36] Beide sind ein Produkt umfassender kultureller Transformationen.[37] Nicht von ungefähr zeigt ein Blick in die einschlägige geisteswissenschaftliche Literatur, dass Beschreibungs- und Erklärungsversuche von Öffentlichkeit und öffentlicher Meinung oft mit ihrer historischen Entwicklung verknüpft sind.[38] Deshalb soll zunächst ein Überblick über den (begriffs-)historischen Wandel beider Begriff gegeben werden (II, III). Darauf aufbauend folgt eine Kategorisierung der geisteswissenschaftlichen Konzepte über die öffentliche Meinung (IV.).

II. (Begriffs-)Historischer Wandel der Öffentlichkeit

1. Die bürgerliche Öffentlichkeit

Anknüpfend an das Lehnwort „Publizität“[39] taucht der Begriff[40] „Öffentlichkeit“ erstmals in der zweiten Hälfte des 18. Jahrhunderts im Zuge der Entstehung der bürgerlichen Gesellschaft auf und ist stark mit deren Entwicklung verbunden;[41] sie wurde zum „zentralen Schlagwort des liberalen Bürgertums“.[42] Prägend[43] für das Verständnis der bürgerlichen Öffent-

---

35 *Childs*, Public Opinion, 1965, S. 12 ff.

36 *Ingold*, DER STAAT 56 (2017), 491, 493; siehe zur kommunikationswissenschaftlichen Perspektive: *Donges/Jarren*, Politische Kommunikation, 2017, S. 75 ff.

37 *Vesting*, in: Unger/von Ungern-Sternberg (Hrsg.), Demokratie und künstliche Intelligenz, 2019, S. 33 (36).

38 Siehe nur: *Gerhardt*, Öffentlichkeit, Version: 08.06.2022, in: Staatslexikon, 8. Auflage, online abrufbar unter: https://www.staatslexikon-online.de/Lexikon/%C3%96ffentliche_Meinung; *Jackob*, in: Kuhn (Hrsg.), Politische Kommunikation und öffentliche Meinung in der antiken Welt, 2012, S. 167 ff.

39 *Rinken*, in: Winter (Hrsg.), Das Öffentliche heute, 2002, S. 7, 11.

40 *Jestaedt* bezeichnet den Begriff Öffentlichkeit als Kunstwort, siehe: *Jestaedt*, AöR 126 (2001), 204, 207.

41 *Wimmer*, (Gegen-)Öffentlichkeit in der Mediengesellschaft, 2007, S. 71.

42 *Ostermann*, Transparenz und öffentlicher Meinungsbildungsprozess, 2019, S. 333.

43 Siehe zur Wirkungsbreite: *Fraser*, in: Brunkhorst/Kreide/Lafont (Hrsg.), Habermas Handbuch, 2009, S. 148; *Nanz*, Öffentlichkeit, in: Brunkhorst/Kreide/Lafont (Hrsg.), Habermas Handbuch, 2009, S. 358; *Rauchfleisch*, The public sphere as an essentially on-

lichkeit ist das Werk „Strukturwandel der Öffentlichkeit“ von *Habermas*.[44] Danach lassen sich die Ursprünge der Öffentlichkeit in der griechischen Antike finden: Freie Bürger führten auf der Agora Gespräche, die die Polis betreffen.[45] Weiterhin führt *Habermas* aus, dass im Mittelalter eine „repräsentative Öffentlichkeit“ herrschte; darunter versteht er die Öffentlichkeit im Feudalzeitalter, in der sich die Herrschaftsstände gegenüber dem Volk, die als Kulisse fungiert, zeigen, um ihre Macht zu repräsentieren.[46] Der Kommunikationsfluss von Informationen und Meinungen fand in dieser Öffentlichkeit vom Herrschaftszentrum an die „Untertanen“ statt; mittels der Presse wurden im 17. Jahrhundert Bekanntmachungen an die Adressaten übermittelt, wodurch sie zum „Publikum“ wurden.[47]

Dieses Kommunikationsregime wurde durch ein Kommunikationsmuster verdrängt, das von (groß-)städtischen Beziehungs- und Kommunikationsnetzwerken geprägt ist, die kein Zentrum hatten. Vielmehr zirkulierten Informationen und Meinungen „von Haus zu Haus, von Nachbar zu Nachbar“.[48] Diese Entwicklung begünstigten gewisse Faktoren, wie etwa das Bevölkerungswachstum in den Städten, der Aufstieg von Schulen und Universitäten, die Literalität der Bevölkerung und die Verbesserung der Drucktechniken.[49] Das gebildete, politisch interessierte und informierte Bürgertum wird sich seiner Interessen bewusst, beginnt auf Rationalität beruhende, kritische Diskurse zu führen, mit dem Ziel, an politischen Entscheidungen zu partizipieren; es entsteht das „räsonierende Publikum“.[50] *Habermas* bezeichnet die bürgerliche Öffentlichkeit als „die Sphäre der zum Publikum versammelten Privatleute“.[51] Das Bürgertum

---

tested concept, Communication and the Public 2017, S. 1, 6 ff.; *Wimmer*, (Gegen-)Öffentlichkeit in der Mediengesellschaft, 2017, S. 71.

44 *Habermas*, Strukturwandel der Öffentlichkeit, 1962.

45 *Habermas*, Strukturwandel der Öffentlichkeit, 1962, S. 56 f.

46 *Habermas*, Strukturwandel der Öffentlichkeit, 1962, S. 17, S. 60 ff.

47 *Habermas*, Strukturwandel der Öffentlichkeit, 1962, S. 79 ff.

48 *Vesting*, in: Unger/von Ungern-Sternberg (Hrsg.), Demokratie und künstliche Intelligenz, 2019, S. 37.

49 *Vesting*, in: Unger/von Ungern-Sternberg (Hrsg.), Demokratie und künstliche Intelligenz, 2019, S. 36.

50 *Habermas*, Strukturwandel der Öffentlichkeit, 1990, S. 80 ff.

51 *Habermas*, Strukturwandel der Öffentlichkeit, 1962, S. 42.

durchlebte einen „Prozess der Selbstaufklärung",[52] indem sie sich thematisch zunächst der Kunst und Kultur zuwandte; Salons und Kaffeehäuser entwickelten sich zu öffentlichen Orten, an denen in Gesprächs- und Lesekreisen über Kunst und Kultur diskutiert wurde.[53] Diese literarische Öffentlichkeit entwickelte sich mit der Zeit zu einer politischen Öffentlichkeit, in dessen Rahmen Herrschaftskritik ausgeübt wurde („öffentliches Räsonnement").[54] Dadurch wird die *„öffentliche Meinung zu einer neuartigen anonymen unsichtbaren Macht*, [...] *zu einem (fiktiven) Subjekt, an dem in öffentlichen Angelegenheiten niemand mehr vorbeikommt.*"[55]

2. Die gruppenpluralistische Öffentlichkeit

Die bürgerliche Lebensform und ihre Öffentlichkeit geraten im späten 19. Jahrhundert mit der Entwicklung neuer Medien und dem Aufstieg der Massenkultur in eine Krise.[56] Die Ideale des Bürgertums, die bis dahin die Hochkultur prägten, werden durch die Massenkultur ersetzt.[57] Die Universalität („gleiche Freiheit") der bürgerlichen Kultur weicht dem Pluralismus der Massenkultur.[58] Galt im bürgerlichen Individualismus das Individuum, das „sich selbst im Spiegel der anderen beobachtete" als Referenzpunkt einer gesellschaftlichen Ordnung, ist die Ordnung der Massenkultur insbesondere durch divergierende Interessen von Gruppen geprägt.[59] Diese gruppeninteressenorientierte Ordnung wirkte sich auch auf die Funktionsweise der Öffentlichkeit aus. Die Öffentlichkeit, in der die öffentliche Meinung vor allem durch Themen gesellschaftlicher Gruppen und formaler Organisationen (u. a. Parteien, Gewerkschaften, Verbände, Kirchen) bestimmt wird, wird als „gruppenpluralistisch" be-

---

52 *Habermas*, Strukturwandel der Öffentlichkeit, 1990, S. 88.

53 *Habermas*, Strukturwandel der Öffentlichkeit, 1990, S. 92.

54 *Habermas*, Strukturwandel der Öffentlichkeit, 1990, S. 100.

55 *Vesting*, in: Unger/von Ungern-Sternberg (Hrsg.), Demokratie und künstliche Intelligenz, 2019, S. 37.

56 *Reckwitz*, Die Gesellschaft der Singularitäten, 2017, S. 100 ff.

57 *Vesting*, in: Unger/von Ungern-Sternberg (Hrsg.), Demokratie und künstliche Intelligenz, 2019, S. 40.

58 *Vesting*, in: Unger/von Ungern-Sternberg (Hrsg.), Demokratie und künstliche Intelligenz, 2019, S. 40.

59 *Vesting*, in: Unger/von Ungern-Sternberg (Hrsg.), Demokratie und künstliche Intelligenz, 2019, S. 40.

zeichnet. Entwickelte sich in der bürgerlich-liberalen Öffentlichkeit die öffentliche Meinung durch Meinungszirkulation zwischen den Individuen, so entsteht diese im gruppenpluralistischen Öffentlichkeitsmodell durch die „Vorstrukturierung des Meinungsaustauschs" seitens der Gruppen; diese bündeln die Interessen ihrer Mitglieder bzw. Anhängern und vertreten sie in der Öffentlichkeit.[60] *Hesse* spricht in diesem Zusammenhang von der „Vorformung des politischen Willens".[61]

Das gruppenpluralistische Öffentlichkeitsmodell weist drei „konzentrische Kreise" auf:[62] (1) Zunächst existieren in der Gesellschaft zerstreute und nicht miteinander verbundene Öffentlichkeiten, etwa in der Nachbarschaft oder am Arbeitsplatz. (2) Den nächsten Kreis bildet die politisch relevante Kommunikation in den Massenmedien ab; diese wirken landesweit und werden in Parteien und Verbände vorstrukturiert und durch die Medien aufgegriffen. (3) Der letzte Kreis betrifft die politische Willensbildung innerhalb staatlicher Strukturen. Hier werden Themen in rechtsverbindliche Entscheidungen in der Regierung und im Parlament geführt.[63]

Auch wenn das Modell prinzipiell offen für die Beteiligung des Einzelnen ist, liegt ihr die Annahme zugrunde, dass *„politische Antriebe nur noch in geringem Maße von Einzelpersonen ausgehen"* können.[64] An diesem Modell hat sich auch das BVerfG lange orientiert und dadurch eine Ordnungsleistungen in vielen Rechtsgebieten, etwa im Presse- und Rundfunkrecht, erbracht.[65]

---

60 Insgesamt dazu: *Vesting*, in: Unger/von Ungern-Sternberg (Hrsg.), Demokratie und künstliche Intelligenz, 2019, S. 41.

61 *Hesse*, Grundzüge des Verfassungsrechts der Bundesrepublik Deutschland, 20. Auflage, 1995, Rn. 149-152.

62 *Ladeur*, DöV 2002, 1; *Volkmann* spricht von einem „Schichtenmodell", siehe: *Volkmann*, VVDStRL 67 (2008), 57 ff.

63 Wiedergegeben nach: *Vesting*, in: Unger/von Ungern-Sternberg (Hrsg.), Demokratie und künstliche Intelligenz, 2019, S. 41.

64 *Hesse*, Grundzüge des Verfassungsrechts der Bundesrepublik Deutschland, 20. Auflage, 1995, Rn. 149-152.

65 *Ladeur*, Publizistik 2000, 442 ff.

3. Die digitalisierte Öffentlichkeit

Einen weiteren Wandel erfährt die Öffentlichkeit durch die Digitalisierung. In der Literatur wird beispielsweise von der „Digitalisierung demokratischer Öffentlichkeit“[66], der „digitalen Öffentlichkeit“[67] oder auch dem „digitalen Strukturwandel der Öffentlichkeit“[68] gesprochen; unter Bezugnahme auf seine Habilitationsschrift spricht *Habermas* in diesem Zusammenhang gar von einem „*neuen* Strukturwandel der Öffentlichkeit“.[69] Im Folgenden werden die Merkmale der digitalisierten Kommunikationsstrukturen (a.), die damit zusammenhängenden veränderten Gesellschaftsstrukturen (b.) und das veränderte Mediennutzungsverhalten (c.) dargestellt.

a. Digitalisierung der Kommunikationsstrukturen

Die durch die Digitalisierung veränderten gesellschaftlichen Kommunikationsstrukturen können in fünf Entwicklungslinien zusammengefasst werden:[70]
(1) Zunächst ist die erhöhte Reichweite in der Kommunikation, die mit der verstärkten Ermöglichung der Many-to-many-Kommunikation für Jedermann einhergeht, zu nennen.[71] (2) Daneben ist die Veränderung der passiven Publikumsöffentlichkeit festzustellen. Wenn bei den herkömmlichen Medien die Interaktion zwischen Senden und Empfangen gering ist, ermöglicht die digitalisierte Kommunikation vielfältige Reaktionsmög-

---

66 *Ingold*, DER STAAT 56 (2017), 491 ff.

67 *Lischka/Stöcker*, Digitale Öffentlichkeit, Wie algorithmische Prozesse den gesellschaftlichen Diskurs beeinflussen, 2017; Hahn/Hohfeld/Knieper (Hrsg.), Digitale Öffentlichkeit(en), 2015.

68 Bedford-Strohm/Höhne/Zeyher-Quattlender (Hrsg.), Digitaler Strukturwandel der Öffentlichkeit, 2019.

69 *Habermas*, Ein neuer Strukturwandel der Öffentlichkeit und die deliberative Politik, 2022; siehe dazu aus einer interdisziplinären Perspektive: Seeliger/Sevignani (Hrsg.), Ein neuer Strukturwandel der Öffentlichkeit?, 2021.

70 *Ingold* benennt nur die ersten vier Strukturmerkmale, siehe dazu: *Ingold*, MMR 2020, 82, 83; siehe für einen anderen Systematisierungsversuch: *Lischka/Stöcker*, Digitale Öffentlichkeit, Wie algorithmische Prozesse den gesellschaftlichen Diskurs beeinflussen, 2017, S. 18.

71 So auch: *Klein*, in: Dürig/Herzog/Scholz, GG, Art. 42, Rn. 15.

lichkeiten des Empfängers;[72] sie ist sogar darauf ausgelegt. (3) Die dritte Entwicklung bezieht sich auf neue Formen des kollektiven Handelns. Durch die Many-to-many-Kommunikation werden neue Interaktionsformen ermöglicht, die wiederum neue Formen der Netzkollektivität ermöglichen. Benutzer werden zum Teil des Angebots von Plattformen, wodurch Interaktionszusammenhänge mit einer großen Breitenwirkung entstehen. (4) Die vierte Entwicklung bezieht sich auf digitale Plattformen.[73] Als „internetbasierte Foren für digitale Interaktion und Transaktion“[74] haben sich Plattformen zu einem zentralen Element der Infrastruktur im Internet entwickelt;[75] ein Grund dafür ist, dass sie in ihrer Nutzung flach sind und potenziell gegenüber jedem offen stehen. Ihr Hauptcharakteristikum ist die vertikale Integration als Vermittlungsstelle für Angebote.[76] (5) Als fünftes Merkmal ist die Personalisierung der Informationsvermittlung zu nennen. Inhalte, welcher Art auch immer – und somit auch solche, die für die öffentliche Meinungsbildung relevant sind – werden nicht durch redaktionelle Entscheidungen getroffen, sondern mittels Algorithmen festgelegt.[77] Diese werden personalisiert gestaltet;[78] dem Nutzer werden Suchergebnisse und Beiträge entsprechend seiner Nutzungspräferenz in der Vergangenheit angezeigt; dementsprechend ist etwa der Newsfeed von Facebook bei jedem Nutzer unterschiedlich.[79]

Der Inhalt der Algorithmen wird durch die Unternehmen geheim gehalten. Allerdings ist z.B. bekannt, dass der Google-Algorithmus folgende Kriterien bei der Reihung von Ergebnissen berücksichtigt: (1) Eigenschaften

---

72 So auch: *Klein*, in: Dürig/Herzog/Scholz, GG, Art. 42, Rn. 14.

73 Unter Plattformen fallen: Social-Media-Plattformen (etwa Facebook, Instagram), Video-Plattformen (etwa YouTube), Suchmaschinendienste (etwa Google), Handelsplattformen (etwa Amazon), App-Stores (etwa Apples App Store), Over-the-top-Dienste (etwa WhatsApp), Dienste der Sharing Economy (etwa Airbnb), siehe: *Ingold*, in: Ungern/vonUngern-Sternberg (Hrsg.), Demokratie und künstliche Intelligenz, 2019, Fn. 9.

74 Bundesministerium für Wirtschaft und Energie (Hrsg.), Weißbuch Digitale Plattformen, 2017, S. 21.

75 *Saxer*, Von den Medien zu den Plattformen, 2023, S. 9, 10 m. w. N.

76 *Lovink*, Im Bann der Plattformen, 2017, S. 13 f.

77 *von Ungern-Sternberg*, in: Unger/von Ungern-Sternberg (Hrsg.), Demokratie und künstliche Intelligenz, 2019, S. 10.

78 *Pariser*, Filter Bubble, 2012, S. 9 f.

79 *Kaiser/Reiling*, in: Unger/von Ungern-Sternberg (Hrsg.), Demokratie und künstliche Intelligenz, 2019, S. 87.

des jeweiligen Nutzers, wie etwa Ort, Sprache und Suchverlauf, (2) Eigenschaften der Seitentreffer, wie etwa die Aktualität, (3) Verhalten anderer Nutzer und (4) eine menschliche Evaluierung der Qualität der Seiten.[80] Hinter dem personalisierten Algorithmus steht das Anliegen der Betreiber der Intermediäre, die Verweildauer der Nutzer zu verlängern, um ihre Werbeeinnahmen vergrößern zu können.[81] Dieser Umstand kann dazu führen, dass sich die digitalen Kommunikationsräume verengen, die Konfrontation und der Austausch mit anderen Meinungen ausfallen, jeder für sich in seiner Filterblase lebt.[82]

b. Entbündelung der Gesellschaftsstrukturen

An die Stelle des „Organisationsmenschen", des lebenslangen Angestellten in Vollzeitbeschäftigung treten u. a. flexiblere Arbeitszeitmodelle und der Fokus auf die Selbstverwirklichung, begleitet mit einem Bedeutungsverlust von herkömmlichen Gruppen. Die durch Gruppen und formale Organisationen vorstrukturierte und gebündelte öffentliche Meinungsbildung wird entbündelt. In dieser aus der *„Entbündelung der gesellschaftlichen Kommunikationsströme"* hervorgehenden Öffentlichkeit verlieren die herkömmlichen sozialen Gruppen an Bedeutung; an ihrer Stelle entsteht eine „emergente Kollektivität".[83] Diese agieren ereignisbezogen, sind gekennzeichnet durch schnell wechselnde Stimmungen und Meinungen und koordinieren sich selbst mittels sozialer Netzwerke, allerdings *„ohne dass diese fluide Selbstkoordination sich organisatorisch zu einer*

---

80 *Lischka/Stöker*, Digitale Öffentlichkeit. Wie algorithmische Prozesse den gesellschaftlichen Diskurs beeinflussen, 2017, S. 12 ff.; *Dörr/Natt*, ZUM 2014, 829, 834 ff.

81 *Drexl*, ZUM 2017, 529, 533; um die Verweildauer zu verlängern, werden auch andere Mittel eingesetzt, etwa das Wecken von positiven Emotionen, siehe dazu: *Vaidhyanthan*, Antisocial Media, 2018, S. 6.

82 *Bezemek*, in: Müller/ÖJK (Hrsg.), Frühjahrstagung der Österreichischen Juristenkommission, 2017, S. 5; siehe auch das Beispiel von *Pariser* zu Google: Während der Havarie der Bohrinsel Deepwater Horizon suchten zwei Nutzer nach „BP"; einem wurde ein Beitrag über die Meeresverschmutzung durch BP und einem anderen ein Beitrag über Investment-Tipps zu BP angezeigt, siehe: *Pariser*, Filter Bubble, 2012, S. 10; *Schemmel*, DER STAAT 57 (2018) 501, 507.

83 *Kersten*, Schwarmdemokratie, 2017, S. 79; siehe dazu auch: *Köhler/Korch* (Hrsg.), Schwärme im Recht, 2022.

kollektiven Person verfestigen würde".[84] Sie sind Produkt der Aufmerksamkeitsökonomie[85] und stehen dem für die liberale Öffentlichkeit konstitutivem Moment der Abstraktion des Subjekts von sich selbst (wie es im bürgerlichen Individualismus vorgesehen ist) diametral entgegen; nur das Selbst, das Eigene ist relevant.[86] Diese Situation wird verstärkt durch Algorithmen, die so gestaltet sind, dass sie dem Nutzer seine „eigene, singuläre Welt" schaffen,[87] was den „Aufstieg von Partikularismen" und den „Rückzug eines Teils der Öffentlichkeit in Foren aus Gleichgesinnten" zur Folge hat.[88]

c. Digitalisierung der Mediennutzung

Laut der aktuellen Mediengewichtungsstudie der Landesmedienanstalten ist das Internet zum ersten Mal in der Studiengeschichte das Informationsmedium mit der höchsten Tagesreichweite in der Bevölkerung.[89] Auch in der subjektiven Bewertung des wichtigsten Informationsmediums liegt das Internet an erster Stelle.[90] Eine besondere Rolle im Kommunikations- und Informationsverhalten im Internet spielen Medienintermediäre.[91]

---

84 *Kersten*, Schwarmdemokratie, 2017, S. 79.

85 *Wu*, The Attention Merchants: from the daily newspaper to social media, how our time and attention is harvested and sold, 2017, passim.

86 *Vesting*, in: Unger/von Ungern-Sternberg (Hrsg.), Demokratie und künstliche Intelligenz, 2019, S. 46.

87 *Kersten*, Schwarmdemokratie, 2017, S. 79.

88 *Vesting*, in: Unger/von Ungern-Sternberg (Hrsg.), Demokratie und künstliche Intelligenz, 2019, S. 45.

89 die medienanstalten, Mediengewichtungsstudie 2023-I, S. 8: Internet: 52 %, Fernseher: 50 %, Radio: 45 %, Zeitungen: 31 %, Zeitschriften: 9 % (Die Summe liegt bei über 100 %, weil in der Erhebung eine Mehrfachnennung möglich war.), online abrufbar unter: https://www.die-medienanstalten.de/forschung/mediengewichtungsstudie (zuletzt abgerufen am: 22.12.2023).

90 die medienanstalten, Mediengewichtungsstudie 2023-I: Internet: 41,8 %, Fernseher: 29,8 %, Radio: 8,4 %, Zeitungen: 15,2 %, Zeitschriften: 1,6 %, keines davon: 1, 5 %, online abrufbar unter: https://www.die-medienanstalten.de/forschung/mediengewichtungsstudie (zuletzt abgerufen am: 22.12.2023).

91 Aus diesem Grund wird seit 2016 analog zur Mediengewichtungsstudie eine separate Studie zur Intermediären und Meinungsbildung durchgeführt, siehe: https://www.die-medienanstalten.de/forschung/intermediaere-und-meinungsbildung (zuletzt abgerufen am: 22.12.2023).

Diese werden neben der kommunikativen und unterhaltenden Nutzung auch für informierende Zwecke verwendet; sie dienen u. a. als Kontakthersteller zu professionellen Beiträgen als Informationsquelle.[92] Insbesondere bei der jüngeren Bevölkerungsgruppe dienen Intermediäre für informierende Zwecke eingesetzt. Beispielsweise informieren sich in der Altersgruppe der 14-29-Jährigen 30,9 % der Befragten über Instagram, 25,7 % über YouTube und 26,1 % über Google.[93]
Dies hat zur Folge, dass die alleinige Gatekeeper-Funktion der konventionellen Medien für Nachrichten.[94] Politische Akteure und sonstige Organisationen können die Bürger direkt durch ihre eigenen Kanäle in den sozialen Medien erreichen. Daneben sind Bürger selbst nicht mehr auf Massenmedien angewiesen, um ihre Meinung zu verbreiten. Vielmehr haben auch sie selbst die Möglichkeit, mittels sozialer Medien ihre Meinung zu äußern.[95] Somit verlieren die klassischen Massenmedien nicht nur ihre Position als Informationsmonopol, sondern auch ihre ursprüngliche Bedeutung als Indikatoren des Meinungsklimas verringert sich. Wenn früher lediglich die Tageszeitungen und Fernsehnachrichten als Quelle des Stimmungsbildes der Bevölkerung genutzt werden konnten, spielen heute Nachrichten in den sozialen Medien und die direkte Kommentierung dieser durch die Nutzer eine bedeutende Rolle bei der Meinungsklimawahrnehmung. Diese Entwicklung bedeutet aber nicht die große oder völlige Bedeutungslosigkeit der traditionellen Medien. Vielmehr gehen Forscher davon aus, dass diesen immer noch eine starke Thematisierungsfunktion zukommt, weshalb sie weiterhin großen Einfluss auf die Bildung der öffentlichen Meinung haben;[96] etwa im Zuge der Debatte um die hohe Zahl

---

92 die medienanstalten, Intermediäre und Meinungsbildung 2023-I, S. 23 ff., online abrufbar unter: https://www.die-medienanstalten.de/forschung/intermediaere-und-meinungsbildung (zuletzt abgerufen am: 22.12.2023).

93 die medienanstalten, Intermediäre und Meinungsbildung 2023-I, S. 16, online abrufbar unter: https://www.die-medienanstalten.de/forschung/intermediaere-und-meinungsbildung (zuletzt abgerufen am: 22.12.2023).

94 *Spiecker gen. Döhmann*, in: HStR I, § 20, Rn. 24; *Schweiger*, Der (des)Informierte Bürger, 2017, S. 14; *Holznagel*, NordÖR 2011, 205.

95 Dieser Umstand wird auch als „Disintermediation" bezeichnet, siehe dafür: *Neuberger/Quandt*, in: Schweiger/Beck (Hrsg.), Handbuch Online-Kommunikation, 2010, S. 68; *Schweiger* spricht von „öffentlicher Bürgerkommunikation", siehe dafür: *Schweiger*, Der (des)Informierte Bürger, 2017, S. 16.

96 *Djerf-Pierre/Shehata*, Journal of Communication 67 (2017), 733, 733.

der geflüchteten Personen ab 2015 spielten traditionelle Nachrichtenkanäle eine zentrale Rolle für die Information der Bürger.[97] Laut des aktuellen Digital News Report des Reuters Institute nutzen die Mehrheit der erwachsenen Internetnutzenden regelmäßig verschiedene Mediengattungen, um sich zu informieren.[98]

III. (Begriffs-)Historischer Wandel der öffentlichen Meinung

1. Sozialpsychologischer Ansatz

Die weiteste Datierung zum Beginn der Beschreibung der öffentlichen Meinung reicht bis in die Antike zurück. In der griechisch-römischen Antike herrschte ein sozialpsychologisches Verständnis des Begriffs vor. Dieser wurde zur Beschreibung des von der öffentlichen Meinung ausgehenden Konformitätsdruck der Gesellschaft zur Sicherung des gesellschaftlichen Zusammenhalts verwendet,[99] auch wenn dafür unterschiedliche Formulierungen wie etwa „ungeschriebene Gesetze“[100] gewählt wurden.

Auf dieser Annahme baut *Noelle-Neumann* ihre äußerst bekannte[101] und zugleich vielkritisierte[102] Theorie über die öffentliche Meinung auf.[103] Sie beschreibt die öffentliche Meinung aus einer sozialpsychologischen Per-

---

97 *Arlt/Wolling*, The European Journal of Communications 43 (2018), 75 ff.; die Nachrichtenberichterstattung des öffentlich-rechtliche Rundfunk genießt die höchste Vertrauenswürdigkeit, siehe: *Behre/Hölig/Möller*, Reuters Institute Digital News Report 2023, Ergebnisse für Deutschland, 2023, S. 33.

98 *Behre/Hölig/Möller*, Reuters Institute Digital News Report 2023, Ergebnisse für Deutschland, 2023, S. 26.

99 *Noelle-Neumann*, in: Noelle-Neumann/Schulz/Wilke (Hrsg.), Fischer-Lexikon Publizistik, Massenkommunikation, 2. Auflage, 2009, S. 428.

100 *Noelle-Neumann*, Die Schweigespirale. Öffentliche Meinung – unsere soziale Haut, 2001, S. 278.

101 *Schulz/Rössler*, Schweigespirale Online, 2013, S. 19.

102 Siehe für einen Überblick der Kritikpunkte: *Schulz/Rössler*, Schweigespirale Online, 2013, S. 26 ff.

103 *Noelle-Neumann*, JOC 24 (1974), 43 ff.; *Noelle-Neumann*, in: Wilke (Hrsg.), Noelle-Neumann, Öffentlichkeit als Bedrohung, 1979, S. 169 ff.; *Noelle-Neumann*, Öffentliche Meinung – Die Entdeckung der Schweigespirale, 3. Auflage, 1991; *Noelle-Neumann*, Öffentliche Meinung. Die Entdeckung der Schweigespirale, 1996; *Noelle-Neumann*, Die Schweigespirale. Öffentliche Meinung – unsere soziale Haut, 2001.

spektive. Die Theorie lässt sich komprimiert wie folgt darstellen:[104] Der Ausgangspunkt ihres Ansatzes ist die Annahme, dass der Mensch ein soziales Wesen ist und sich aus diesem Grund vor gesellschaftlicher Isolation fürchtet.[105] Die *„soziale Natur veranlasst den Menschen, die Absonderung zu fürchten, unter anderen Menschen geachtet und beliebt sein zu wollen.*“[106] Diese Isolationsfurcht bringt ihn dazu, ständig die Meinungsverteilung seiner Umwelt zu beobachten, um somit abschätzen zu können, welche Meinungen er vertreten kann, ohne sich zu isolieren.[107] Die nächste These der Theorie betrifft die Funktion der Massenmedien im öffentlichen Meinungsbildungsprozess; diesen kommt eine Thematisierungsfunktion zu.[108] Sie schaffen Öffentlichkeit, indem sie Themen in die Debatte einbringen, Argumente für bestimmte Standpunkte liefern und dadurch auch eine Gewichtung von Meinungen vornehmen.[109] Durch die Berichterstattung werden Ideen und Gedanken „salonfähig oder unmöglich“.[110] Aus diesem Grund sind die Massenmedien für den Menschen, der permanent die Meinungsverteilung beobachtet, eine Quelle der Umweltwahrnehmung.[111] Durch sie erfährt er, welche Meinungen in der Gesellschaft herrschend und somit vertretbar sind und welche die Mindermeinung darstellen und mit Blick auf die Gefahr der sozialen Isolation gemieden werden sollten.[112] Diese Wirkung ist insbesondere dann besonders groß, wenn die Berichterstattung in Medien zu einem bestimmten

---

104 Nach: *Donsbach/Stevenson*, Publizistik 1986, 7 ff.; *Roessing*, Öffentliche Meinung – die Erforschung der Schweigespirale, 2009, S. 26; *Schulz/Rössler*, Schweigespirale Online, 2013, S. 23 ff.

105 *Noelle-Neumann*, Die Schweigespirale. Öffentliche Meinung – unsere soziale Haut, 2001, S. 59 ff.

106 *Noelle-Neumann*, Die Schweigespirale. Öffentliche Meinung – unsere soziale Haut, 2001, S. 64.

107 *Noelle-Neumann* bezeichnet dies als “Quasi-statistisches Organ”, siehe: *Noelle-Neumann*, Die Schweigespirale. Öffentliche Meinung – unsere soziale Haut, 2001, S. 164.

108 *Noelle-Neumann*, Die Schweigespirale. Öffentliche Meinung – unsere soziale Haut, 2001, S. 221.

109 *Roessing*, Öffentliche Meinung – die Erforschung der Schweigespirale, 2009, S. 27.

110 *Roessing*, Öffentliche Meinung – die Erforschung der Schweigespirale, 2009, S. 209.

111 *Noelle-Neumann*, Die Schweigespirale. Öffentliche Meinung – unsere soziale Haut, 2001, S. 224.

112 *Noelle-Neumann*, in: Hamelink/Linne (Hrsg.), Mass Communication Research, 1994, S. 97, 99.

Thema zum Großteil übereinstimmend ist.[113] Die letzte wesentliche These in der Theorie *Noelle-Neumanns* ist gesellschaftstheoretischer Natur.[114] Danach ist die Redebereitschaft von Personen, die die von ihnen vertretene Meinung als Mehrheitsmeinung wahrnehmen, größer als die Redebereitschaft derjenigen Personen, die ihren Standpunkt eher als in der Minderheit verorten, weil sie sich nicht sozial isolieren wollen.[115] Damit verliert ihre Meinung an öffentlicher Präsenz und wird als Mindermeinung wahrgenommen, obwohl es tatsächlich vielleicht die Mehrheitsmeinung darstellt. Diesen *„spiralförmigen, sich verstärkenden Prozess des Schweigens*“ bezeichnet sie als Schweigespirale.[116]

Der Schweigespirale misst sie eine erhebliche Bedeutung für die Gesellschaft zu. Vor allem in wertegeladenen Diskussionen übe sie normativen Druck auf Gesellschaftsmitglieder aus, wodurch ein Mindestmaß ein Konformität hergestellt und somit eine gesellschaftliche Integration gewährleistet wird.[117] Deshalb ist die öffentliche Meinung eben mehr als die Summe aller Einzelmeinungen; von ihr gehe soziale Macht aus.[118] Vor diesem Hintergrund definiert *Noelle-Neumann* die öffentliche Meinung als *„jene Meinung, die man ohne Gefahr von Sanktionen öffentlich aussprechen und der entsprechend man öffentlich sichtbar kandeln kann* […] *Mit einer kürzeren Formel kann man öffentliche Meinung als herrschende Meinung umschreiben, die zu ihrer Beachtung in Verhalten und Handeln zwingt, indem sie den Zuwiderhandelnden* […] *mit Isolation bedroht.*“[119]

---

113 *Nolle-Neumann* bezeichnet diesen Umstand als “Medientenor”, siehe: *Noelle-Neumann*, Publizistik 1973, 26 ff.

114 *Schulz/Rössler*, Schweigespirale Online – Die Theorie der öffentlichen Meinung und das Internet, 2013, S. 25.

115 *Roessing*, Öffentliche Meinung – die Erforschung der Schweigespirale, 2009, S. 28.

116 *Noelle-Neumann*, Die Schweigespirale. Öffentliche Meinung – unsere soziale Haut, 2001, S. 18.

117 *Noelle-Neumann*, Die Schweigespirale. Öffentliche Meinung – unsere soziale Haut, 2001, S. 197 ff.

118 *Beck*, Kommunikationswissenschaft, 7. Auflage, 2023, S. 130.

119 *Noelle-Neumann*, in: Wilke (Hrsg.), Noelle-Neumann, Öffentlichkeit als Bedrohung, 1979, S. 173.

2. Normativ-qualitativer Ansatz

Mit der Entstehung der bürgerlichen Öffentlichkeit im 18. Jahrhundert erfährt die öffentliche Meinung eine Bedeutungsverschiebung.[120] Die öffentliche Meinung ist die Meinung einer informierten, kritischen und bürgerlichen Elite, die sich im Zuge einer rationalen, öffentlichen Diskussion bildet;[121] sie „ist quasi das Produkt der bürgerlichen Öffentlichkeit".[122] Für das Gelingen einer solchen Diskussion stellt *Habermas* – einer der Verfechter dieses Ansatzes – normative Anforderungen auf: (1) die prinzipielle Gleichheit der Teilnehmer, (2) die prinzipielle Problematisierbarkeit aller Themen und (3) die prinzipielle Unabgeschlossenheit des Publikums.[123] Dieses Idealbild der bürgerlichen Öffentlichkeit soll einen herrschaftsfreien Rahmen für alle Bürger schaffen, indem ein freier Diskurs möglich ist, bei dem nur das sachlich bessere Argument zählt.[124] Erst in einer Diskussion, die im Rahmen dieser Bedingungen stattfindet, kann es zu einem vernünftigen, rationalen Konsens kommen. In diesem Ansatz zielt das kommunikative Handeln auf die Verständigung ab;[125] das Ergebnis der Verständigung ist die öffentliche Meinung.[126] Die Aussage ist stark mit dem Individuum verbunden und die Qualität der Aussage steht im Mittelpunkt.

3. Massenpsychologischer Ansatz

Im Lauf des 19. Jahrhunderts erfährt die öffentliche Meinung eine weitere Bedeutungsverschiebung. Durch die kulturphilosophische Massenkritik und die Entwicklung der Massenpsychologie[127] rückt „die Seinsart des Menschen als Herdentier"[128] in den Fokus der Betrachtung. Danach wird ein Menschenbild gezeichnet, das die Vereinzelung gegenüber der Mehr-

---

120 *Lazarsfeld*, Public Opinion Quarterly 21 (1957), 39.

121 *Wimmer*, (Gegen-)Öffentlichkeit in der Mediengesellschaft, 2007, S. 73.

122 *Wimmer*, (Gegen-)Öffentlichkeit in der Mediengesellschaft, 2007, S. 73.

123 *Habermas*, Strukturwandel der Öffentlichkeit, 1962, S. 97, 98.

124 *Habermas*, Strukturwandel der Öffentlichkeit, 1990, S. 97.

125 *Beck*, Kommunikationswissenschaft, 7. Auflage, 2023, S. 118.

126 *Wimmer*, (Gegen-)Öffentlichkeit in der Mediengesellschaft, 2007, S. 72.

127 *Le Bon*, Gustav, Psychologie der Massen, 11. Auflage, 2014.

128 *Lamp*, Die Macht öffentlicher Meinung, 2009, S. 137.

heitsmeinung fürchtet und von einem umfassenden Anpassungsverlangen an die Massenmeinung geprägt ist.[129] An die Stelle des Persönlichkeitsbezuges des normativen Verständnisses tritt die Masse – und zwar als Träger der öffentlichen Meinung. Es entsteht ein massenpsychologisches Verständnis der öffentlichen Meinung. Auf dem ersten Blick mag dieser Ansatz dem sozialpsychologischen Modell ähneln. In beiden Fällen scheint die vorherrschende gesellschaftliche Mehrheitsmeinung prägend für die Beschreibung der öffentlichen Meinung zu sein. Allerdings besteht ein wesentlicher Unterschied: Die öffentliche Meinung als soziale Kontrolle leistet im Unterschied zum massenpsychologischen Ansatz eine Integrationsleistung; sie garantiert gesellschaftliche Stabilität.[130] Die kulturphilosophische Massenkritik hingegen sieht im absoluten Konformitätsdruck keine Integrationsleistung, sondern eine Gefahr für die Gesellschaft.[131] Danach werde alles, was außerhalb der allgemeinen Verhaltensregeln liegt, aus dem gesellschaftlichen Leben verdrängt; „alles, was nicht gewöhnlich ist, [wird] vernichtet."[132] Gegenstand der Betrachtung ist dabei nicht die vorherrschende Meinung, sondern vielmehr die Träger der Meinung als Masse.[133]

4. Empirisch-quantitativer Ansatz (Demoskopie)

Die jüngste Bedeutungsverschiebung erfuhr die öffentliche Meinung im 20. Jahrhundert. Anders als die vorherigen Auffassungen, die die Qualität der öffentlichen Meinung im Zentrum ihrer Betrachtung haben, rückte durch die Entwicklung der empirischen Umfrageforschung in den 1930er-Jahren die Quantität der öffentlichen Meinung in den Fokus der Beurteilung.[134] Danach wird öffentliche Meinung als das in repräsentativen Meinungsumfragen erhobene Ergebnis bezeichnet; öffentliche Meinung sei das, was die Mehrheit der Gesellschaft meint, die Summe indi-

---

[129] *Lamp*, Die Macht öffentlicher Meinung, 2009, S. 141.

[130] *Roessing*, Öffentliche Meinung – die Erforschung der Schweigespirale, 2009, S. 14.

[131] *Lamp*, Die Macht öffentlicher Meinung, 2009, S. 141.

[132] *Lamp*, Die Macht öffentlicher Meinung, 2009, S. 141.

[133] *Lamp*, Die Macht öffentlicher Meinung, 2009, S. 141.

[134] *Lamp*, Die Macht öffentlicher Meinung, 2009, S. 142.

vidueller Einzelmeinungen. Es handelt sich hierbei um ein empirisch-quantitatives Verständnis von öffentlicher Meinung.[135]

IV. Kategorisierung: Diskursive und demoskopische öffentliche Meinung

Die historische Entwicklung des Verständnisses der Öffentlichkeit und öffentlichen Meinung machen die Bedeutungsverschiebungen, die sie im Laufe der Zeit erfahren haben, deutlich. Im Ergebnis handelt es sich um soziale Konstrukte, die entsprechend den Gegebenheiten der jeweiligen Zeit inhaltlich aufgeladen und dementsprechend interpretiert werden. Es ist deutlich geworden, dass – ganz gleich welches Öffentlichkeitsmodell und welcher Ansatz zur Beschreibung der öffentlichen Meinung zugrundgelegt wird – die Öffentlichkeit stets der Ort, Raum, Rahmen ist, in welchem die öffentliche Meinung stattfindet.

Die Vielzahl der wissenschaftlichen Konzepte über die öffentliche Meinung lassen sich grob in diskursive und demoskopische Ansätze unterteilen.[136] Die Vertreter der diskursiven öffentlichen Meinung begreifen diese als die Entscheidung im Zuge eines rationalen Diskussionsprozesses; erst durch den Meinungsaustausch transformieren sich ursprüngliche Einzelmeinungen zu einer kollektiven öffentlichen Meinung. Dieser Ansatz stellt demnach nicht „*das mechanische Aggregieren von Individualpräferenzen zu Kollektivpräferenzen in den Mittelpunkt, sondern das demokratische Sprechen (die Deliberation) über diese Präferenzen.*“[137]

Anders verhält es sich mit dem demoskopischen Ansatz: Hier ist die öffentliche Meinung das Ergebnis einer repräsentativen Befragung der Meinungen Einzelner; ein Meinungsaustausch findet nicht statt. Demnach ist hierbei auch nicht die Veröffentlichung der individuellen Meinung erforderlich. Die Meinung des Einzelnen wird nicht-öffentlich erhoben und lediglich das Ergebnis der gesamten Umfrage wird veröffentlicht. Demgegenüber ist die Publizität der individuellen Meinung Wesenselement

135 *Converse*, Public Opinion Quarterly 51 (1987), 12, 13.

136 *Schweiger/Weihermüller*, Publizistik 2008, 535, 536.

137 *List/Sliwka*, ZfP 2004, 87, 88.

des diskursiven Ansatzes; hier geht es gerade darum, dass die Akteure ihre Meinung öffentlich vortragen.

In der Praxis haben beide Ansätze ihre Relevanz und sind voneinander abhängig: Diskussionen in der Öffentlichkeit, insbesondere in den sozialen Medien, beeinflussen politische Entscheidungen. Demgegenüber können Umfragewerte von Parteien oder Umfrageergebnissen zu einer konkreten Sachfrage entscheidungsleitend in der Politik sein. In beiden Fällen handelt es sich um stets wandelnde Zustände, die teilweise wenig greifbar scheinen; die *eine* öffentliche Meinung ist kaum auszumachen. Vor diesem Hintergrund beschreibt *Oncken* die öffentliche Meinung treffend, wie folgt: „*Öffentliche Meinung ist ein Komplex von gleichartigen Äußerungen größerer oder geringerer Schichten eines Volkes über die Gegenstände des öffentlichen Lebens, bald spontan hervorbrechend, bald künstlich gemacht; in den verschiedensten Organen sich ausdrückend, in Vereinen, Versammlungen, vor allem in der Presse und Publizistik, oder auch nur in dem unausgesprochenen Empfinden eines jeden, des gemeinen Mannes auf der Straße oder eines kleinen Kreises von Gebildeten; hier eine wirkliche Macht, auf die auch die Staatsmänner blicken, dort ein Faktor ohne politische Bedeutung; und immer anders zu werten in jedem Volke; bald einheitlich* [...] *bald in sich zerteilt und die widerstrebendsten Tendenzen bergend; einmal das einfache und natürliche Gefühl des Menschen zum Ausdruck bringend, das andere Mal ein lärmender und unsinniger Ausbruch wilder Instinkte; immer geleitet und doch immer führend; von den Kennenden und Wissenden über die Achsel angesehen und doch wieder den Willen der Menschen bezwingend, ansteckend wie eine Epidemie, launisch und treulos und herrschsüchtig wie die Menschen selber und dann doch wieder nichts als ein Wort, mit dem sich die Machthaber betrügen.*“[138]

[138] *Oncken*, in: Oncken, Historisch-politische Aufsätze, Band I, 1914, S. 203, 236; ebenfalls beschreibend: *Stern*, Das Staatsrecht der Bundesrepublik Deutschland, Band I, 2. Auflage, 1984, S. 617; *Fraenkel*, Deutschland und die westlichen Demokratien, 7. Auflage, 1979, S. 173.

C. Individuelle Meinungsbildung

Ausgangspunkt jeder Meinung ist das Individuum; der Einzelne erhält Informationen, durchläuft einen Denk- und Reflexionsprozess, gelangt zu einer Meinung und äußert sie. Unter Meinung ist „die Einstellung eines Individuums zu einem bestimmten Objekt" zu verstehen.[139] Die Quellen, aus denen die Einstellung entsteht, sind eigene Erfahrungen, eigenes Wissen und die Wahrnehmung der eigenen Umwelt.[140] Ein wesentlicher Bestandsteil der letzteren sind Informationen, die heuristisch oder systematisch verarbeitet werden.[141] Die systematische Informationsverarbeitung funktioniert als ein rationaler Vorgang, indem Informationen kritisch und anhand objektiver Kriterien bewertet werden.[142] Die heuristische Informationsverarbeitung beruht hingegen auf kognitiven Faustregeln oder Abkürzungen, die in Situationen genutzt werden, in denen eine schnelle Entscheidung gewollt ist, aber nicht alle entscheidungserheblichen Informationen bekannt sind;[143] mit minimalem Informationsaufwand wird also auf logische Schlüsse zurückgegriffen, um eine erste Meinung bilden zu können.[144] Deshalb ist diese Art der Informationsverarbeitung auch anfälliger für Verzerrungen.[145]

I. Heuristische Informationsverarbeitung

Bei der heuristischen Informationsverarbeitung spielt das Verhalten bzw. die Meinung der Mehrheit von Personen eine erhebliche Rolle. Das Prinzip der sozialen Bewährtheit besagt, dass sich Menschen eher am Verhalten und an der Meinung der Mehrheit orientieren.[146] Nach *Cialdini* „*betrachten* [wir] *ein Verhalten in einer gegebenen Situation in dem Maß als*

---

139 *Iben*, Staatlicher Schutz vor Meinungsrobotern, 2021, S. 40.

140 *Schoen*, PVS 2006, 89, 92.

141 *Laude*, Automatisierte Meinungsbeeinflussung, 2021, S. 70, 71.

142 *Laude*, Automatisierte Meinungsbeeinflussung, 2021, S. 71.

143 *Schweiger*, Der (des)informierte Bürger im Netz, 2017, S. 74; *Schoen*, PVS 2006, 89, 92.

144 *Iben*, in: Greve et al. (Hrsg.), 60. ATÖR – Der digitalisierte Staat, 2020, S. 153, 157.

145 *Iben*, Staatlicher Schutz vor Meinungsrobotern, 2021, S. 42.

146 Im Zusammenhang mit Social Bots siehe: *Klaas*, in: Möller (Hrsg.), Was tun gegen Fake News und Hate Speech?, 2019, S. 47, 52; *Graber/Lindemann*, in: Sachs-Hombach/Zywietz (Hrsg.), Fake News Hashtags & Social Bots, 2018, S. 51, 59 ff.; *Pfaffenberger/Adrian/Heinrich*, in: Holtz-Bacha, (Massen-) Medien, S. 97, 99.

richtig, in dem wir dieses Verhalten bei anderen beobachten.“[147] Der heuristische Ansatz ist in der Funktionsweise sozialer Medien enthalten: Quantitative Kenngrößen (Follower, Abos, Likes etc.) eines Beitrages spielen beim Umgang mit diesem eine wesentliche Rolle.[148] Beiträge mit hohen quantitativen Kenngrößen werden etwa mit Blick auf ihre Vertrauenswürdigkeit eher positiv bewertet. Der Ranking-Algorithmus in den sozialen Medien begünstigt diesen Ansatz,[149] in dem die Interaktion belohnt wird; je größer die Interaktion mit der Plattform ist, desto größer ist die Reichweite der Beiträge.[150] Ein weiterer Aspekt, der diesen Umstand befördert, ist in der Theorie der Schweigespirale von *Noelle-Neumann* enthalten.[151] Danach fürchtet der Einzelne die gesellschaftliche Isolation; er beobachtet ständig sein Umfeld, um die Mehrheitsmeinung feststellen zu können. Wenn er nun eine von der tatsächlichen oder als solche dargestellte Mehrheitsmeinung abweichende Meinung vertritt, äußert er diese im Zweifel nicht, um sich nicht zu isolieren.[152] Diese Selbstzensur kann in den sozialen Medien durchaus stärker ausgeprägt sein als in der analogen Welt.[153]

In diesem Zusammenhang kommt auch den Medien eine bedeutende Rolle zu; sie erfüllen verschiedene Funktionen. Zum einen wird ihnen die Funktion der Informationsvermittlung zugeschrieben.[154] Dadurch schaffen sie die Grundlage für die individuelle Meinungsbildung und somit auch für die öffentliche Meinungsbildung, da die Umweltbeobachtung maßgeblichen Einfluss auf die Bildung der öffentlichen Meinung hat.[155] Zudem wird durch die Thematisierung von Gegenständen auch die Kom-

---

147 *Cialdini*, Die Psyhologie des Überzeugens, 8. Auflage, 2017, S. 165.

148 *Klaas*, in: Möller (Hrsg.), Was tun gegen Fake News und Hate Speech?, 2019, S. 52.

149 *Drexl*, ZUM 2017, 529, 532.

150 *Schmid/Stock/Walter*, in: Sachs-Hombach/Zywietz (Hrsg.), Fake News, Hashtags & Social Bots, 2018, S. 69 (76); *Drexl*, ZUM 2017, 529, 532.

151 Siehe: Teil 1, B, III, 1.

152 *Noelle-Neumann*, Die Schweigespirale. Öffentliche Meinung – unsere soziale Haut, 2001, S. 59 ff.

153 *Neubaum/Krämer*, CR 2018, 139, 157 f.; *Hampton* et al., Social Media and the „Spiral of Silence“, 2014, S. 3.

154 *Zippelius*, Allgemeine Staatslehre, 17. Auflage, 2017, S. 228 f.; *Kloepfer* spricht von Massenkommunikationsmitteln als „Medium“, siehe: *Kloepfer*, in: HStR III, § 42, Rn. 38.

155 *Noelle-Neumann*, Die Schweigespirale. Öffentliche Meinung – unsere soziale Haut, 2001, S. 224.

plexität der Materie reduziert und somit für den Einzelnen aufnehmbar gemacht.[156] Zum anderen haben die Medien eine Artikulationsfunktion. Auch wenn der Einzelne seinen Standpunkt mittels der Medien nicht in jedem Fall darlegen kann, findet er seinen Standpunkt und Argumente dafür in den Medien.[157] Daneben wirken Medien unmittelbar und mittelbar als „Faktor" bei der öffentlichen Meinungsbildung mit; unmittelbar durch die Selektion von Informationen[158] und mittelbar etwa durch die Beschränkung der Informationsquellen[159] oder die optische Darstellung.[160] Auch wenn den Medien für die Meinungsbildung eine gewichtige Bedeutung beigemessen wird, ist zu berücksichtigen, dass die Realität der Medienwirkung deutlich komplizierter ist als die Vorstellung einer direkten Beziehung zwischen Medienbeitrag und Meinungsänderung bzw. -verstärkung im Sinne einer Ursache-Wirkung-Beziehung oder der Vorstellung einer unbegrenzten manipulativen Wirkung der Medien.[161] Jedenfalls deuten die bisherigen empirischen Studien auf eine tatsächlich viel kompliziertere Medienwirkung als bisher angenommen hin.[162] Psychologische und soziale Faktoren etwa können die manipulative Wirkung von Medien beschränken, weshalb der Effekt der Medien eher in der Bestätigung bzw. Verstärkung vorherrschender Meinungen gesehen wird.[163]

II. Auswirkungen der Digitalisierung der Kommunikationsstrukturen

Aus empirischer Sicht deutlich schwieriger gestaltet sich die Frage, welche Gesetzmäßigkeiten oder Korrelationen zwischen diesen neuen Meinungsbildungsfaktoren und ihren Auswirkungen auf den Prozess der öf-

---

[156] *Luhmann*, PVS 1970, 2 ff.

[157] *Noelle-Neumann*, Die Schweigespirale. Öffentliche Meinung – unsere soziale Haut, 2001, S. 225.

[158] *Zippelius*, Allgemeine Staatslehre, 17. Auflage, 2017, S. 230 f.

[159] BVerfG, NJW 2002, 2939.

[160] *Kloepfer*, in: HStR III, § 42, Rn. 39.

[161] *Noelle-Neumann*, Die Schweigespirale. Öffentliche Meinung – unsere soziale Haut, 2001, S. 224.

[162] *Noelle-Neumann*, Die Schweigespirale. Öffentliche Meinung – unsere soziale Haut, 2001, S. 224; *Jarass*, Die Freiheit der Massenmedien, 1978, S. 47.

[163] *Kloepfer*, in: HStR III, § 42, Rn. 37.

fentlichen Meinungsbildung bestehen. Wirft man hierzu einen Blick auf die empirische Wissenschaft, auf die die Rechtswissenschaft angewiesen ist, gelangt man zu einem recht ernüchternden Ergebnis: Trotz der medial zum Teil dramatisch geführten Debatten über die Sorge um soziale Fragmentierung[164] und gesellschaftliche Desintegration[165] als Folge der Verlagerung von Informationsprozessen ins Internet konnten bisher keine Wirkungszusammenhänge hinsichtlich der Bedeutung der Transformation digitalisierter Öffentlichkeit für die „Funktionslogiken demokratischer Meinungsbildung“[166] nachgewiesen werden.[167] Vielmehr besteht innerhalb der empirischen Wissenschaften große Uneinigkeit bzgl. der gesellschaftlichen Auswirkungen netzbasierter Kommunikation.[168] Grob zusammengefasst lassen sich zwei Standpunkte ausmachen: Auf der einen Seite ist die eher optimistischere These vorzufinden, dass durch die Internetkommunikation eine breitere Verteilung der Meinungsbildungsmacht erreicht wird, auf der anderen Seite steht die eher pessimistische These, dass die Internetkommunikation zu einer stärkeren Machtballung im Internet führt.[169]

D. Zusammenfassung

Die Begriffe „Öffentlichkeit“ und „öffentliche Meinung“ sind zentrale Begriffe im Kontext des öffentlichen Meinungsbildungsprozesses. Auch wenn beide Begriffe vielfach Gegenstand verschiedener wissenschaftlicher Disziplinen wurden – und weiterhin sind –, existieren in beiden Fällen keine abschließenden und allgemein anerkannten Definitionen. Beiden Begriffen ist gemein, dass sie im Laufe der Zeit mehrere Bedeutungsverschiebungen erfahren haben. „Öffentlichkeit“ taucht erstmals in

---

164 *Dörr/Holznagel/Picot*, Legitimation und Auftrag des öffentlich-rechtlichen Fernsehens in Zeiten der Cloud, 2016, S. 31 ff.

165 *Brinkmann*, ZUM 2013, 193, 199.

166 *Cornils*, AfP 2018, 377, 380.

167 Auf Probleme der rechtswissenschaftlichen Rezeptionspraxis von rechtsexternem Wissen hinweisend: *Lüdemann*, in: Hermstrüwer/Lüdemann (Hrsg.), Der Schutz der Meinungsbildung im digitalen Zeitalter, 2021, S. 12 ff.

168 *Cornils*, AfP 2018, 377, 380.

169 *Neuberger/Lobigs*, Meinungsmacht im Internet und die Digitalisierung von Medienunternehmen, 2018, S. 45.

der zweiten Hälfte des 18. Jahrhunderts im Zuge der Entstehung der bürgerlichen Gesellschaft auf. Öffentlichkeit ist „die Sphäre der zum Publikum versammelten Privatleute“, die über öffentliche Angelegenheiten räsonieren und sich in Herrschaftskritik üben. Durch den Aufstieg der Massenkultur und der Entstehung gesellschaftlicher Gruppen sowie ihrer Organisationen im 19. Jahrhundert wandelt sich das bürgerliche Öffentlichkeitsmodell in ein gruppenpluralistisches. Dieses ist geprägt durch die Einbringung und Strukturierung der Themen durch Gruppen und ihre Organisationen.

Einen weiteren Wandel erfährt die Öffentlichkeit durch die Digitalisierung der Kommunikationsstrukturen. Wesentliche Strukturmerkmal der digitalen Öffentlichkeit sind: erhöhte Kommunikationsreichweite, vielfältige Interaktionsmöglichkeiten des Publikums, Entwicklung neuer Interaktionsformen, Existenz von Plattformen und die Personalisierung der Informationsvermittlung. Aus diesen teilweisen massiven Veränderungen lassen sich aber aus empirischer Sicht keine Gesetzmäßigkeiten oder Korrelationen hinsichtlich der Auswirkungen auf den Prozess der öffentlichen Meinungsbildung ableiten.

Die weiteste Datierung zum Beginn der Beschreibung der öffentlichen Meinung reicht bis in die Antike zurück. In der griechischen und römischen Antike herrschte ein sozialpsychologisches Verständnis des Begriffs vor, wonach die öffentliche Meinung ein als von der Gesellschaft ausgehender Konformitätsdruck zur Sicherung des gesellschaftlichen Zusammenhalts beschrieben wurde. Davon ausgehend baute *Noelle-Neuman* ihre Theorie zur öffentlichen Meinung auf. Öffentliche Meinung ist nach ihrer Theorie die *„herrschende Meinung* (…), *die zu ihrer Beachtung in Verhalten und Handeln zwingt, indem sie den Zuwiderhandelnden* […] *mit Isolation bedroht.*“[170] Mit der Entstehung der bürgerlichen Öffentlichkeit wandelte sich das Verständnis dahingehend, dass die öffentliche Meinung die Meinung einer informierten, kritischen und bürgerlichen Elite darstellt, die sich im Zuge einer rationalen, öffentlichen Diskussion gebildet hat; öffentliche Meinung ist „quasi das Produkt der bürgerlichen Öffentlichkeit“. Im Lauf des 19. Jahrhunderts erfährt die öffentliche Mei-

[170] *Noelle-Neumann*, in: Wilke (Hrsg.), Noelle-Neumann, Öffentlichkeit als Bedrohung, 1979, S. 173.

nung eine weitere Bedeutungsverschiebung. Durch die Entwicklung der Massenpsychologie rückt die Masse als Träger der Meinung in den Fokus der Betrachtung. Öffentliche Meinung wird demnach geleichgestellt mit der Massenmeinung. Die jüngste Bedeutungsverschiebung erfuhr die öffentliche Meinung im 20. Jahrhundert durch die Entwicklung der Meinungsforschung. Danach wird die öffentliche Meinung als das in repräsentativen Meinungsumfragen erhobene Ergebnis bezeichnet.

Weiterhin ist deutlich geworden, dass – unabhängig von den zugrundgelegten Konzepten – die Öffentlichkeit der Rahmen ist, in dem öffentliche Meinung stattfindet. Die Vielzahl der wissenschaftlichen Arbeiten über die öffentliche Meinung lassen sich dabei in diskursive und demoskopische Ansätze unterteilen. Sowohl die diskursive öffentliche Meinung, die durch den Diskursprozess entsteht, als auch die demoskopische öffentliche Meinung, die durch die mathematische Erhebung der individuellen Meinungen entsteht, haben im öffentlichen Meinungsbildungsprozess ihre Relevanz und sind voneinander abhängig.

Auf individueller Ebene funktioniert die Meinungsbildung durch systematische und heuristische Informationsverarbeitung. Die systematische Informationsverarbeitung findet als rationaler Vorgang statt, wohingegen die heuristische mittels kognitiver Abkürzungen funktioniert, weshalb sie auch für Verzerrungen anfälliger ist. Die Relevanz einer Meinung in der heuristischen Verarbeitung bemisst sich nach dem Verhalten der Mehrheit. Dieses Muster ist in der Funktionsweise der sozialen Medien angelegt. In den sozialen Medien wird dieses Muster durch den Ranking-Algorithmus, der die Interaktion mit Reichweite belohnt, verstärkt. In diesem Zusammenhang kann laut der Theorie der Schweigespirale die menschliche Isolationsfurcht zur Selbstzensur führen. Auch wenn den Medien in diesem Prozess eine bedeutende Rolle zukommt (Informations-, Thematisierungs-, Artikulationsfunktion), gestaltet sich die Realität der Medienwirkung deutlich komplexer, weshalb konkrete Ursache-Wirkung-Beziehungen empirisch schwer nachweisbar sind

Teil 2 – Social Bots als Instrument der manipulativen Beeinflussung des öffentlichen Meinungsbildungsprozesses

Um die Verwendung von Social Bots verfassungsrechtlich bewerten zu können, müssen zunächst die empirischen Grundlagen von Social Bots dargelegt werden. Dafür soll im Folgenden zunächst der Begriff Social Bot bestimmt werden (A.). Daran schließen Ausführungen über die technische Funktionsweise an (B.). Zuletzt wird der Frage nachgegangen, inwiefern Social Bots den öffentlichen Meinungsbildungsprozess beeinflussen (C.).

A. Begriffsbestimmung

I. Definitionen

Das englische Kompositum Social Bot setzt sich aus den zwei Wörtern Social und Bot zusammen. Das Wort social weist darauf hin, dass es sich hierbei um ein Phänomen handelt, welches vorzugsweise in den sozialen Medien Anwendung findet.[171] Das Wort bot leitet sich vom englischen Wort robot ab und bezieht sich auf das automatisierte Handeln des Bots.[172] Im Begriff Social Bot kommt die Verbindung von sozialen und technischen Elementen zum Ausdruck, weshalb Social Bots auch als „neues soziotechnisches Phänomen“[173] beschrieben werden.

Wirft man einen Blick auf die wissenschaftliche Literatur, die Social Bots zum Thema haben, lassen sich verschiedene Definitionen finden, die sowohl Überschneidungen als auch Unterschiede aufweisen. In einer Studie des Büros für Technikfolgen-Abschätzung beim Deutschen Bundestag (TAB) werden Social Bots als „*Computerprogramme, die eine menschliche Identität vortäuschen und zu manipulativen Zwecken eingesetzt werden, indem sie wie Menschen im Internet kommunizieren*“ definiert;[174] er-

171 *Boshmaf* et al., in: Proceedings of the 27th ACSAC, 2011, S. 93.

172 *Ferrara* et al., Communications of the ACM 2016, S. 1.

173 *Laude*, Automatisierte Meinungsbeeinflussung, 2021, S. 30.

174 *Kind* et al., Social Bots, 2017, S. 11 unter Bezugnahme auf: *Woolley/Howard*, IJoC 2016, 4882, 4885.

gänzt wird die Definition um den Aspekt des automatisierten Handelns.[175] Eine ähnliche Definition verwenden *Löber/Roßnagel*: „*Social Bots sind Computerprogramme, die – vor allem in Social Networks – menschliches Nutzerverhalten imitieren und vortäuschen, reale Menschen zu sein.*“;[176] ergänzend wird betont: „*Zumeist werden Social Bots jedoch zur Täuschung ihrer Kommunikationspartner mit dem Ziel der Beeinflussung und Manipulation eingesetzt.*“[177] Im Unterschied zur Studie des TAB wird hier zwar explizit auf die Verwendung in den sozialen Medien hingewiesen, das Merkmal der Automatisierung fehlt allerdings.

In einer jüngeren Studie von *Ross* et al. werden Social Bots zunächst als „*automated accounts on social media sites which act similar to humans, post content and are not necessarily recongnisable as automated to human users*“ beschrieben.[178] Erst in einem nächsten Schritt wird erwähnt, dass es unter Social Bots auch solche gibt, die Nachrichten mit einer vorgegebenen Meinung teilen, um so die Meinung echter Nutzer zu beeinflussen.[179] Offensichtlich wird das manipulative Element, welches in der TAB-Studie und bei *Löber/Roßnagel* enthalten ist, bei *Ross* et al. als eine gesonderte Kategorie betrachtet und nicht mit in die allgemeine Definition aufgenommen.[180] So sieht es auch *Laude*, der Social Bots als „*automatisierte Accounts in sozialen Online-Netzwerken, die bestimmte Aktionen ausführen können, welche im Kontext des jeweiligen Netzwerks als menschliches Verhalten erscheinen*“ beschreibt.[181]

---

175 *Kind* et al., Social Bots, 2017, S. 11 unter Bezugnahme auf: *Woolley/Howard*, IJoC 2016, 4882, 4885.

176 *Löber/Roßnagel*, MMR, 2019, 493, 493.

177 *Löber/Roßnagel*, MMR, 2019, 493, 493.

178 *Ross* et al., EJIS 2019, 394, 394.

179 *Ross* et al., EJIS 2019, 394, 394.

180 Auch in der Definition von *Graber/Lindemann* ist das manipulative Element nicht enthalten, siehe: *Graber/Lindemann*, in: Sachs-Hombach/Zywietz (Hrsg.), Fake News, Hashtags & Social Bots, 2018, S. 57: „*Als Social Bots werden intelligente Computerprogramme bezeichnet, die in sozialen Netzwerken aktiv sind und menschliches Verhalten vortäuschen.*“

181 *Laude*, Automatisierte Meinungsbeeinflussung, 2021, S. 38.

Milker hingegen definiert Social Bots als „*Computerprogramme, die unter anderem ein Social-Media-Profil automatisch steuern können.*“ [182] Ähnliche ist die Definition von *Dankert/Dreyer*: „*Social Bots sind Computerprogramme, die überwiegend in Sozialen Netzwerkdiensten teilautonom netzwerkspezifische Handlungen ausführen können.*“[183] Anders als die vorherigen Definitionen beinhalten diese nur folgende Merkmale: Computerprogramm, Verwendung in den sozialen Medien und automatisiertes Handeln.

Die aufgeführten Definitionen können in drei Kategorien unterteilt werden, wobei innerhalb dieser nicht jede Definition in allen Merkmalen gleich ist:

(1) Die Definitionen der ersten Kategorie enthalten die meisten Merkmale zur Beschreibung von Social Bots und haben somit den spezifischsten Ansatz. Danach zeichnen sich Social Bots dadurch aus, dass sie Computerprogramme sind, (teil-)autonom agieren, wie Menschen kommunizieren, menschliche Identität vortäuschen, die öffentliche Meinung beeinflussen und in den sozialen Medien aktiv sind.

(2) Die Definitionen der zweiten Kategorie weisen weniger Merkmale auf; vor allem die Beeinflussung der öffentlichen Meinung wird nicht erwähnt.

(3) Die Definitionen der letzten Kategorie enthalten die wenigsten Merkmale. Danach sind Social Bots Computerprogramme, die in den sozialen Medien automatisiert agieren.

Es zeigt sich, dass die Merkmale der Beeinflussung der öffentlichen Meinung, das Vortäuschen der menschlichen Identität sowie das menschenähnliche kommunikative Verhalten die wesentlichen Unterschiede in den verschiedenen Definitionsansätzen kennzeichnen.

---

[182] *Milker*, InTer 2017, 199, 200; in einem späteren Beitrag fügt *Milker* das Merkmal der Täuschung über die menschliche Identität hinzu, siehe: Milker, ZUM 2017, 216, 216: „*spezielle Computerprogramme, die nach einem festgelegten Algorithmus arbeiten und sich als reale Nutzer von Social-Media-Plattformen ausgeben.*“

[183] *Dankert/Dreyer*, K&R 2017, 73, 73.

II. Unterschiede im Verwendungszweck: unterstützende und manipulative Social Bots

Schaut man sich die Merkmale, die die wesentlichen Unterschiede in den Definitionsansätzen kennzeichnen, genauer an, ist festzustellen, dass diese mit der Zielsetzung der Verwendung von Social Bots zusammenhängen. So kann zwischen unterstützenden und manipulativen Social Bots unterschieden werden.[184] Unterstützende Bots sind solche, die eine den Benutzer entlastende Funktion aufweisen; manipulative Bots hingegen agieren mit der Zielsetzung, zu schaden, wobei sich der beabsichtigte Schaden auf die Manipulation der öffentlichen Meinung bezieht.[185] Die unterstützende Funktion ist hingegen vielfältig; als Beispiel sind Chat- und Assistenz-Bots zu nennen.[186] Diese unterscheiden sich zu Social Bots in ihrer Zielsetzung, ihre technische Funktionsweise allerdings ist ähnlich.[187] Beispiele für Assistenz-Bots sind etwa automatisierte Meldungen von Wetternachrichten. Chatbots hingegen treten in den Dialog mit Internetnutzern und werden inner- und außerhalb von sozialen Medien für die

---

[184] *Boshmaf* et al., Computer Networks 2013, 556 ff.

[185] *Ferrara* et al., Communications of the ACM 2016, 96 ff.; auch *Milker* spricht von gutartigen und bösartigen Bots. Allerdings definiert er gutartig Bots als solche, bei denen für Dritte erkennbar ist, dass es sich um ein Bot-gesteuertes Profil handelt. Somit werden beide Unterscheidungsansätze bei *Milker* miteinander vermengt/ergänzt, siehe: *Milker*, InTer 2017, 199, 200.

[186] *Kind* et al., Social Bots, 2017, S. 13; mittlerweile werden Chatbots in unterschiedlichen Bereichen eingesetzt. Folgende Beispiele sollen die Bandbreite andeuten: Der Chatbot *iCAN* etwa soll jungen Personen, die an Depressionen leiden und nach einem Klinikaufenthalt aufgrund von langen Wartezeiten keinen ambulanten Therapieplatz finden, mit Übungen und Gesprächen helfen, in Alltag besser zurechtzukommen, siehe: https://psychologie.uni-greifswald.de/43051/lehrstuehle-ii/klinische-psychologie-und-psychotherapie/forschung/ican/ (zuletzt abgerufen am: 23.12.2023); *yana* ist ein Chatbot, der für die Unterstützung von Betroffenen von Diskriminierung entwickelt wurde, siehe: https://youarenotalone.ai/ (zuletzt abgerufen am: 23.12.2023); der Chatbot *Smart Assistent* wird in 42 Kommunalverwaltungen in Österreich für die Beantwortung von Bürgeranfragen genutzt, siehe: https://kommunal.at/ein-chatbot-beantwortet-buergerfragen (zuletzt abgerufen am: 23.12.2023); für die Befriedigung von affektiven Bedürfnissen wurde der Chatbot *Replika* entwickelt, siehe: https://www.deutschlandfunknova.de/beitrag/philosophie-liebesbeziehung-mit-einem-chatbot (zuletzt abgerufen am: 23.12.2023).

[187] *Kind* et al., Social Bots, 2017, S. 13.

Beantwortung von Kunden- bzw. Nutzeranfragen verwendet.[188] Als jüngstes Beispiel dafür ist der Chatbot *ChatGBT*[189] des US-amerikanischen Unternehmens *OpenAI* zu nennen,[190] der weltweit eine große Aufmerksamkeit schürte und einen technologischen Durchbruch bei der Sprachverarbeitung mittels KI-Methoden darstellt.[191] Aufgrund der Verwendung von neuen Formen künstlicher neuronaler Netzwerke können sprachliche Elemente besonders effizient in mathematische Parameter umgewandelt werden, wodurch die Komplexität des Computermodells und die Menge der für das Training verwendete Daten enorm vergrößert werden konnte. Mit 175 Mrd. Parametern und einem Trainingsmaterial von 300 Mrd. Textbausteinen gehörte der Chatbot *ChatGPT* zugrundeliegende Modell bei seiner Veröffentlichung zu den größten seiner Art.[192]

Mit Blick auf die Definitionen zeigen sich folgende Unterschiede: Bei unterstützenden Bots entfallen die Merkmale der Beeinflussung der Meinungsbildung und das Vortäuschen der menschlichen Identität, die aber bei manipulativen Bots wesentliche Merkmale sind. Das Merkmal des menschenähnlichen kommunikativen Verhaltens ist in beiden Gruppen enthalten, denn auch zum Beispiel Chatbots zeigen ein solches Verhalten, obwohl dabei dem Nutzer die Bot-Eigenschafft ersichtlich ist. Die entscheidende Frage in diesem Zusammenhang ist demnach, ob „Social Bots *per definitionem* böswillige Absichten verfolgen"; in diesem Fall würden diese Merkmale Definitionsbestandteile werden.[193] Aufgrund der breiten Verwendungsmöglichkeit von Social Bots empfiehlt es sich, die Zielset-

---

[188] *Köbrich/Froitzheim*, WRP 2017, 1188 ff.; siehe für eine linguistische Perspektive auf die Interaktion mit Chatbots: *Lotze*, in: Hug/Pallaver (Hrsg.), Talk with Bots, 2018. S. 29 ff.

[189] GPT steht für *generative pre-trained Transformer*, siehe: *Roose*, The Brilliance and Weirdness of ChatGPT, New York Times, Beitrag vom 5.12.2022, online abrufbar unter: https://www.nytimes.com/2022/12/05/technology/chatgpt-ai-twitter.html (zuletzt abgerufen am: 20.10.2023).

[190] Für die kostenfreie Anwendung mittels Browser: https://chat.openai.com/auth/login.

[191] *Albrecht*, ChatGPT und andere Computermodelle zur Sprachverarbeitung, 2023, S. 9; seit dem öffentlichen Lauch von ChatGPT hat das Bewusstsein über und die Auseinandersetzung mit KI in der Öffentlichkeit eine neue Stufe erreicht, siehe: *Thiel*, APuZ 42/2023, 23.

[192] *Albrecht*, ChatGPT und andere Computermodelle zur Sprachverarbeitung, 2023, S. 9.

[193] *Laude*, Automatisierte Meinungsbeeinflussung, 2021, S. 38.

zung nicht zum Bestandteil der Definition zu machen.[194] Vor diesem Hintergrund sind die zentralen Merkmale von Social Bots:

- automatisiertes Handeln,
- Agieren in sozialen Medien
- und menschenähnliches kommunikatives Verhalten.

Mit dieser Definition werden alle Verwendungsmöglichkeiten von Social Bots weitgehend erfasst. Deshalb bedarf es für jene Social Bots, die zum Zwecke der Beeinflussung der Meinungsbildung eingesetzt werden, einer Spezifizierung. Gegenstand der Beeinflussungsversuche ist die öffentliche Meinung.[195] Bots, die in diesem Zusammenhang eingesetzt werden, werden deshalb auch als *Political Bots* bezeichnet;[196] sie werden im Wesentlichen dafür eingesetzt, Wahlkämpfe, Proteste oder politische Debatten zu beeinflussen. Dabei handelt es sich vor allem um anlassbezogene Aktivitäten.[197] Es ist hierbei zu erwähnen, dass das Motiv, die Meinung anderer zu beeinflussen, nicht per se negativ ist[198] – im Gegenteil: In der Demokratie des Grundgesetzes ist die Beteiligung am Meinungskampf – der auch den Versuch der Meinungsbeeinflussung beinhaltet – wünschenswert. Dies ist auch schon deshalb nicht problematisch, weil die Beeinflussung bei Social Bots automatisiert geschieht. Der manipulative Moment bei Social Bots entsteht erst durch das Vortäuschen menschlicher Identität.[199] Dieser Umstand führt dazu, dass Nutzer in den sozialen Medien davon ausgehen, dass hinter dem Bot-Account eine reale Person existiert, weshalb sie die von diesem Account verbreiteten Äußerungen als von dieser realen Person stammend betrachten. Dies führt dazu, dass der „Verbreitungsgrad einer Meinung in der Bevölkerung" verzerrt wird, der „demographische Impactfaktor" *einer* Meinung wird gestärkt.[200]

---

[194] *Laude*, Automatisierte Meinungsbeeinflussung, 2021, S. 38.

[195] *Kind* et al., Social Bots, 2017, S. 33.

[196] *Pfaffenberger/Adrian/Heinrich*, in: Holtz-Bacha (Hrsg.), Die (Massen-)Medien im Wahlkampf – Die Bundestagswahl 2017, 2019, S. 97, 98.

[197] *Kind* et al., Social Bots, 2017, S. 34.

[198] *Laude*, Automatisierte Meinungsbeeinflussung, 2021, S. 46.

[199] *Iben*, Staatlicher Schutz vor Meinungsroboter, 2021, S. 70, 71.

[200] *Krüper*, in: Unger/Ungern-Sternberg (Hrsg.), Demokratie und künstliche Intelligenz, 2019, S. 80.

Eine spezifischere Definition für Social Bots, die zu manipulativen Zwecken eingesetzt werden, müsste demnach – neben den bereits genannten Merkmalen – folgende weitere Merkmale beinhalten: die Beeinflussung des öffentlichen Meinungsbildungsprozesses sowie das Vortäuschen menschlicher Identität. Im Ergebnis ergibt sich folgender Definitionsvorschlag:

> Social Bots sind Accounts in sozialen Medien, die eine menschliche Identität vortäuschen und automatisiert menschenähnliche Kommunikationshandlungen durchführen, um den öffentlichen Meinungsbildungsprozess zu beeinflussen.[201]

B. Technische Funktionsweise

I. Social Bots und Künstliche Intelligenz

Social Bots werden im Kontext menschlicher Kommunikation eingesetzt. Für das Funktionieren derselben ist Responsivität des Kommunikationsverhaltens eine notwendige Voraussetzung.[202] Da Responsivität in der Kommunikation üblicherweise nur im menschlichen Verhalten zu finden ist, genügt schon ein geringes Maß, um die Präsenz menschlicher Intelligenz zu suggerieren.[203] Dieser Umstand ist auch der Grund dafür, dass die Diskussion um Social Bots im Zusammenhang mit dem Thema Künstliche Intelligenz (KI)[204] geführt wird; denn die Imitation menschlichen Verhaltens und die Interaktion mit realen Nutzern sind wesentliche Merkmal von Social Bots.[205]

In diesem Zusammenhang stellt sich die Frage, wie das Verhältnis zwischen Social Bots und KI ausgestaltet ist. Die Antwort auf diese Frage hängt davon ab, was unter KI verstanden wird. Eine genaue und einheitli-

---

201 *Laude*, Automatisierte Meinungsbeeinflussung, 2021, S. 46 m. w. N.

202 *Krüper*, in: Ungern/von Ungern-Sternberg (Hrsg.), Demokratie und künstliche Intelligenz, 2019, S. 71.

203 *Krüper*, in: Ungern/von Ungern-Sternberg (Hrsg.), Demokratie und künstliche Intelligenz, 2019, S. 71.

204 Historisch geht der Begriff Künstliche Intelligenz auf das Dartmouth Proposal aus dem Jahr 1956 zurück, siehe: *McCarthy* et al., A Proposal for the Dartmouth Summer Research Project on Artificial Intelligence, 1955.

205 Siehe: Teil 2, A.

che Definition stellt sich mit Blick auf die Bandbreite der Felder, auf denen KI eingesetzt wird, als schwierig dar;[206] im Kern geht es um die Automatisierung intelligenten Verhaltens.[207] Im Allgemeinen wird unter KI die Fähigkeit zu lernen, selbstständige Schlüsse zu ziehen und mit Unsicherheiten umgehen zu können, verstanden.[208] Bei der Kategorisierung wird zwischen starker und schwacher KI unterschieden.[209]

Eine schwache KI – worunter alle bisher existierenden Ansätze fallen – wird als intelligent beschrieben, wenn sie für konkrete Problemlösungen menschliches intelligentes Verhalten imitiert.[210] Dieser Ansatz basiert auf dem *Turing*-Test[211]: Der Mensch stellt dem Computer Fragen; wenn die Antwort von der Antwort eines Menschen nicht zu unterscheiden ist, gilt der Test als bestanden und das Programm als intelligent.[212] Einen Unterfall der schwachen KI stellt das maschinelle Lernen dar (*machine learning*).[213] Die Fähigkeit, durch Training mittels Daten die Intelligenz verbessern zu können, stellt in diesem Ansatz den intelligenten Moment

---

206 Siehe die 17 Definitionen bei AGI Sentinel Initiative, abrufbar unter: https://agisi.org/Defs_intelligence.html (zuletzt abgerufen am: 28.11.2023); siehe zum weiten Begriff in Art. 3 Nr. 1 im Entwurf der Europäischen Kommission für eine KI-Verordnung (Artificial Intelligence Act), COM(2021) 206 final, dazu näher: *Ebert/Spiecker gen. Döhmann*, NVwZ 2021, 1188, 1189; *Steege*, MMR 2022, 926; jüngst haben sich das EU-Parlament und der EU-Rat auf eine Fassung geeinigt, siehe: European Parlament, Press Releases, Artificial Intelligence Act: deal on comprehensive rules for trustworthy AI, abrufbar unter: https://www.europarl.europa.eu/news/en/press-room/20231206IPR15699/artificial-intelligence-act-deal-on-comprehensive-rules-for-trustworthy-ai (zuletzt abgerufen am: 22.12.2023).

207 *Niederée/Nejdl*, in: Ebers/Heinze/Krügel/Steinrötter (Hrsg.), Künstliche Intelligenz und Robotik, 2020, S. 42; so auch: Mitteilung der Kommission „Künstliche Intelligenz für Europa", Brüssel, 25.04.2018, COM(2018) 237.

208 *Niederée/Nejdl*, in: Ebers/Heinze/Krügel/Steinrötter (Hrsg.), Künstliche Intelligenz und Robotik, 2020, S. 42.

209 *Russel/Norvig*, Artificial Intelligence, 4. Auflage, 2022, S. 1032.

210 *Kramer*, Computationale Intelligence, 2009, S. 3.

211 Benannt nach dem britischen Mathematiker *Alan Turing*, der als einflussreichster Theoretiker der frühen Computer- und Informationstechnologie gilt; siehe: *Dyson*, Turings Kathedrale, 2014.

212 *Turing*, Mind 1950, 433 ff.; deshalb bezeichnet Turing in seiner zuvor genannten Abhandlung den entsprechenden Abschnitt als „Imitation Game".

213 *Pauli*, Künstliche Intelligenz und Gefährdungshaftung im öffentlichen Recht, 2023, S. 26 ff.; Datenethikkommission der Bundesregierung et al. (Hrsg.), Gutachten der Datenethikkommission, 2019, S. 59.

dar.[214] Entsprechend der Stärke ihrer Intelligenz können sie sich an neue Problemsituationen eigenständig anpassen und somit ihr Programm selbst fortschreiben.[215]

Eine starke KI, die jedenfalls öffentlich noch nicht existiert, liegt hingegen vor, wenn sie im Zuge eines breiten Aufgabenspektrums menschliche Kognitionen nachbauen kann, insbesondere Bewusstsein, Emotionen und Kreativität aufzeigt.[216]

II. Technische Zusammensetzung

In technischer Hinsicht bestehen Social Bots aus einem Benutzerkonto in den sozialen Medien, einer Programmierschnittstelle[217] und einer Software mit einem Algorithmus, der die Verhaltenslogik des Social Bots enthält.[218] Für den Einsatz von Social Bots wird durch den Betreiber zunächst ein Benutzerkonto in einem sozialen Netzwerk angelegt; dies geschieht in der Regel manuell, weil die automatisierte Anmeldung in den sozialen Netzwerken weitestgehend nicht möglich ist.[219] Dieses Benutzerkonto wird sodann zu einem Profil mit falscher Identität entwickelt. Genau wie ein Profil eines echten Nutzers enthält es einen realitätsnahen Namen, ein entsprechendes Profilbild und weitere persönliche Angaben, wodurch es (auf dem ersten Blick) vom Profil eines echten Nutzers nicht unterschieden werden kann.[220] Die Realitätsnähe der Bots kann dadurch

---

214 *Wischmeyer*, AöR 2018, 1, 3; *Mitchell*, Machine Learning, 1997, S. XV.

215 *Hofmann-Riem*, in: Ungern/von Ungern-Sternberg (Hrsg.), Demokratie und künstliche Intelligenz, 2019, S. 134; in diesem Zusammenhang wird auch von *Deep Learning* gesprochen, siehe: *Goodfellow/Bengio/Courville*, Deep Learning, 2016; andere beschreiben diese als komplexe Systeme, siehe: *Pieper*, InTeR 2016, 188, 190 f.

216 *Kramer*, Computationale Intelligence, 2009, S. 3; in diese Richtung auch *Niederée/Nejdl*, in: Ebers/Heinze/Krügel/Steinrötter (Hrsg.), Künstliche Intelligenz und Robotik, 2020, S. 42: „… (mindestens) dieselben intellektuellen Fähigkeiten besitzt wie ein Mensch.“; *Surden*, Washington Law Review 2014, 87 ff.; *Etzioni/Etzioni*, JETLaw 2016, 133, 138.

217 Die Schnittstelle namens „Application Programming Interface“ (API) ermöglicht Entwicklern, Anwendungen für soziale Netzwerke zu programmieren; auch für die Implementierung von Social Bots auf soziale Netzwerke werden diese Schnittstellen verwendet, siehe: *Milker*, InTer 2017, 199, 204.

218 *Kind* et al., Social Bots, 2017, S. 11.

219 *Murthy* et al., IJoC 2016, 4952, 4955.

220 *Ferrara* et al., Communications of the ACM 2016, 96 ff.

gesteigert werden, dass die Benutzerkonten detailliertere Angaben zur Person des vermeintlichen Kontoinhabers (z.B. Hobbys, Musikgeschmack, Beziehungsstatus) enthalten und ihre Chronik in die Vergangenheit reicht.[221] Um den zeitlichen Aufwand, der mit der manuellen Registrierung einzelner Benutzerkonten und der Identitätskreierung einhergeht, zu verringern, können bereits registrierte Benutzerkonten im Internet in größerer Anzahl erworben werden.[222] Neben der Entwicklung neuer Identitäten können auch Identitäten real existierender Personen missbraucht werden. Dies kann dadurch geschehen, dass Benutzerkonten unter ihrem Namen eingerichtet oder bestehende, aber inaktive Benutzerkonten übernommen werden.[223]

Der zweite wesentliche technische Baustein eines Social Bots ist die Software, wodurch die Aktivitäten des Bots gesteuert werden. In der Software – genauer gesagt – im Algorithmus hinter der Software ist das Verhaltensmuster für die Aktivität des Social Bots vorgegeben.[224] Algorithmen „*beschreiben in einem ganz allgemeinen Sinne eindeutig festgelegte Schrittfolgen, um ein Problem zu lösen oder zu einer Entscheidung zu gelangen.*“[225] Sie existierten lange bevor es Computer gab und sind deshalb kein Phänomen des digitalen Zeitalters.[226] Bei den hier in Rede stehenden Algorithmen handelt es sich um Computeralgorithmen; diese sind Regeln, die in einer „*computerlesbaren (digitalen) Sprache formuliert sind und bestimmte Aufgaben grundsätzlich in festgelegten Schritten*

---

221 Siehe dazu insgesamt: *Kind* et al., Social Bots, 2017, S. 14.

222 *Laude*, Automatisierte Meinungsbeeinflussung, 2021, S. 33; *Hegelich*, A&A 221 (2016), 2.

223 *Laude*, Automatisierte Meinungsbeeinflussung, S. 33 unter Verweis auf *Meyer*, Identität und virtuelle Identität natürlicher Personen im Internet, 2011, S. 41 ff.

224 *Milker,* ZUM 2017, 216 ff.

225 *Müller-Mall*, Freiheit und Kalkül – Die Politik der Algorithmen, 2020, S. 10; ähnlich: *Barth*, Algorithmik für Einsteiger, 2. Auflage, 2014, S. 10 ff; Die Nutzung von digitalen Algorithmen wird als Ausganspunkt der digitalen Transformation betrachtet, siehe: *von Bünau*, in: Breidenbach/Glatz (Hrsg.), Rechtshandbuch Legal Tech; 2018, S. 100 ff.; siehe für eine kritische Analyse der unterschiedlichen Funktionen von Algorithmen: *Kitchin*, Communication & Society 2016, 1 ff.; siehe für den Ansatz, Algorithmen auch politisch zu betrachten: *Müller-Mall*, Freiheit und Kalkül – Die Politik der Algorithmen, 2020.

226 *Müller-Mall*, Freiheit und Kalkül – Die Politik der Algorithmen, 2020, S. 10.

(insoweit deterministisch) erfüllen.“[227] Die Aufgabenerfüllung kann dabei jede erdenkliche Aktion sein, wobei die Aktion aufgrund von Antriebselementen im Algorithmus automatisiert geschieht.[228] Dadurch können auch Bots in den sozialen Medien automatisiert agieren. Mit Blick auf die Aktivitäten von Bots können prinzipiell alle netzwerkspezifischen und automatisierbaren Handlungen verwendet werden.[229] Welche Handlungen tatsächlich Anwendung finden können, hängt von der Qualität des Algorithmus ab,[230] denn die Bandbreite der Handlungen reichen von einfachen bis hin zu komplexeren Funktionen.[231] Eher einfache Handlungen sind beispielsweise das Hervorheben fremder Beiträge durch Favorisierung (*Liken*, *Retweeten*)[232] oder das „Folgen“ anderer Accounts bzw. das Versenden von Freundschaftsanfragen; auch das Teilen fremder Beiträge stellt eine eher einfache Handlung dar. Dabei agieren Bots mittels eines einfachen Reiz-Reaktions-Modells; sie erkennen äußere Reize, wie etwa ein Schlüsselbegriff, und reagieren entsprechend ihrer Programmierung mit einer vordefinierten Handlung darauf.[233]

Eine komplexere Handlung stellt etwa das Produzieren und Teilen eigener Inhalte dar,[234] wobei die Qualität der Beiträge mit Blick auf die Realitätsnähe zum menschlichen Handeln stark variieren kann. Eigene Text können zum einen dadurch generiert werden, dass der Algorithmus mit Daten, in diesem Fall mit Mustertexten, trainiert wird; auf dieser Grundlage können Bots die gelernten Texte wiedergeben. Handelt es sich um einen qualitativeren Algorithmus, so können Bots Informationen sammeln, semantische Analysen vornehmen und ständig neue Kommunikati-

---

227 *Hofmann-Riem*, in: Unger/von Ungern-Sternberg (Hrsg.), Demokratie und künstliche Intelligenz, 2019, S. 134; ähnlich: *Martini*, JZ 2017, 1017, Fn. 2.

228 *Laude*, Automatisierte Meinungsbeeinflussung, 2021, S. 34.

229 *Howard/Kollanyi*, Bots, #Strongerin, and #Brexit: Computational Propaganda During the UK-EU Referendum, 2016, abrufbar unter: https://ssrn.com/abstract=2798311 (zuletzt abgerufen am: 07.09.2023).

230 *Laude*, Automatisierte Meinungsbeeinflussung, 2021, S. 35.

231 *Kind* et al., Social Bots, 2017, S. 14.

232 *Murthy* u.a., IJoC 2016, 4952, 4956.

233 *Kind* et al., Social Bots, 2017, S. 14.

234 Aus technischer Sicht werden für das Produzieren von eigenen Inhalten Markov-Ketten verwendet, siehe: *Laude*, Automatisierte Meinungsbeeinflussung, 2021, S. 34 m.w.N.

onsinhalten erzeugen,[235] wodurch auch eine realitätsnähere Interaktion mit menschlichen Nutzern entstehen kann. Für ein menschenähnlicheres Verhalten können weitere Aspekte einprogrammiert werden, so z.B. ein zeitliches Aktivitätsmuster, wonach Bots eher tagsüber aktiv sind, um den Schlafzustand in der Nacht zu suggerieren.[236]

III. Detektionsproblem

Möchte man die Wirkung von Social Bots untersuchen, ist man mit dem Problem des Nachweises ihrer Existenz konfrontiert, da ja die Nichtnachweisbarkeit ihrer Existenz gerade beabsichtigt ist. Sie sollen als real existierende Personen wahrgenommen werden; nur so kann sich ihre manipulative Wirkung auf den Meinungsbildungsprozess entfalten.[237] Deshalb ist den netzwerkspezifischen Handlungen von Social Bots (z.B. *Liken*, *Followen*, *Retweeten*) auf den ersten Blick nicht zu entnehmen, ob es sich um einen Bot handelt.

Ein weiterer Grund, der den Nachweis erschwert, ist, dass das Innenleben der sozialen Netzwerke nicht öffentlich ist. Der Forschung fehlt es an Daten, um das Verhalten von Bots näher definieren zu können. Nicht von ungefähr gibt es Stimmen, die an der Existenz von Social Bots und ihren Auswirkungen auf die Meinungsbildung zweifeln.[238] Die Rechtswissenschaft ist an dieser Stelle auf den Zugriff empirischer Wissenschaften angewiesen. Auch wenn es über das Wesen und Wirken von Social Bots keine einhellige Auffassung existiert,[239] liefern empirische Wissenschaften Hinweise, die für die rechtswissenschaftliche Behandlung relevant sein können.[240]

---

[235] *Beuth*, Twitter-Nutzer machen Chatbot zu Rassistin, Zeit-Online, Beitrag vom 24.03.2016, abrufbar unter: https://www.zeit.de/digital/internet/2016-03/microsoft-tay-chatbot-twitter-rassistisch (zuletzt abgerufen am: 07.09.2023).

[236] Siehe dazu insgesamt: *Kind* et al., Social Bots, 2017, S. 14.

[237] Siehe: Teil 2, A.

[238] *Gallwitz/Kreil*, The Rise and Fall of "Social Bot" Research, 2021, abrufbar unter: https://papers.ssrn.com/sol3/papers.cfm?abstract_id=3814191 (zuletzt abgerufen am: 07.09.2023).

[239] *Muhle*, in: Breidenbach u. a. (Hrsg.), Soziale Medien, 2020, S. 44, 50.

[240] *von Ungern-Sternberg*, RW 2022 94, 97.

In der noch jungen Bot-Forschung dominieren automatisierte Methoden der Big-Data-Analyse zur Identifizierung von Social Bots, wobei verschiedene Verfahren angewandt werden.[241] Die Unterschiede der einzelnen Verfahren kennzeichnen die verwendeten Merkmale, die beim Vorliegen die Existenz von Bots belegen sollen. Einfache Verfahren beschränken sich etwa auf die Tweet-Frequenz: Betrage die Zahl der täglich gesendeten Tweets eines Profils mehr als 50, weise das auf eine automatisierte Nutzung hin.[242] Der erwähnte Streit entfacht sich gerade an der Bestimmung derartiger Merkmale. Auch wenn die Marke von 50 Tweets pro Tag möglicherweise eine überdurchschnittliche Zahl für Twitter-Nutzer sein könnte, sind auch menschliche Nutzer bekannt, die diese Marke überschreiten.[243] Es existieren auch komplexere Verfahren der automatisierten Erkennung, die weitaus mehr Merkmale verwenden. Das Botometer (früher botornot),[244] möglicherweise das einst bekannteste Instrument zur automatisierten Identifikation von Bots, nutzt mehr als 1000 Merkmale.[245] Diese werden in sechs Kategorien unterteilt:

(1) Nutzer-basierte Features, (2) Freundes-basierte Features, (3) Netzwerk-basierte Features, (4) Temporale Features, (5) Inhalts- und Sprachbasierte Features und (6) Sentiment-basierte Features.[246] Die Merkmale sind nicht starr, sondern werden weiterentwickelt. Ein neuerer Ansatz etwa berücksichtigt das Verhalten von Profilen während der sog. „*activity sessions*“, da sich gezeigt habe, dass sich das Verhalten menschlicher

---

241 *Asenmacher* u.a., in: Meselwitz (Hrsg.), Social Computing and Social Media, 2018, S. 445 ff.

242 *Kollanyi/Howard/Woolley*, Bots and Automation over Twitter during the Third U.S. Presidential Debate, 2016, abrufbar unter: http://blogs.oii.ox.ac.uk/politicalbots/wp-content/uploads/sites/89/2016/10/Data-Memo-Third-Presidential-Debate.pdf (zuletzt abgerufen am: 07.09.2023).

243 *Graf*, Wie Menschen zu Bots werden, Spektrum.de, Beitrag vom 15.5.2020, abrufbar unter: https://www.spektrum.de/news/forscher-klassifizieren-haeufig-social-bots-auf-twitter-falsch/1734898 (zuletzt abgerufen am: 20.12.2023)

244 Botometer, abrufbar unter: https://botometer.iuni.iu.edu/ (zuletzt abgerufen am: 07.09.2023).

245 *Davis* et al., in: Proceedings of the 25th International Conference on World Wide Web, 2016, S. 273 f.

246 *Hasert/Hooffacker*, Journalistik 2019, 140 ff.

Nutzer in einer Session mit der Zeit ändere, wohingegen das Verhalten von Bots gleich bleibe.[247]

Die mittlerweile immer stärker werdende Kritik an einer automatisierten Methode bezieht sich zum einen auf ihre Ungenauigkeit.[248] Mehrere Male wurde belegt, dass Profile, die durch das Botometer als Bots klassifiziert wurden, von Menschen betrieben werden.[249] Zum anderen wird zurecht kritisiert, dass die angewandten Methoden die nötige Differenzierung mit Blick auf den Grad der Automatisierung vermissen lassen.[250] Es wird nur eine binäre Unterscheidung (automatisiert und menschlich) vorgenommen, obwohl auch hybride, also teilautomatisierte, Profile verwendet würden.[251] Zudem können mit den bestehenden Methoden unterschiedliche Einsatzzwecke von Bots nicht identifiziert werden, was aber für die Beantwortung der Frage, ob und inwieweit Bots die Meinungsbildung beeinflussen, maßgeblich ist.[252]

Vor dem Hintergrund der beschriebenen Kritik und auch als Reaktion auf die Dominanz des rein informationstechnologischen Zugangs der bisherigen Methoden haben sich neuere, sozialwissenschaftliche Ansätze entwickelt, die einen qualitativen Ansatz verfolgen. Anders als in einer Big-Data-Analyse wird hier ein kleinerer Datenkorpus (Small-Data) verwendet; die Auswertung der Daten erfolgt mittels einer manuell-typenbildenden sprachlichen Inhaltsanalyse.[253] Als eine der wesentlichen Vorteile gegenüber der quantitativ-automatisierten Methode wird die

---

[247] *Pozzana/Ferrara*, Frontiers of Physics 2020, Volume 8, Article 125.

[248] Gallwitz/Kreil, Die Mär von „Social Bots“, Tagesspiegel, Beitrag vom 03.06.2019, abrufbar unter: https://background.tagesspiegel.de/digitalisierung/die-maer-von-social-bots (zuletzt abgerufen am: 07.09.2023).

[249] *Rauchfleisch/Kaiser*, PLoS ONE 2020, Volume 15, Article 10, abrufbar unter: https://journals.plos.org/plosone/article/file?id=10.1371/journal.pone.0241045&type=printable (zuletzt abgerufen am: 07.09.2023).

[250] *Muhle*, in: Breidenbach u. a. (Hrsg.), Soziale Medien, 2020, S. 44, 50.

[251] *Öhman* et al., Minds and Machines 2019, S. 331 ff.

[252] *Stieglitz* et al., Proceedings of the ACIS 2017, 89, abrufbar unter: https://aisel.aisnet.org/cgi/viewcontent.cgi?article=1088&context=acis2017 (zuletzt abgerufen am: 07.09.2023).

[253] *Muhle/Ackland/Graham*, ZParl 2018, 618, 630.

Möglichkeit gesehen, Bots auch nach ihrem Einsatzweck und dem Grad ihrer Automatisierung unterscheiden zu können.[254]

C. Wirkungsweise der Beeinflussung

Um den Meinungsbildungsprozess manipulativ beeinflussen zu können, erfolgt der Einsatz von Social Bots im Rahmen bestimmter Strategien. Erst durch die nähere Betrachtung dieser Strategien (I.) kann die mögliche und tatsächliche Wirkung auf den Meinungsbildungsprozess nachvollzogen werden. Dies soll anhand von Praxisbeispielen näher dargelegt werden (II).

I. Strategien

1. Die Sichtbarkeit von Gegenmeinungen reduzieren

Die Einflussnahme von Social Bots auf die Meinungsbildung erfolgt nicht nur durch die Verbreitung des eigenen Standpunktes, sondern auch durch die Verhinderung der gegnerischen Meinung; ihr soll die Sichtbarkeit in der öffentlichen Diskussion genommen werden. Dies geschieht vor allem durch das sog. „*Smoke Screening*" (Einnebelung). Wird in den sozialen Medien unter Verwendung eines Hashtags über ein bestimmtes Thema diskutiert, nutzen Social Bots diesen Hashtag und verbreiten massiv mit dem Thema zusammenhangslose, banale Inhalte.[255] Somit wird die Diskussion, die unter dem Hashtag entsteht, gestört; die Diskussion geht unter. So geschah es etwa in einer Diskussion über den syrischen Bürgerkrieg. Ca. ein Drittel der von einem Bot-Netzwerk ausgehenden Tweets über Syrien (mit dem Hashtag #syria) befassten sich nicht mit dem Bürgerkrieg, sondern mit anderen ortsgebundenen eher positiven Themen, wie z.B. der Schaffung von Arbeitsplätzen.[256] Es wird versucht,

---

254 *Muhle*, in: Breidenbach u. a. (Hrsg.), Soziale Medien, 2020, S. 65.

255 *Kind* et al., Social Bots, 2017, S. 33; derartige Nachrichten auf Twitter werden auch als „Twitter bombs" bezeichnet, siehe: *Brachten* et al., Proceedings of the ACIS 2017, 90, abrufbar unter: https://aisel.aisnet.org/cgi/viewcontent.cgi?article=1089&context=acis2017 (zuletzt abgerufen am: 07.09.2023).

256 *Abokhodair* et al., Proceedings of the 18th ACM CSCW 2015, 839 ff., abrufbar unter: https://arxiv.org/ftp/arxiv/papers/1604/1604.03627.pdf (zuletzt abgerufen am: 07.09.2023).

ein positives Bild der politischen Lage in Syrien zu erzeugen; ungewünschte Themen und Diskussionen sollen gezielt überdeckt werden. Vor allem in autokratischen Systemen können mittels dieser Verwendungsstrategie von Social Bots oppositionelle Diskussionen marginalisiert werden.[257]

Ein ähnliches Instrument zur Reduzierung der Sichtbarkeit von Gegenmeinungen ist die „*Misdirection*“ (Fehlleitung).[258] Kern dieses Ansatzes ist die bewusste Weiterleitung zu anderen Themen als den von den Nutzern gewollten. Als Beispiel soll hier wieder das syrische Bot-Netzwerk dienen: Nachrichtenmeldungen, die von diesem Netzwerk ausgingen, hatten auf dem ersten Blick den syrischen Bürgerkrieg zum Gegenstand; weitergeleitet wurden die Nutzer jedoch auf Nachrichten zu Unruhen in anderen Ländern.[259] Nutzer, die sich zum syrischen Bürgerkrieg informieren, sich an der Diskussion darüber beteiligen wollten, gelangten nicht zu den dazugehörigen Informationen und Diskussionen; sie wurden in die Irre geführt.[260] Der Unterschied dieses Ansatzes zum „*Smoke Screening*“ liegt in einem zusätzlich manipulativen Moment, nämlich der Irreführung über das eigentliche Thema hinter einer Meldung.

2. Trends erzeugen

Eine weitere Strategie der Meinungsbeeinflussung durch Social Bots ist das Erzeugen von Trends.[261] Hintergrund dieser Strategie ist, dass Daten in den sozialen Netzwerken zur Ableitung von Trendaussagen analysiert werden. Es soll dargestellt werden, welche Themen und Profile derzeit populär sind;[262] dies gilt auch für Themen und Meinungen in der politischen Diskussion. Werden nun mittels Social Bots massenhaft Beiträge mit einem bestimmten Inhalt geteilt, steigert dies die Sichtbarkeit und Relevanz dieses Inhalts, obwohl diese in diesem Umfang nicht von realen

---

[257] *Laude*, Automatisierte Meinungsbeeinflussung, 2021, S.48.

[258] *Laude*, Automatisierte Meinungsbeeinflussung, 2021, S. 47.

[259] *Abokhodair* et al., Proceedings of the 18th ACM CSCW 2015, 839 ff., abrufbar unter: https://arxiv.org/ftp/arxiv/papers/1604/1604.03627.pdf (zuletzt abgerufen am: 07.09.2023).

[260] *Laude*, Automatisierte Meinungsbeeinflussung, 2021, S. 47.

[261] *Hasert/Hooffacker*, Journalistik 2019, 142 ff.; *Hegelich*, A&A 221 (2016), S. 3.

[262] *Hegelich,* A&A 221 (2016), S. 3.

Nutzern vertreten werden – ein verzerrtes Meinungsbild entsteht.[263] Diese Strategie wird auch durch die Funktionsweise von sozialen Netzwerken begünstigt: Themen, die häufiger diskutiert werden, oder Beiträge, die häufiger geteilt werden, werden durch den Algorithmus der jeweiligen Plattform anderen Nutzern in ihrem Newsfeed öfter sichtbar. Hinzu kommt, dass der Algorithmus der meisten Plattformen aktuellere Beiträge in der chronologischen Abfolge an erster Stelle zeigt und somit Beiträge realer Nutzer verdrängt.[264] Für jene entsteht dadurch der Eindruck, dass über gewisse Themen tatsächlich mehr und über andere weniger diskutiert wird bzw. dass gewisse Themen und Meinungen populärer sind als andere.[265]

Diese Strategie wird vor allem dafür genutzt, um Partikularinteressen so darzustellen, als würden sie von der Mehrheit der Bevölkerung geteilt („*Astroturfing*").[266] Dadurch soll der Eindruck entstehen, dass für eine bestimmte Meinung eine breite Zustimmung in der Bevölkerung vorliegt, was aber unzutreffend ist.[267] Dieser Umstand ist vor allem deshalb so bedeutsam, weil Trends in den sozialen Medien in politischen und wirtschaftlichen Entscheidungsprozessen berücksichtigt werden; eine fehlerhafte Trendlage kann somit zu politischen und wirtschaftlichen Fehlentscheidungen führen.[268] Dabei ist zu berücksichtigen, dass Social Bots keine eigenen Themen oder Trends aus dem Nichts aufbauen können; vielmehr bedarf es bereits vorhandener Themen oder Trends, die als Vehikel für eine mögliche Manipulation verwendet werden können.[269]
Eine Verzerrung des gesellschaftlichen Meinungsbildes kann nicht nur durch die Beeinflussung der Diskussion, sondern durch die Beeinflussung quantitativer Kenngrößen erfolgen. Als solche werden die als „*Follower*", „*Abonnenten*" und „*Likes*" bezeichnete Merkmale eines Beitrages oder Profils verstanden.[270] Anders als beim Teilen von Beiträgen werden an

---

263 *Hegelich*, A&A 221 (2016), S. 3.
264 *Thieltges/Hegelich*, ZfP 2017, 493, 496.
265 *Thieltges/Hegelich*, ZfP 2017, 493, 496.
266 *Zhang* et al., in: IEEE Conference on Communications and Network Security, 2013, S. 46.
267 *Hasert/Hooffacker*, Journalistik 2019, 142 ff.
268 *Muhle*, Forum Wohnen und Stadtentwicklung 2018, 245, 247.
269 *Kind* et al., Social Bots, 2017, S. 36.
270 *Mehrens*, in: Steinbrecher/Rager (Hrsg.), Wenn Maschinen Meinung machen, 2018, S. 20, 25.

dieser Stelle keine Inhalte erzeugt; vielmehr erfolgt die Stärkung der eigenen Position durch das künstliche Erzeugen hoher Zahlen der genannten Kenngrößen.[271] Denn die Anzahl der *Follower* eines Profils in den sozialen Medien ist ein Kennzeichen für die Popularität einer Person, die ein Profil vertrauenswürdiger und somit einflussreicher wirken lässt.[272] Daneben kann eine hohe Anzahl von *Followern* bei der Gewinnung neuer, echter *Follower* hilfreich sein.[273] Auch profitiert dieses Instrument von der beschriebenen Logik der Algorithmen, beliebte Inhalte zu präferieren: Profile mit hohen *Follower*-Zahlen erreichen mit ihren Beiträgen auch eine höhere Reichweite.[274]

3. Falschnachrichten (Fake News) verbreiten

Ein besonders manipulatives Potential entfaltet sich, wenn Social Bots in Verbindung mit anderen manipulativen Instrumenten eingesetzt werden; dazu gehört u. a. die Verbreitung von Falschnachrichten (*Fake News*).[275] Unter „*Fake News*" ist eine „*…falsche oder irreführende Nachricht, die absichtlich zum Zweck der Manipulation der öffentlichen Meinung verbreitet wird, vor allem im Internet über Soziale Netzwerke*" zu verstehen.[276] Allerdings ist zu berücksichtigen, dass auch von ihrem Inhalt her wahre Nachrichten einen manipulativen Effekt entfalten können, wenn sie unvollständig oder dekontextualisiert wiedergegeben werden. Unter bestimmten Umständen kann die manipulative Wirkung vielleicht sogar

---

271 *Hegelich*, A&A 221 (2016), S. 4.

272 *Cresci* et al., in: Decision Support Systems 2015, 56, 58.

273 *Cresci* et al., in: Decision Support Systems 2015, 56, 58.

274 *Schmid/Stock/Walter*, in: Sachs-Hombach/Zywietz (Hrsg.), Fake News, Hashtags & Social Bots, 2018, S. 69, 76.

275 *Kind* et al., Social Bots, 2017, S. 7; *Steinbach*, ZRP 2017, 101, 102; siehe zur Verbreitung von Fake News: *Mafi-Gudarzi*, ZRP 2019, 65; *Vosoughi/Roy/Arai*, Since 2018, 1146 ff.; siehe zur Herkunft und zum Bedeutungswandel des Begriffs Fake News: *Schmid/Stock/Walter*; in: Sachse-Hombach/Zywietz (Hrsg.), Fake News, Hashtag & Social Bots, 2018, S. 68 ff.; siehe zu Fake News im deutschsprachigen Raum aus Sicht der Journalistik: *Bader/Jansen/Rinsdorf*, in: Steinebach et al. (Hrsg.), Desinformation aufdecken und bekämpfen, 2020, S. 33 ff.; siehe zu Fake News auch: Niedersächsische Akademie der Wissenschaften zu Göttingen (Hrsg.), Fake News, 2023; siehe für eine Bewertung über das Phänomen Fake News aus Sicht der Rechtsprechung des EGMR: *Schiedermair*, FS Dörr, 2022, S. 181 ff.

276 *Zywietz*, in: Sachse-Hombach/Zywietz, Fake News, Hashtag & Social Bots, 2018, S. 97 ff.

höher sein als bei *Fake News*. Vor diesem Hintergrund erscheint eine Begriffsverengung auf nur erwiesen unwahren Informationen nicht zielführend; auch unrichtig, unvollständig oder dekontextualisiert wiedergegebene Informationen sind an dieser Stelle in den Blick zu nehmen.[277] Eine besonders suggestive Wirkung können dekontextualisiert verwendete Bilder oder Videosequenzen entfalten. Vor allem sog. *Deep Fakes*, also „täuschend echt aussehende, künstlich erzeugte Bild- oder Videodateien" werden immer häufiger eingesetzt.[278]

Durch den Einsatz von Social Bots können derlei Inhalte en masse verbreitet werden, wodurch ihre Sichtbarkeit erhöht wird.[279] Der Aspekt der weiträumigen Streuung ist für die Meinungsbildung auch aus psychologischen Gesichtspunkten bedeutsam: Der Glaube am Wahrheitsgehalt einer Nachricht steigt, je öfter sie wahrgenommen wird (*Illusory-Truth-Effect*).[280] Hinzukommt, dass *Fake News* eher die affektive und emotionale Ebene der Meinungsbildung ansprechen, weshalb sie größere Aufmerksamkeit des Einzelnen genießen[281] und sich dadurch – auch ohne den Einsatz von Social Bots – schneller und weiter verbreiten als zutreffende Nachrichten.[282] Erreicht die jeweilige Nachricht einen gewissen Verbreitungsgrad, erfolgt die Verbreitung auch durch Nutzer. Langfristig kann die massenhafte Verbreitung zur Perpetuierung derartiger Inhalte führen.[283] Besonders wirkungsstark kann diese Strategie in Krisensituationen sein, weil einerseits eine unsichere Informationslage besteht und andererseits der Einzelne aufgrund der fehlenden gewohnten Sicherheit anfälliger gegenüber falschen Inhalten sein kann; auf diese Weise kann gezielt Verwirrung gestiftet werden.[284]

---

277 *Iben*, Staatlicher Schutz vor Meinungsrobotern, 2021, S. 58: „desinformativer Inhalt".

278 *Iben*, Staatlicher Schutz vor Meinungsrobotern, 2021, S. 58 m. w. N.

279 *Iben*, Staatlicher Schutz vor Meinungsrobotern, 2021, S. 57.

280 *Kind* et al., Social Bots, 2017, S. 43; *Iben*, Staatlicher Schutz vor Meinungsrobotern, 2021, S. 59.

281 *Iben*, Staatlicher Schutz vor Meinungsrobotern, 2021, S. 59.

282 *Vosoughi/Roy/Arai*, Science 2018, 1146, 1147.

283 *Neudert*, Computational Propaganda in Germany, in: Woolley/Howard (Hrsg.), Project on Computational Propaganda, Working Paper Np. 2017.7, S. 14 ff.

284 *Thieltges/Hegelich*, in: Blätte et al. (Hrsg.), Computational Social Science, 2018, S. 357, 364; siehe mit Blick auf während der Covid-19-Pandemie kursierenden falschen Informationen: *Ferrara*, First Monday 2020, Nr. 6.

II. Praxisbeispiele

Die empirischen Wissenschaften haben bisher die Wirkungsweise von Social Bots nicht umfassend belegen können.[285] Auf der einen Seite werden Social Bots kein übermäßig großer Einfluss auf die öffentliche Meinung bescheinigt;[286] auf der anderen Seite wird das Potential ihrer Beeinflussung als sehr hoch eingestuft.[287] Unabhängig davon lassen sich aufgrund der nachgewiesenen Existenz und Strategien von Social Bots Vermutungen hinsichtlich ihrer allgemeinen Wirkung auf den Meinungsbildungsprozess aufstellen.[288]

Der Einsatz von Social Bots birgt die Gefahr in sich, dass langfristig das Vertrauen der Bürger in den demokratischen Meinungsbildungsprozess[289] untergraben werden kann.[290] Weiterhin können Social Bots als Katalysatoren für die Radikalisierung von Personen wirken, indem ausgewogene Meinungen aus der Debatte verdrängt und Raum für extreme Meinungen geschaffen werden.[291] Auch kann sich durch den Einsatz von Social Bots die sich ohnehin in Veränderung befindende politische Debattenkultur weiter in Richtung eines aufgeheizten Diskussionsklima entwickeln.[292] Ein darüberhinausgehender Rückschluss von unmittelbaren und konkreten Wirkungszusammenhängen zwischen dem Einsatz von Social Bots und dem öffentlichen Meinungsbildungsbildungsprozess lässt sich nicht ziehen.[293] Allerdings ist dieser Umstand kein spezifisches Phänomen der Bot-Forschung; auch die konkreten Wirkungen etwa der Medien auf den internen Meinungsbildungsprozess des Einzelnen lassen sich aufgrund verschiedener Faktoren, die auf den Einzelnen einwirken, nicht genau ermitteln.[294] Dennoch existieren erste Studien zu ausgewählten Konstella-

---

285 *Kind* et al., Social Bots, 2017, S. 56.

286 *Hasert/Hooffacker*, Journalistik 2019, 140 ff.

287 *Kind* et al., Social Bots, 2017, S. 7.

288 *Kind* et al., Social Bots, 2017, S. 56.

289 Siehe für die Bedeutung des Vertrauens der Bürger in den demokratischen Diskurs: *Kube*, in: HStR I, 2023, § 15, Rn. 76 ff.; siehe zum Vertrauen als Voraussetzung für das freiheitliche Zusammenleben: *di Fabio*, Essener Gespräche 2017, 61.

290 *Kind* et al., Social Bots, 2017, S. 42.

291 *Kind* et al., Social Bots, 2017, S. 42.

292 *Kind* et al., Social Bots, 2017, S. 40.

293 *Thieltges/Hegelich*, in: Blätte (Hrsg.), Computatuonal Social Science, 2018, S. 357, 373.

294 *Iben*, Staatlicher Schutz vor Meinungsrobotern, 2021, S. 66 m. w. N.

tionen hinsichtlich der konkreten Wirkung von Social Bots. Im Folgenden soll auf zwei Praxisbeispiele eingegangen werden.

1. Die Reduzierung der Äußerungsbereitschaft Dritter

Die erste Konstellation betrifft die bereits beschriebene Theorie der Schweigespirale.[295] Der Ausgangspunkt der Studie sind Befunde, die belegen, dass soziale Medien bei der Einschätzung des gesellschaftlichen Meinungsklimas eine erhebliche Rolle spielen und dass Social Bots das Potential innewohnt, den Prozess der Meinungsbildung zu beeinflussen.[296] Denkt man nun diese Befunde mit der Kernaussage der Theorie der Schweigespirale zusammen, ergibt sich folgendes Szenario: Durch den massenhaften Einsatz von Social Bots kann die Meinungsbildung dahingehend verzerrt werden, dass die von den Social Bots verbreitete Meinung als Mehrheitsmeinung wahrgenommen wird, obwohl sie tatsächlich die Minderheitenmeinung darstellt. Dies kann dazu führen, dass Diskussionsteilnehmer, die eigentlich die Mehrheitsmeinung vertreten, sich nicht mehr an der Diskussion beteiligen, also schweigen, weil sie Sorge haben, sich sozial isolieren zu können.[297] Diese Spirale des Schweigens einerseits und die Verbreitung vorgegebener Meinungen durch Social Bots andererseits kann einen Prozess der öffentlichen Meinungsbildung, der auf einen fairen Umgang in der Debatte ausgelegt ist, beschädigen.[298] Bedenkt man auch, dass der massenhafte Einsatz von Social Bots mit geringen finanziellen Mittel prinzipiell allen offen steht,[299] scheint die Sorge um eine mögliche Beeinflussung in diese Richtung nicht unberechtigt zu sein.

Vor diesem Hintergrund wurde an der Universität Duisburg-Essen anhand eines Experiments untersucht, inwiefern durch den Einsatz von Social Bots eine Schweigespirale ausgelöst werden kann.[300] Als Ausgans-

---

295 *Dankert/Dreyer*, K&R 2017, 73 ff.; *Milker*, InTeR 2017, 199, 200.

296 *Neubaum/Krämer*, Media Psychology 2017, 502 ff.

297 Siehe: Teil 1, B, III, 1.

298 In diese Richtung argumentierend: *Milker*, InTeR 2017, 199, 200; *Dankert/Dreyer,* K&R 2017, 73 ff.

299 *Hegelich*, A&A 221 (2016), S. 2.

300 *Ross* u. a., EJIS 2019, 394 ff.

punkt wurde von Idealsituation ausgegangen, dass sich die Meinungen zu einem bestimmten Thema hälftig aufteilen. Die Wahrscheinlichkeit, dass sich die Mehrheitsmeinung im Laufe der Diskussion zugunsten der einen oder anderen Seite entwickelt, liegt bei 50 %.[301] Nun hat sich im Experiment gezeigt, dass bereits durch den Einsatz einer geringen Anzahl von Social Bots (2-4 %) die Meinungsverhältnisse derart verzerrt werden, dass Nutzer, die nicht die von den Bots verbreitet Meinung vertreten, sich als in der Minderheit empfinden und anfangen zu schweigen. Dadurch verändert sich die erwähnte Wahrscheinlichkeit dahingehend, dass sich zu zwei Dritteln, die von den Social Bots verbreitete Meinung durchsetzt, wodurch ein verfälschtes Stimmungsbild entsteht.[302]

Der Erfolg des Einflusses hängt dabei von drei Kriterien ab: (1) der Anzahl der Verbindungen zwischen Nutzern eines Netzwerkes, (2) der Platzierung der Social Bots in diesem und (3) der Qualität der Programmierung hinsichtlich des Grades der Automatisierung.[303] Der Einfluss von Bots, die in einem Netzwerk mit einer höheren Dichte an Verbindungen zwischen den Nutzern aktiv sind, ist etwas höher als bei Bots, die in einem weniger dichten Netzwerk tätig sind.[304] Weiterhin ist die Beeinflussung bei jenen Bots größer ausgefallen, die in dem Netzwerk mit den zentralen populären Profilen vernetzt sind.[305] Deutlich bedeutsamer für die Frage des Einflusses von Social Bots ist aber der Punkt, wie menschenähnlich ihr Verhalten ist; die Beeinflussung ist umso höher, je höher die technische Entwicklungsstufe und somit je authentischer ihr menschenähnliches Verhalten ist.[306]

2. Wahlkampfinstrument von Parteien

Eine weitere konkrete Forschungskonstellation befasst sich mit der Zahl und den Aktivitäten von Bots unter den Twitter-Followern der Parteien

[301] *Ross* u. a., EJIS 2019, 394, 406.
[302] *Ross* u. a., EJIS 2019, 394 ff.
[303] *Ross* u. a., EJIS 2019, 394, 406.
[304] *Ross* u. a., EJIS 2019, 394, 406.
[305] *Ross* u. a., EJIS 2019, 394, 406.
[306] *Ross* u. a., EJIS 2019, 394, 406.

im Rahmen des Bundestagwahlkampfes 2017.[307] Dafür wurden zu zwei unterschiedlichen Zeitpunkten – Februar und September 2017 – die Anzahl der Bots unter den Twitter-Followern der Parteien erhoben, um einen möglichen Anstieg im Laufe des Wahlkampfes eruieren zu können. Es hat sich gezeigt, dass die Zahl der Bots insgesamt von 7,1 % auf 9,9 % gestiegen ist, wobei es sich ganz überwiegend um passive Bots handelte, denn nur 1,4 % haben Inhalte geteilt. Und auch bei den geteilten Inhalten handelte es sich um kaum wahlrelevante Themen.[308] Die Ergebnisse der Studie zeigen, dass Bots unter den Twitter-Followern aller Parteien vorzufinden sind, weshalb die Annahme, dass diese nur von bestimmten Parteien genutzt werden könnten, unzutreffend ist. Auch wenn die Ergebnisse der Studie keine erhebliche Beeinflussung der öffentlichen Meinungsbildung während des Bundestagwahlkampfes 2017 durch Bots belegen, kann nicht übersehen werden, dass die Popularität der Parteien auf Twitter um bis zu 9,9 % manipuliert wurde.

Zu einem ähnlichen Ergebnis gelangt eine andere Studie über den Einsatz von Social Bots im Bundestagswahlkampf 2017.[309] In einer korpuslinguistischen Untersuchung von Tweets innerhalb eines bestimmten Zeitraumes vor der Wahl wurde festgestellt, dass der sehr große Teil (80,8 %) der Tweets keine Anzeichen für eine Automatisierung aufwiesen.[310] Allerdings konnten Indizien für den Versuch der Einflussnahme erkannt werden; beispielsweise wurden von 221 Benutzerkonten zwar weniger als 4000 Tweets abgesetzt, jedoch lag deren textbasierte Ähnlichkeit bei 80-100%, was auf ein hohes Maß an Automatisierung deutet.[311] Daneben konnte bei fünf Benutzerkonten ein hohes Maß an thematischer Homogenität der Tweets festgestellt werden; es wurden massenhaft identische Tweets verbreitete, die simpel strukturiert und zum Teil inhaltlich sinnlose und meist fehlerhafte Phrasen beinhalteten.[312] In politischen Entschei-

---

307 *Keller/Klinger*, Political Communication 2019, 184 ff.

308 Siehe für die Ergebnisse der Studie: *Keller/Klinger*, Political Communication 2019, 184 ff.

309 *Pfaffenberger/Adrian/Heinrich*, in: Holtz-Bacha (Hrsg.), Die (Massen-)Medien im Wahlkampf, 2019, S. 97 ff.

310 *Pfaffenberger/Adrian/Heinrich*, in: Holtz-Bacha (Hrsg.), Die (Massen-)Medien im Wahlkampf, 2019, S. 107.

311 *Pfaffenberger/Adrian/Heinrich*, in: Holtz-Bacha (Hrsg.), Die (Massen-)Medien im Wahlkampf, 2019, S. 109.

312 *Pfaffenberger/Adrian/Heinrich*, in: Holtz-Bacha (Hrsg.), Die (Massen-)Medien im Wahlkampf, 2019, S. 113.

dungsprozessen können Social Bots vor allem dann potenziell einflussreich zu sein, wenn ein Kulminationspunkt – wie etwa knappe Mehrheiten – gegeben ist.[313]

D. Zusammenfassung

Es existiert eine Vielzahl von Definitionen von Social Bots, die in drei Kategorien unterteilt werden können. Diese enthalten jeweils eine unterschiedliche Anzahl an Merkmalen, wobei die Merkmale der Beeinflussung der öffentlichen Meinung, das Vortäuschen menschlicher Identität und menschenähnliches kommunikatives Verhalten die wesentlichen Unterschiede zwischen den Kategorien darstellen. Diese Merkmale betreffen die Zielsetzung der Verwendung von Social Bots, weshalb auch zwischen unterstützenden und manipulativen Bots unterschieden wird. Social Bots, die zur Manipulation der öffentlichen Meinungsbildung eingesetzt werden, können folgendermaßen definiert werden: Social Bots sind Accounts in sozialen Medien, die eine menschliche Identität vortäuschen, automatisiert menschenähnliche Kommunikationshandlungen vornehmen, um den öffentlichen Meinungsbildungsprozess zu beeinflussen.

In technischer Hinsicht bestehen Social Bots aus einem Benutzerkonto in den sozialen Medien, einer Programmierschnittstelle und einer Software mit einem Algorithmus, der die Verhaltenslogik des Social Bots enthält. Das Benutzerkonto wird dergestalt mit Informationen gefüllt, dass es dem Profil eines echten Nutzers ähnelt; die Realitätsnähe der Profile kann durch detailliertere Angaben zur Person des vermeintlichen Kontoinhabers gesteigert werden. Das Verhaltensmuster des Bots ist im Algorithmus hinter der Software enthalten. Mit Blick auf die Aktivitäten von Bots können prinzipiell alle netzwerkspezifischen und automatisierbaren Handlungen verwendet werden. Welche Handlungen tatsächlich Anwendung finden können, hängt von der Qualität des Algorithmus ab.[314]

Die Frage, wie durch Social Bots versucht wird, den öffentlichen Meinungsbildungsprozess zu beeinflussen, führt zu ihren Verwendungsstrategien. Eine der Strategien ist die Reduzierung der Sichtbarkeit der Ge-

313 *Kind* et al., Social Bots, 2017, S. 36.

314 *Laude*, Automatisierte Meinungsbeeinflussung, 2021, S. 35.

genmeinung; dies geschieht vor allem durch die massenhafte Verbreitung banaler Inhalte, wodurch die Diskussion untergeht („*Smoke Screening*“). Ein ähnliches Instrument zur Reduzierung der Sichtbarkeit von Gegenmeinungen ist die „*Misdirection*“ (Fehlleitung). Kern dieses Ansatzes ist die bewusste Weiterleitung zu anderen Themen als die, die von den Nutzern gewollt sind. Der Unterschied zum „*Smoke Screening*“ liegt in einem zusätzlich manipulativen Moment: der Irreführung über das eigentliche Thema hinter einer Meldung.

Das Erzeugen von Trends ist eine weitere Strategie. Hierbei geht es um die Steigerung der Relevanz bestimmter Themen, obwohl diese in diesem Umfang nicht von realen Nutzern vertreten werden; das Meinungsbild zu einem Thema wird verzerrt. Diese Strategie wird vor allem dafür genutzt, um Partikularinteressen so darzustellen, als würden sie von der Mehrheit der Bevölkerung geteilt („*Astroturfing*“). Dadurch soll der Eindruck entstehen, dass für eine bestimmte Meinung eine breite Zustimmung in der Bevölkerung vorliege, was aber unzutreffend ist. Für die Verzerrung des gesellschaftlichen Meinungsbildes werden auch quantitativen Kenngrößen beeinflusst. Ein besonders manipulatives Potential entfaltet sich, wenn Social Bots in Verbindung mit anderen manipulativen Instrumenten, wie etwa der Verbreitung von Falschnachrichten („*Fake News*“), genutzt werden.

Obgleich die Wirkungsweise von Social Bots noch nicht umfassend belegt ist, lassen sich Vermutungen hinsichtlich ihrer allgemeinen Wirkung auf den Meinungsbildungsprozess aufstellen. Der Einsatz von Social Bots birgt die Gefahr in sich, langfristig das Vertrauen der Bürger in den demokratischen Prozess zu untergraben. Erste Studien zu konkreten Konstellationen belegen die unmittelbare Wirkung von Social Bots. Mit Blick auf die Theorie der Schweigespirale hat ein Experiment gezeigt, dass bereits durch den Einsatz einer geringen Anzahl von Social Bots (2-4%) die Meinungsverhältnis derart verzerrt werden, dass Nutzer, die nicht die von den Bots verbreitet Meinung vertreten, sich als in der Minderheit empfinden und anfangen, zu schweigen. Mit Blick auf den Einsatz von Social Bots in Wahlkämpfen ist deutlich geworden, dass keine eigenen Themen aus dem Nichts aufgebaut werden können. Vielmehr bedarf es bereits vorhandener Themen oder Trends, die als Vehikel für eine mögliche Manipulation verwendet werden können. Sie können vor allem dann potenziell einflussreich sein, wenn ein politischer Kulminationspunkt, wie etwa eine knappe Mehrheit in einem politischen Entscheidungsprozess, vorliegt.

Teil 3 – Der Meinungsbildungsprozess des Grundgesetzes als Maßstab

Nach der Darstellung der tatsächlichen Gegebenheiten soll nun der Meinungsbildungsprozess des Grundgesetzes als Maßstab herausgearbeitet werden. Dafür werden zunächst die vorrechtlichen Grundlagen gelegt (A.). In einem zweiten Schritt wird der positivrechtliche Rahmen dargestellt (B.). Aus diesen Ausarbeitungen werden Merkmale abgeleitet, die den Meinungsbildungsprozess des Grundgesetzes charakterisieren (C.).

A. Vorrechtlicher Rahmen

I. Begriffliche Annäherung

Das Grundgesetz kennt den Begriff „öffentlicher Meinungsbildungsprozess" nicht.[315] Als einziger begrifflicher Anknüpfungspunkt im Verfassungstext lässt sich der Begriff „politische Willensbildung des Volkes" in Art. 21 I 1 GG heranziehen,[316] der aber nur zur Aufgabenbeschreibung von Parteien dient; er ist nicht eigentlicher Regelungsgegenstand.[317] Der Begriff wird in der Rechtsprechung des BVerfG nicht einheitlich verwendet; das BVerfG verwendet stattdessen beispielsweise die Begriffe „Prozess politischer Meinungsbildung"[318] oder „Vorformung des politischen Willens".[319] Der Begriff „politische Willensbildung des Volkes" ist für die vorliegende Untersuchung aus zwei Gründen anpassungsbedürftig. Wenn unter dem Begriff „Volk" die Gesamtheit der Staatsbürger zu verstehen ist, führt dies zu einer unzulässigen Einschränkung der Teilnehmer der Willensbildung, da an der Willensbildung nicht nur das Volk im Sinne der Gesamtheit der Staatsbürger, sondern jede Person beteiligt ist.[320]

[315] *Kloepfer*, in: HStR III, § 42, Rn. 11.

[316] *Kloepfer*, in: HStR III, § 42, Rn. 20.

[317] Jarass, in: *Jarass/Pieroth*, GG, Art. 21, Rn. 11; BVerfGE 61, 1, 11 f.; dafür, dass Art. 21 I 1 GG eine Funktionsbeschreibung für Parteien darstellt: *Hesse*, VVDStRL 17 (1959), 15.

[318] BVerfGE 8, 51, 68.

[319] BVerfGE 8, 104, 113; dieser Begriff wird *Scheuner* zugeschrieben, siehe: *Scheuner*, ZEE 1957, 30 ff.

[320] *Hindelang,* Freiheit und Kommunikation, 2019, S. 156: „politischer Willensbildungsprozess in der Gesellschaft"; *Schmitt Glaeser,* Der freiheitliche Staat des Grundgesetzes, 3. Auflage, 2016, S. 147: „gesellschaftliche Willensbildung".

Weiterhin ist zu berücksichtigen, dass der *Willens*bildung die *Meinungs*bildung vorgeht. In dieser Arbeit wird untersucht, ob und inwieweit die Verwendung von Social Bots schon die Meinungsbildung beeinflusst, weshalb „Meinungsbildung“ hier die zutreffende Bezeichnung ist. Zuletzt soll mit der Ergänzung „-prozess“ auf den starken Prozesscharakter der Meinungsbildung hingewiesen werden.

II. Theoretisches Leitbild: Die „Agora des demokratischen Verfassungsstaates“

Das Grundgesetz normiert den Meinungsbildungsprozess nicht, sondern geht vielmehr selbstverständlich von seiner Existenz aus und setzt ihn als gegeben voraus.[321] In Fällen, in denen es an positivrechtlichen Regelungen fehlt, lassen sich dem Gesetzestext vorgelagerte Theorien bemühen.[322] Auch für den grundgesetzlichen Meinungsbildungsprozess existiert ein solches vorrechtliches Verständnis, *„nämlich jenes des freien Konkurrenzkampfes der Meinungen auf der Agora des demokratischen Verfassungsstaates“*.[323] Dieses Leitbild ist von folgenden Annahmen geprägt:

> (1) Gleiche begegnen sich als Gleiche (Isonomie) und ringen um die inhaltlich besten Argumente für die Polis; dabei werden Meinung frei und gleich geäußert und sind kritisierbar,
>
> (2) die geäußerten Meinungen sind dem sich Äußernden zurechenbar; er ist für sie verantwortlich und

---

321 BVerfGE 8, 104, 113.

322 *Krüper*, in: Unger/von Ungern-Sternberg (Hrsg.), Demokratie und künstliche Intelligenz, 2019, S. 67; mit Blick auf die Verfassung beschreibt *Jestaedt* die Vorstellungen hinter der Verfassung als „Die Verfassung hinter der Verfassung“, siehe: *Jestaedt*, Die Verfassung hinter der Verfassung, 2009; *Volkmann* beschreibt dies als „Leitbilder“ der Verfassungsauslegung, siehe: *Volkmann*, AöR 134 (2009), 157 ff.

323 *Krüper*, in: Unger/von Ungern-Sternberg (Hrsg.), Demokratie und künstliche Intelligenz, 2019, S. 68 mit Verweis auf: *Schmitt Glaeser*, Der freiheitliche Staat des Grundgesetzes, 2. Auflage, 2012, S. 136: „[…] die Keimzelle (war) der Marktplatz von Athen, die Agora […]“.

(3) die Kommunikation erfolgt durch individuelle, menschliche Begegnung auf der Agora (*face to face*).[324]

Diese Annahmen lassen sich teilweise auch in der demokratietheoretischen Beschreibung der Öffentlichkeit finden: Unter den Bedingungen der prinzipiellen Gleichheit aller Teilnehmer, der prinzipiellen Problematisierbarkeit aller Themen und der prinzipiellen Unabgeschlossenheit des Publikums soll in einem herrschaftsfreien Rahmen um das beste Argument diskutiert werden.[325] Diesen freien und offenen Rahmen betont auch das BVerfG: „*Der Grundgesetzgeber hat sich, indem er die freiheitliche demokratische Grundordnung geschaffen hat, für einen freien und offenen Prozeß der Meinungs- und Willensbildung des Volkes entschieden.* […] *In einem demokratischen Staatswesen muß sich insbesondere die Willensbildung des Volkes frei, offen und unreglementiert vollziehen.*“[326] Weiterhin entspricht es dem freiheitlichen Charakter, dass die Meinungsbildung nicht als etwas Statisches, sondern Dynamisches, Veränderbares und Fluides verstanden wird; die freie Meinungsbildung ist ein nie endender Prozess.[327] Vorgaben des Grundgesetzes hinsichtlich der Meinungsbildung betreffen also vielmehr die Art und Weise ihrer Entstehung und Entwicklung als sie selbst. Verfassungsrechtlich schützenswert ist demnach der freie und offene Meinungsbildungsprozess.

Dieses Idealbild unterliegt nicht erst seit der Digitalisierung Spannungen, weshalb sie an manchen Stellen verzerrt ist.[328] Das BVerfG konstatierte eine Verzerrung schon 1985 in seinem berühmten Brokdorf-Beschluss: „*Große Verbände, finanzstarke Geldgeber oder Massenmedien können beträchtliche Einflüsse ausüben, während sich der Staatsbürger eher als ohnmächtig erlebt. In einer Gesellschaft, in welcher der direkte Zugang zu den Medien und die Chance, sich durch sie zu äußern, auf wenige beschränkt ist*, […].“. Weiterhin hält das Gericht fest, dass sich „*im Kräfteparallelogramm der politischen Willensbildung im allgemeinen erst dann*

---

324 *Krüper*, in: Unger/von Ungern-Sternberg (Hrsg.), Demokratie und künstliche Intelligenz, 2019, S. 67.

325 Siehe: Teil 1, A, II, 1.

326 BVerfGE 20, 56, 97 f.

327 *Schmitt Glaeser*, Der freiheitliche Staat des Grundgesetzes, 3. Auflage, 2019, S. 158.

328 *Krüper*, in: Unger/von Ungern-Sternberg (Hrsg.), Demokratie und künstliche Intelligenz, 2019, S. 68.

eine relativ richtige Resultante herausbilden kann, wenn alle Vektoren einigermaßen kräftig entwickelt sind.“[329] Zweifelsohne hat sich diese Schieflage durch die Digitalisierung massiv geändert; noch nie konnte der Einzelne in so vielfältiger Weise an der öffentlichen Meinungsbildung teilhaben.[330] Der Vektor des Einzelnen hat sich folglich im „Kräfteparallelogramm der politischen Willensbildung“ stark entwickelt.[331] Zugleich wird deutlich, dass diese Entwicklung nicht einseitig verläuft; die digitalisierte Kommunikation birgt auch Gefahren für die demokratische Öffentlichkeit – Social Bots sind eine Erscheinung von vielen.

B. Positivrechtlicher Rahmen als Realisierungsbedingung

Es ist deutlich geworden, dass das Grundgesetz einen freien und offenen Meinungsbildungsprozess nicht vorschreiben kann; vielmehr setzt er ihn als gegeben voraus.[332] Jedoch sieht er Bedingungen für seine Realisierung vor; zum einen durch die Kommunikationsfreiheiten (I.) und zum anderen durch staatsorganisationsrechtliche Bestimmungen (II.).

I. Kommunikationsfreiheiten als grundrechtlicher Rahmen

Bei der Realisierung der Mitwirkung am Meinungsbildungsprozess kommt den Grundrechten eine erhebliche Bedeutung zu. Diese dienen nicht nur als Abwehrrechte gegenüber dem Staat, sondern auch als politische Mitwirkungsrechte; sie ermöglichen es den Bürgern, „*am politischen Leben mitzuwirken und ihre eigenen Vorstellungen und Werte bei der Ausformung des Gemeinwesens einzubringen.*“[333] Dieser Ansatz resultiert

---

329 BVerfGE 69, 315, 346.

330 *Manow*, (Ent)Demokratisierung der Demokratie, 2020, S. 111 ff.

331 *Bredler/Markard*, JZ 2021, 864 ff.

332 Siehe in diesem Kontext das Böckenförde-Diktum: „Der freiheitliche, säkularisierte Staat lebt von Voraussetzungen, die er nicht selbst garantieren kann.“ in: *Böckenförde*, in: Recht, Staat, Freiheit 1991, S. 112; aufgrund der Popularität dieses Diktums bezeichnete *Prantl* Böckenförde als „Einstein des Staatsrechts“ und sein Diktum als „$E = mc^2$ der Staatsrechtslehre“, siehe: *Prantl*, Der Grundgesetzliche, SZ, Beitrag vom 25.02.2019, abrufbar unter: https://www.sueddeutsche.de/politik/nachruf-der-grundgesetzliche-1.4345184 (zuletzt abgerufen am: 25.09.2023).

333 *Schmitt-Glaeser*, in: HStR III, § 38, Rn. 11.

aus dem Verständnis, dass der Staat durch das Volk lebt. *Glaeser* beschreibt dies treffend wie folgt: „*Das Volk steht nicht unter, neben oder über dem Staat. Das Volk ist der Staat und die Quelle der Staatsgewalt. Und weil dieses Volk sich aus Individuen zusammensetzt, kann es nur Bedeutung gewinnen, wenn der Einzelne auch ein aktives politisches Element darstellt.*“[334] Die relevanten Grundrechte in diesem Kontext werden als Kommunikationsfreiheiten bezeichnet.[335] Dazu zählen die Freiheiten in Art. 5 I S. 1 GG (Meinungsfreiheit und Informationsfreiheit), in Art. 5 I S. 2 GG (Presse-, Rundfunk- und Filmfreiheit), die Versammlungsfreiheit gemäß Art. 8 I GG sowie die Vereinigungsfreiheit gemäß Art. 9 I GG;[336] von wenigen werden auch die Wissenschafts- und Kunstfreiheit gemäß Art. 5 III GG[337] dazu gerechnet sowie die Religionsfreiheit gemäß Art. 4 I GG[338] und das Petitionsrecht.[339]

1. Kommunikationsfreiheiten in Art. 5 I GG

Art. 5 I GG enthält mehrere Grundrechte. In Satz 1 enthält er das Recht auf freie Meinungsäußerung und -verbreitung sowie die Freiheit, sich aus allgemein zugänglichen Quellen ungehindert zu unterrichten. In Satz 2 enthält es die Freiheit der Presse sowie die Freiheit der Berichterstattung durch Rundfunk und Film. Zuletzt enthält Satz 3 das Verbot der Zensur, das kein Grundrecht, sondern eine Schranken-Schranke darstellt.[340] Folglich umfasst Art. 5 I GG die Meinungsfreiheit, Informationsfreiheit, Pressefreiheit, Rundfunkfreiheit und Filmfreiheit.[341]

---

334 *Schmitt-Glaeser,* Der freiheitliche Staat des Grundgesetzes, 3. Auflage, 2016, S. 71.

335 *Schmitt-Glaeser*, in: HStR III, § 32, Rn. 11; *Hartmann*, in: BK, GG, Art. 8, Rn. 145.

336 *Hufen,* Staatsrecht II, 10. Auflage, 2023, vor § 25, Rn. 1; *Ipsen,* Grundrechte, 24. Auflage, 2021, Rn. 376, 409 ff., 579 ff.; *Hartmann*, in: BK, GG, Art. 8, Rn. 145.

337 *Ipsen,* Grundrechte, 24. Auflage, 2021, vor Rn. 376; *von Münch/Mager,* Staatsrecht II, 7. Auflage, Rn. 496 ff.

338 *Ipsen,* Grundrechte, 24. Auflage, 2021, vor Rn. 376.

339 *Ipsen,* Grundrechte, 24. Auflage, 2021, vor Rn. 376; *Ernst*, in: von Münch/Kunig, GG, Art. 8, Rn. 2; ausdrücklich dagegen: *Schmitt-Glaeser*, in: HStR III, § 38, Rn. 12.

340 *Degenhart*, in: BK, GG, Art. 5, Rn. 32.

341 *Degenhart*, in: BK, GG, Art. 5, Rn. 32; *Kloepfer,* Verfassungsrecht II, 2010, S. 263.

a. Bedeutung: Menschenrecht und demokratiestaatliche Funktion

Als „freiheitsfähiges soziales Geist-Wesen“ gehört es zu den „Grundvollzügen“ des Menschen, seine Gedanken zu äußern, in Kommunikation mit anderen zu treten und auch diese von den eigenen Meinungen überzeugen zu wollen.[342] Diesem Befund trägt die Meinungsfreiheit in Art. 5 I 1 Fall 1 GG dergestalt Rechnung, dass jeder das Recht besitzt, seine Meinung frei zu äußern und zu verbreiten. Schutzgut der Meinungsfreiheit ist also die „Selbstbestimmung des Individuums in und durch Kommunikation“.[343] Das BVerfG beschreibt schon recht früh in seinem wegweisenden Lüth-Urteil[344] die Meinungsäußerungsfreiheit *„als unmittelbarster Ausdruck der menschlichen Persönlichkeit in der Gesellschaft eines der vornehmstes Menschenrechte überhaupt“* und fährt fort: *„Es ist in gewissem Sinn die Grundlage jeder Freiheit überhaupt.“*[345] Die Meinungsfreiheit ist zuallererst ein subjektives Freiheitsrecht[346] und als solches ein „elementares Menschenrecht“.[347] Es wird deutlich, dass die Meinungsfreiheit (und auch die anderen Freiheiten in Art. 5 I GG) von zentraler Bedeutung für die Verwirklichung und Entfaltung der individuellen Persönlichkeit ist (bzw. sind).[348] Leitgedanke und somit maßgeblicher Schutzzweck des Art. 5 GG ist also *„die Freiheit der Kommunikation“*.[349] Diese umfasst sowohl die freie Kommunikation zwischen Individuen, also die individuelle Meinungsbildung,[350] als auch die freie Kommunikation auf gesellschaftlicher Ebene, also die öffentliche Meinungsbildung.[351] Dabei bilden und schüt-

---

342 *Jestaedt*, in: HGR IV, § 102, Rn. 7.

343 *Jestaedt*, in: HGR IV, § 102, Rn. 7.

344 Siehe statt vieler: *Grimm*, NJW 1995, 1697, 1697; siehe zur Debatte um das „Lüth“-Urteil: *Hochhuth*, Die Meinungsfreiheit im System des Grundgesetzes, 2007, S. 38 ff.

345 BVerfGE 7, 198, 208.

346 Unter anderem: *Grabenwarter*, in: Dürig/Herzog/Scholz, GG, Art. 5 I, II, Rn. 3, 5 ff.; *Starck/Paulus*, in: von Mangoldt/Klein/Starck, GG, Art. 5 I, II, Rn. 8 ff., 17 f.; *Hesse*, Grundzüge des Verfassungsrechts der Bundesrepublik Deutschland, 20. Auflage, 1995, Rn. 387; *Schmidt-Jortzig*, in: HStR VII, § 162, Rn. 3.

347 *Degenhart,* in: BK, GG, Art. 5, Rn. 33.

348 *Degenhart*, in: BK, GG, Art. 5, Rn. 33.

349 *Degenhart*, in: BK, GG, Art. 5, Rn. 33, 57.

350 *Bullinger,* Kommunikationsfreiheit im Strukturwandel der Telekommunikation, 1980, S. 59 ff.

351 *Scheuner*, VVDStRL 22 (1965), 1, 8 ff., 74 ff.; so auch: *Bethge*, in: Sachs, GG Art. 5, Rn. 18; BVerfGE 8, 104, 112; 20, 56, 98; 57, 295, 319.

zen die verschiedenen Kommunikationsfreiheiten einen „sozialen […] Kommunikationsprozess", der einen umfassenden Rahmen für die freie Entfaltung von Meinungen und Ideen gewährleistet.[352]

Der Schutz der freien Kommunikation ist nicht nur für die kommunikative Selbstbestimmung des Einzelnen von elementarer Bedeutung, sondern auch für die freiheitlich-demokratische Grundordnung. Informationen aufzunehmen, sich eine Meinung zu bilden, mit anderen in den Meinungsaustausch zu treten und über öffentliche Belange zu diskutieren, *„ist Grundlage der Demokratie nach dem Grundgesetz"*, denn nur so kann die politische Willensbildung des Volkes im Sinne des Art. 21 I 1 GG entstehen und sich durch Wahlen zu Staatswillen im Sinne des Art. 20 II entwickeln.[353] Auch das BVerfG sieht in der freien Kommunikation eine elementare Bedeutung, wenn es mit Blick auf die Meinungsfreiheit festhält: *„Für eine freiheitlich-demokratische Staatsordnung ist es* (die Meinungsfreiheit, Anm. d. Verf.) *schlechthin konstituierend, denn es ermöglicht erst die ständige geistige Auseinandersetzung, den Kampf der Meinungen, der ihr Lebenselement ist."*[354] Die ständige „geistige Auseinandersetzung, der Kampf der Meinungen" kann nur in einem freiheitlichen Rahmen geschehen.[355] Ähnlich bedeutsam bewertet der EGMR die Meinungsfreiheit für die demokratische Staatsordnung: *„eine der wesentlichen Grundlagen einer demokratischen Gesellschaft, eine der Hauptvoraussetzungen ihrer Entwicklung und der Entfaltung eines jeden Menschen."*[356] Folglich weisen die Kommunikationsfreiheiten in Art. 5 I GG neben einem individualrechtlichen Gehalt auch eine politisch-demokratische Komponente auf, die eine demokratiestaatliche Funktion erfüllen[357] („Doppelcharakter").[358] Bei der Auslegung der Kommunikati-

---

352 *Kaiser*, in: Dreier, GG, Art. 5 I, II, Rn. 40.

353 *Schmidt-Jortzig*, in: HStR VII, § 162, Rn. 9.

354 BVerfGE 7, 198, 208, unter Bezugnahme auf BVerfGE 5, 85, 205; diese Bewertung hat das BVerfG auch auf die Freiheit der Medien übertragen: BVerfGE 10, 118, 121; 20, 56, 97; 28, 55, 63; 33, 1, 15; 62, 230, 247; 66, 116, 133; 102, 347, 363; 103, 44, 59; 107, 299, 329; 117, 244, 258.

355 BVerfGE 35, 202, 225.

356 EGMR, NJW 2012, 1053, Rn. 101; *Enders* beschreibt die Meinungsfreiheit als „Basisgarantie rechtsstaatlicher Liberalität", siehe: *Enders*, JZ 2008, 1092, 1093.

357 Grundsätzlich hierzu: *Scheuner*, VVDStRL 22 (1965), 18 ff.

358 *Grabenwarter*, in: Dürig/Herzog/Scholz, GG, Art. 5 I, II, Rn. 6.

onsfreiheiten sind beide Ausrichtungen in gleichrangiger Weise zu berücksichtigen.[359]

Im Ergebnis ist festzuhalten, dass der maßgeblicher Schutzzweck der Kommunikationsfreiheiten des Abs. 1 die „umfassend freie, individuelle und öffentliche Meinungsbildung" ist.[360] Allerdings ist zu beachten, dass der Schutz der „öffentlichen Meinungsbildung" keine eigenständige Gewährleistung in der Systematik des Art. 5 I GG darstellt;[361] vielmehr handelt es sich um einen „gemeinsamen und übergreifenden Schutzzweck" des Art. 5 I GG.[362]

b. Systematik

aa. Selbstständige Teilfreiheiten

Die inhaltliche Ausrichtung des Art. 5 I GG betrifft erstens die Meinungsäußerungsfreiheit als Kerngehalt, zweitens die „massenmediale Dimension dieser Freiheit in Form der Medienfreiheit" und drittens die Informationsfreiheit, die den ungehinderten Zugang zur Information gewährleistet.[363] Das Verhältnis der einzelnen Grundrechte in Art. 5 I GG zueinander im Einzelnen ist umstritten und somit auch die Struktur des Art. 5 I GG.[364] Ausgangspunkt des Streits ist die Konvergenz[365] der Medien, womit zunächst das Zusammenwachsen des kommunikationstechnologischen Prozesses gemeint ist,[366] das aber aufgrund der Aufweichung der Grenze zwischen Individual- und Massenkommunikation gewiss auch

359 *Degenhart*, in: BK, GG, Art. 5, Rn. 33.

360 *Degenhart*, in: BK, GG, Art. 5, Rn. 57.

361 *Jestaedt*, in: HGR IV, §102, Rn. 19, der aber zwischen Schutzgut und Schutzzweck unterscheidet; zustimmend: *Degenhart*, in: BK, GG, Art. 5, Rn. 57, der aber zwischen Schutzzweck und Schutzwirkung unterscheidet; dagegen: *Laude*, Automatisierte Meinungsbeeinflussung, S. 144 ff.

362 *Degenhart*, in: BK, GG, Art. 5, Rn. 58.

363 *Kühling*, in: BeckOK Informations- und Medienrecht, GG, Art. 5, Rn. 11.

364 *Kühling*, in: BeckOK Informations- und Medienrecht, GG, Art. 5, Rn. 10.

365 Der Begriff der Konvergenz wird auch als „vieldeutig" kritisiert, siehe: *Koreng*, Zensur im Internet, 2010, S. 43 ff.

366 *Degenhart*, in: BK, GG, Art. 5, Rn. 46; siehe für die Märkte: BVerfGE 119, 181, 216; siehe für die Dienstleistungsangebote und das Nutzungsverhalten: *Schoch*, JZ 2002, 798, 799.

Auswirkungen auf die Kommunikationsinhalte mit sich bringt.[367] Eben diese nicht mehr trennscharfe Abgrenzung mache ein einheitliches Kommunikationsgrundrecht notwendig.[368] Entgegen dieser Auffassung wird vertreten, dass es sich bei den Freiheiten in Art. 5 I GG um selbstständig nebeneinander stehenden Freiheiten handelt.[369] Schon der Wortlaut des Art. 5 I GG widerspricht einer Vereinheitlichung der Teilfreiheiten. Dieser benennt in „abschließende[r] und erschöpfende[r] Formulierung“ die einzelnen Freiheiten und gibt in dieser Hinsicht keinen Raum für eine Vereinheitlichung dieser.[370] Zudem steht auch die Systematik des Art. 5 I 2 GG einer solchen Interpretation entgegen. Auch sind damit etwaige Fragen mit Blick auf den Schutzbereich oder möglicher privilegierender Regelungen, die für die klassische Medien entwickelt wurden, nicht beantwortet.[371] Folglich handelt es sich bei den Freiheiten in Art. 5 I GG um einzelne Teilfreiheiten.

Dennoch ist es unübersehbar, dass zwischen diesen Wirkungszusammenhänge bestehen.[372] Die Meinungs-, Presse- und Rundfunkfreiheit sind für ihre Umsetzungen in der Praxis auf den ungehinderten Zugang der Mitteilung und somit auf die Informationsfreiheit angewiesen, denn die Meinungs-, Presse- und Rundfunkfreiheit schützt die Äußerung und Verbreitung von Informationen und die Informationsfreiheit die Kenntnisnahme von Informationen.[373] Zugleich erscheint die Informationsfreiheit ohne die Möglichkeit, die Information ungehindert äußern und verbreiten zu können, sinnlos.[374] Zudem besteht ein enger Zusammenhang zwischen der Informationsfreiheit und der Presse- und Rundfunkfreiheit, denn für

---

367 *Koreng*, Zensur im Internet, 2010, S. 102 f; *Gersdorf*, Legitimation und Legitimierung, 2009, S. 14 f.

368 *Kühling*, in: BeckOK Informations- und Medienrecht, GG, Art. 5, Rn. 10; *Hoffmann-Riem*, Kommunikationsfreiheiten, 2002, Art. 5, Rn. 138 ff.

369 *Degenhart*, in: BK, GG, Art. 5, Rn. 49, 50, 57; dem zustimmend: *Wendt*, in: von Münch/Kunig, GG, Art. 5, Rn. 16; *Kellner*, Die Regulierung der Meinungsmacht von Internetmediären, 2019, S. 109; kritisch in diesem Zusammenhang zum Begriff „Kommunikationsverfassung“: *Jestaedt*, in: HGR IV, § 102, Rn. 19.

370 *Degenhart*, in: BK, GG, Art. 5, Rn. 49, 50.

371 *Degenhart*, in: BK, G, Art. 5, Rn. 48.

372 *Grabenwarter*, in: Dürig/Herzog/Scholz, GG, Art. 5 I, II, Rn. 1; dem zustimmend: *Kühling*, in: BeckOK Informations- und Medienrecht, GG, Art. 5, Rn. 10.

373 *Degenhart*, in: BK, G, Art. 5, Rn. 50, 55.

374 *Kloepfer*, Grundrechte als Entstehungssicherung und Bestandsschutz, 1970, S. 59.

die Bürger sind Presse und Rundfunk bedeutsame Informationsquellen.[375] Ergo stehen die Freiheiten des sich Äußernden und des Empfängers in einem wechselseitigen Wirkungszusammenhang.[376]

bb. Tatbestandliche Abgrenzung

Weiterhin stellt sich die Frage, wie sich das Verhältnis zwischen der Meinungsfreiheit und der Presse- und Rundfunkfreiheit gestaltet, da Meinungen gewiss auch mittels der Presse oder des Rundfunks geäußert werden können. Die Pressefreiheit schützt Aktivitäten mit einem pressespezifischen Bezug[377] (etwa die journalistische Arbeit)[378] die Verbreitung und den Vertrieb von Presseerzeugnissen und den unternehmerischen Bereich der Presseorgane. Dies bedeutet, dass die Meinungsfreiheit einschlägig ist, wenn es um den Inhalt einer Äußerung selbst und die mit ihr zusammenhängenden Fragen geht.[379] Ist hingegen die Funktionsweise der Presse betroffen, etwa der Verbreitungsprozess von Meinungsäußerungen Dritter, ist die Pressefreiheit einschlägig.[380] Auch ist die Pressefreiheit betroffen, wenn es bei der Verbreitung von Meinungsäußerungen Dritter um die Äußerungsfreiheit des jeweiligen Presseorgans selbst geht, da in diesem Fall die pressespezifische Vermittlungsfunktion Gegenstand der Betrachtung ist.[381] Auf die Abgrenzung zwischen Meinungs- und Rundfunkfreiheit sind diese Erwägungen sinngemäß zu übertragen.[382]

---

375 *Starck/Paulus*, in: von Mangoldt/Klein/Starck, GG, Art. 5, Rn. 5.

376 *Degenhart*, in: BK, GG, Art. 5, Rn. 50; zustimmend: *Kühling*, in: BeckOK Informations- und Medienrecht, GG, Art. 5, Rn. 10; BVerfGE 103, 44, 59.

377 BVerfGE 113, 63, 75; *Degenhart*, in: BK, GG, Art. 5, Rn. 51.

378 BVerfGE 66, 116, 130.

379 BVerfGE 85, 1, 11; 86, 122, 128; *Jarass*, in: Jarass/Pieroth, GG, Art. 5, Rn. 32; dies gilt auch für alle anderen Presseäußerungen, wenn es um die Äußerungsfreiheit des Verfassers geht, siehe: BVerfGE 86, 122, 128); siehe für Flugblätter: BVerfGE 128, 226, 264; siehe für Leserbriefe: BVerfGE 28, 55, 64.

380 *Degenhart*, in: BK, GG, Art. 5, Rn. 51.

381 BVerfGE 102, 347, 359; so auch: *Degenhart*, in: BK, GG, Art. 5, Rn. 52; jedoch sind dabei die Bewertungsmaßstäbe der Meinungsfreiheit heranzuziehen, sieh: BVerfGE 107, 275.

382 BVerfGE 54, 129; 54, 208.

c. Schutzwirkungen: Subjektives Abwehrrecht und objektivrechtlicher Gehalt

Neben ihrer Funktion als subjektives Abwehrrecht[383] weisen Grundrechte auch einen objektivrechtlichen Gehalt auf, wodurch sie rechtliche und tatsächliche Wirkung auf staatliches Handeln, die Auslegung von Gesetzen und somit auf die „Ausgestaltung von Staat und Gesellschaft" entfalten;[384] dies gilt auch für die Freiheiten in Art. 5 I GG.[385] Die objektivrechtliche Komponente der Kommunikationsfreiheiten verpflichtet den Gesetzgeber, diese aktiv zu schützen,[386] wobei die Schwerpunktsetzung im Einzelnen variiert. Bei der Meinungs- und Informationsfreiheit ist die subjektiv-abwehrrechtliche Dimension stärker betont, bei den massenmedialen Freiheiten hingegen dominiert die objektivrechtliche Dimension.[387] Ziel der objektivrechtlichen Gewährleistung des Art. 5 I GG ist, die Freiheit der Bildung der öffentlichen Meinung zu garantieren,[388] auch wenn sie dem Art. 5 I GG nicht als selbstständige normative Garantie zu entnehmen ist.[389] Mit Blick auf die Nutzung von Massenmedien wird dies durch Ausgestaltungsgesetze geregelt. Diese greifen, anders als Schrankengesetze, nicht in die Kommunikationsfreiheiten ein, um andere Rechtsgüter zu schützen;[390] vielmehr dienen sie der „Realisierung der Kommunikationsgrundrechte selber" und sichern eine „funktionsfähige positive Ordnung des öffentlichen Meinungsbildungsprozesses".[391]

---

383 *Kaiser*, in: Dreier, GG, Art. 5 I, II, Rn. 116.

384 *Kaiser*, in: Dreier, GG, Art. 5 I, II, Rn. 189.

385 BVerfGE 57, 295, 320: „objektives Prinzip"; im Schrifttum statt vieler: *Schmidt-Jortzig*, in: HStR VII, § 162, Rn. 11 f.

386 *Hoffmann-Riem*, in: AK-GG, Art. 5 I, II, Rn. 9; *Rupp*, AöR 101 (1976), 161, 173.

387 *Ladeur/Gostomzyk*, JuS 2002, 1145 f.

388 BVerfGE 85, 1, 12.

389 *Degenhart*, in: BK, GG, Art. 5, Rn. 70.

390 Ausgestaltungsgesetze können sich aber gegenüber Grundrechtsträgern auch belastend auswirken, siehe dazu: *Kaiser*, in: Dreier, GG, Art. 5 I, II, Rn. 190, 191 m. w. N.

391 BVerfGE 73, 118, 166; 74, 297, 343; 89, 144, 152; 114, 371, 387; 121, 30, 50; aus dem Schrifttum: *Trute*, in: HGR IV, § 104, Rn. 9; *Cornils*, Die Ausgestaltung der Grundrechte, 2005, S. 54 ff.; *Ladeur/Gostomzyk,* JuS 2002, 1145, 1151; *Gersdorf,* ZUM 1995, 841, 843; *Ruck*, AöR 117 (1992), 543 ff.

Eine weitere objektivrechtliche Bedeutung kommt Art. 5 I GG in seiner Interpretation als „wertentscheidende Grundsatznorm"[392] zu, die zu einer umfassenden Ausstrahlwirkung für die gesamte Rechtsordnung führt. Demnach ist bei der Rechtsanwendung unterhalb der Verfassung die Bedeutung des Art. 5 I GG zu berücksichtigen.[393] Da sich die objektivrechtliche Komponente des Art. 5 I GG teilweise mit seinen institutionellen Gewährleistungen überschneidet, erlangt sie vor allem bei der Meinungsfreiheit eigenständige Bedeutung.[394] Diese fungiert als Verstärkung für die Bedeutung und Durchsetzung der subjektivrechtlichen Dimension der Meinungsfreiheit im einfachgesetzlichen Rahmen und begründet damit ihre mittelbare Drittwirkung.[395]

d. Schutzbereiche

aa. Meinungsfreiheit

aaa. Persönlicher Schutzbereich

Die Meinungsfreiheit ist ein Jedermann-Grundrecht.[396] Als solches unterliegt ihr persönlicher Schutzbereich keinerlei Beschränkungen;[397] sie ist für jedermann eröffnet.[398] Für juristische Personen ist der Schutzbereich unter den Voraussetzungen des Art. 19 III GG eröffnet.[399]

---

[392] *Böckenförde*, NJW 1974, 1529, 1533 f.; *Ossenbühl*, NJW 1976, 2100, 2101 f.; für die Meinungsfreiheit: BVerfGE 7, 198, 205; 12, 113, 124; 42, 143, 147; für die Pressefreiheit: BVerfGE 20, 162, 175; 66, 116, 133; für die Rundfunkfreiheit: BVerfGE 57, 295, 319.

[393] *Degenhart*, in: BK, GG, Art. 5, Rn. 71; seinen Ursprung hat diese dogmatische Figur im Lüth-Urteil in BVerfGE 7, 198; siehe dazu: *Hermes*, VVDStRL 61 (2002), 119, 121; *Jestaedt*, in: HGR IV, § 102, Rn. 1.

[394] *Degenhart*, in: BK, GG, Art. 5, Rn. 72.

[395] Ständige Rechtsprechung seit BVerfGE 7, 198, 205 ff.

[396] Siehe für grundrechtsdogmatische Ausführungen zum Jedermann-Grundrecht: *Merten*, in: HGR II, § 35, Rn. 117.

[397] Einschränkungen hinsichtlich der Staatsbürgerschaft („Deutschen-Grundrechte") oder hinsichtlich der Grundrechtsmündigkeit, siehe dazu: *Jestaedt*, in: HGR IV, § 102, Rn. 43.

[398] *Schmidt-Jortzig*, in: HStR VII, § 162, Rn. 16.

[399] *Schemmer*, in: BeckOK, GG, Art. 5, Rn. 2; auf juristische Personen ist die Meinungsfreiheit ihrem Wesen nach anwendbar, siehe dazu: BVerfGE 80, 124, 131; siehe für juristische Personen des öffentlichen Rechts: *Degenhart*, in: BK, GG, Art. 5, Rn. 150.

bbb. Sachlicher Schutzbereich

(a) Meinungen

In sachlicher Hinsicht schützt Art. 5 I 1 Fall 1 GG nach seinem Wortlaut die „Meinung“. Vor dem Hintergrund des Schutzguts der Meinungsfreiheit – die kommunikative Selbstbestimmung des Einzelnen –[400] ist für die Bestimmung des Begriffs der Meinung im grundrechtlichen Sinne *„das Element der Stellungnahme, des Dafürhaltens, des Meinens im Rahmen einer geistigen Auseinandersetzung“* entscheidend.[401] Es kommt *„in erster Linie auf die im Werturteil zum Ausdruck kommende eigene Stellungnahme des Redens“* an.[402] Maßgeblich ist also der wertende Faktor einer Äußerung, die wertende Stellungnahme.[403] Sofern eine Äußerung als wertend beschrieben werden kann, fällt sie in den Schutzbereich der Meinungsfreiheit; dabei ist der Begriff der Meinung weit zu verstehen.[404] Der Inhalt der Meinung spielt prinzipiell keine Rolle, da die Meinungsfreiheit prinzipiell inhaltsneutral ist.[405] Auch findet keine Unterscheidung hinsichtlich des qualitativen Wertes („gewisse ethische Qualität“) oder der Richtigkeit einer Meinung statt.[406] Hintergrund dieses Ansatzes ist die individual-grundrechtliche Schutzfunktion der Meinungsfreiheit, die dem einzelnen das Recht gewährt, sich über beliebige Themen in beliebiger Form frei auszudrücken.[407] Es ist gerade Schutzzweck der Meinungsfreiheit als Menschenrecht, dass der Grundrechtsträger selbstbestimmt darüber entscheiden kann, worüber er sich wie äußern möchte. Diesem Zweck würde es widersprechen, wenn von vornherein gewisse Wertungen vorgegeben würden. Der freiheitliche Prozess der öffentlichen Mei-

---

400 *Jestaedt*, in: HGR IV, § 102, Rn. 34.

401 BVerfGE 61, 1, 8; auch in BVerfGE 90, 241, 247 wird auf „das Element der Stellungnahme und des Dafürhaltens“ Bezug genommen; *Grimm*, NJW 1995, 1697, 1698.

402 BVerfGE 7, 198, 210; BVerfGE 33, 1, 14 beschreibt Werturteile als „wertende Betrachtungen von Tatsachen, Verhaltensweisen oder Verhältnissen“; BVerfGE nimmt Bezug auf die „subjektive Einstellung des sich Äußernden“.

403 *Scheuner*, VVDStRL 22 (1964), 1, 63; *Wendt*, in: von Münch/Kunig, Art. 5, Rn. 8; *Degenhart*, in: BK, GG, Art. 5, Rn. 108.

404 BVerfGE 61,1, 9; so auch: *Jarass*, in: Jarass/Pieroth, GG, Art. 5, Rn. 5; *Wendt*, in: von Münch/Kunig I, GG, Art. 5, Rn 8; *Degenhart*, in: BK, GG, Art. 5, Rn. 108.

405 *Kloepfer*, Verfassungsrecht II, § 61, Rn. 3.

406 BVerfGE 33, 1, 14.

407 *Degenhart*, in: BK, GG, Art. 5, Rn. 108.

nungsbildung kennzeichnet sich gerade dadurch aus, dass er inhaltlich stets offengehalten ist;[408] es findet kein Meinungsrichtertum statt.[409]

Deshalb sind auch scharf und überspitzt formulierte Meinungen vom Schutzbereich umfasst;[410] Äußerungen mit „ehrschmälendem Gehalt“, die „polemisch oder verletzend formuliert“[411] sind und auch ironische[412] oder satirische[413] Äußerungen sind vom Schutzbereich umfasst.[414] Meinungsäußerungen dürfen *„verletzen, schockieren oder beunruhigen.“*[415] Vom Schutzbereich sind auch extremistische Äußerungen,[416] auch wenn sie sich gegen die Verfassungsordnung richten,[417] umfasst. Darunter fallen auch Äußerungen mit nationalsozialistischem Gedankengut[418] und auch rassistische Äußerungen.[419] Jede vom Schutzbereich erfasste Äußerung muss sich dann aber auf der Ebene der Rechtfertigung an den Schranken des Art. 5 II GG messen lassen.[420] Das Grundgesetzt vertraut insofern

---

408 Siehe dazu insgesamt: BVerfGE 33, 1, 14.

409 *Kaiser*, in: Dreier, GG, Art. 5, Rn. 60.

410 *Degenhart*, in: BK, GG, Art. 5, Rn. 110; BVerfG (K), AfP 2003, 538: „über Leichen gehen“.

411 Ständige Rechtsprechung: BVerfGE 54, 129, 138 f; 61, 1, 7 f.; 93, 266, 289 f.; jüngst Beschlüsse vom 19. Mai 2020 – 1 BvR 2459/19, Rn. 12; 1 BvR 2397/19, Rn. 12; 1 BvR 1094/19, Rn. 12; 1 BvR 362/18 - Rn. 11.

412 BVerfG (K), AfP 2001, 382.

413 BVerfG (K), AfP 1998, 52.

414 *Kloepfer*, Verfassungsrecht II, § 61, Rn. 4; BVerfGE 24, 278, 282 f.; 61, 1, 9 f.; etwa für die Bezeichnung der Bundesfarben als „Schwarz-Rot-Senf“ siehe: BVerfG (K), AfP 2008, 591, 592 oder für die Aussage „Soldaten sind Mörder!“ siehe: BVerfGE 93, 266 (295).

415 EGMR, NJW 1999, 1321; BVerfG, ZUM-RD 2003, 117.

416 BVerfG (K), AfP 2011, 88; *Cornils*, AfP 2013, 199, 208.

417 BVerfG (K), NJW 2010, 2193; *Masing*, JZ 2012, 585, 586.

418 BVerfGE 124, 300, 320 f.; *Degenhart*, in: BK, GG, Art. 5, Rn. 110.

419 BVerfG – 1 BvR 2727/19: Auch die Ansprache einer schwarzen Person mit „Ugah Ugah“ ist zunächst vom Schutzbereich umfasst, tritt dann aber im Rahmen der Rechtfertigung ohne vorherige Abwägung hinter die persönliche Ehre zurück, weil es die Menschenwürde antastet.

420 *Bethge*, in: Sachs, GG, Art. 5, Rn. 25; siehe für Formalbeleidigung und Schmähkritik: *Degenhart*, in: BK, G, Art. 5, Rn. 111; *Cornils*, Die Ausgestaltung der Grundrechte, 2005, S. 40 ff.; *Cornils*, AfP 2013, 199, 206; *Rox*, Schutz religiöser Gefühle im freiheitlichen Verfassungsstaat, 2012, S. 50; so wohl auch bei *Kaiser*, in: Dreier, GG, Art. 5, Rn. 60; der Standpunkt des BVerfG ist in dieser Sache nicht ganz klar, denn bei „herabsetzenden Äußerungen, die sich als Formalbeleidigung oder Schmähung erweisen, trete die Meinungs-

„auf die Kraft der freien Auseinandersetzung als wirksamste Waffe auch gegen die Verbreitung totalitärer und menschenverachtender Ideologien“.[421]

(b). Tatsachen

Schon jeher wird diskutiert, ob neben der Meinungsäußerung auch die Tatsachenäußerung vom Schutzbereich der Meinungsfreiheit umfasst ist.[422] Anders als die Meinungsäußerung weist die Tatsachenäußerung einen objektiven Bezug zur Wirklichkeit auf. Der Inhalt ist einem Wahrheitsbeweis zugänglich; er ist wahr oder falsch. Eine solche Zuordnung kann es bei der Meinungsäußerung, die ja von der persönlichen Wertung geprägt ist, nicht geben.[423] Insofern können sie in der Theorie nicht unter den Begriff der Meinung gefasst werden,[424] weshalb auch vertreten wird, dass Tatsachen nicht von der Meinungsfreiheit geschützt seien.[425] Im Umgang mit dieser Situation werden unterschiedliche Auffassungen vertreten.

Auf der einen Seite werden Tatsachenäußerungen uneingeschränkt und voraussetzungslos trotz der beschriebenen Unterschiede unter dem Meinungsbegriff subsumiert.[426] Dieser Ansatz wird damit begründet, dass Tatsachen eine „unverzichtbare Basis für die Bildung von Meinungen“ sind.[427] Deshalb könne ohne eine entsprechende Tatsachenkenntnis und die Mitteilung dieser keine sinnvolle Meinungsbildung stattfinden. Vor diesem Hintergrund ist auch der Schutz von Tatsachenäußerungen für einen freiheitlichen Kommunikationsprozess, dessen umfassende Ge-

---

freiheit regelmäßig hinter den Ehrenschutz zurück."; siehe: BVerfG (K) v. 12.5.2009 – 1 BvR 2272/04, NJW 2009, 3016.

421 *Bethge*, in: Sachs, GG, Art. 5, Rn. 25 unter Verweis auf: BVerfGE 124, 300, 320.

422 *Kingreen/Poscher*, Grundrechte, 39. Auflage, 2023, Rn. 758.

423 BVerfGE 90, 241, 248 f.; 94, 1, 8; *Kloepfer*, Verfassungsrecht II, 2010, § 61, Rn. 6.

424 *Degenhart*, in: BK, GG, Art. 5, Rn. 112.

425 *Huster*, NJW 1996, 487.

426 *Degenhart*, in: BK, GG, Art. 5, Rn. 115; *Grabenwarter*, in: Dürig/Herzog/Scholz, GG, Art. 5, Rn. 48 ff., 50.

427 *Degenhart*, in: BK, G, Art. 5, Rn. 112; *Starck/Paulus*, in: von Mangoldt/Klein/Starck, GG, Art. 5, Rn. 26; *Wendt*, in: von Münch/Kunig, GG, Art. 5, Rn. 9.

währleistung gerade Schutzzweck der Meinungsfreiheit ist, von erheblicher Bedeutung und somit vom Schutzbereich umfasst.[428]

Auf der anderen Seite wird vertreten, dass Tatsachen und Meinung in der Praxis nicht (immer) voneinander getrennt werden können.[429] Oft enthalten Meinungen Tatsachen; umgekehrt enthalten auch Tatsachen versteckte Meinungen.[430] Daneben enthalte schon die Entscheidung über Zeit, Ort und Art der Tatsachenäußerung eine wertende Komponente, weshalb auch aus dieser Perspektive die Abgrenzung schwierig erscheint.[431] Vor diesem Hintergrund können Tatsachenbehauptungen nach diesem Ansatz – im Ergebnis wie die erstere Meinung – nicht vom Schutzbereich ausgenommen werden.

Einen anderen Ansatz verfolgt das BVerfG. Danach ist die Tatsachenäußerung vom Schutzbereich der Meinungsfreiheit umfasst, „*weil und soweit sie Voraussetzung der Bildung von Meinungen ist, welche Art. 5 Abs. 1 GG in seiner Gesamtheit gewährleistet.*“[432] Im Einzelnen kann die Antwort auf die Frage, unter welchen Umständen nun Tatsachen Voraussetzung für die Meinungsbildung sind, nicht immer genau gegeben werden.[433] Weiterhin sind Tatsachenäußerungen auch dann vom Schutzbereich umfasst, wenn sie sich – wie meist – mit Meinungsäußerungen „*verbinden oder vermischen, jedenfalls dann, wenn beide sich nicht trennen lassen und der tatsächliche Gehalt* [der Tatsachenäußerung] *gegenüber der Wertung in den Hintergrund tritt.*“[434] Vom Schutzbereich sind demnach reine Tatsachenbehauptungen, die weder Voraussetzung für die Meinungsbildung noch mit Meinungsäußerungen verbunden oder vermischt sind, nicht erfasst; diese können etwa Angaben im Rahmen von

---

428 *Degenhart*, in: BK, GG, Art. 5, Rn. 112.

429 *Degenhart*, in: BK, GG, Art. 5, Rn. 112; *Starck/Paulus*, in: von Mangoldt/Klein/Starck, GG, Art. 5, Rn. 26; *Wendt*, in: von Münch/Kunig I, GG, Art. 5, Rn. 9; so wohl auch: *Kloepfer*, Verfassungsrecht II, 2010, § 61, Rn. 7; *Hufen*, Staatsrecht II, 10. Auflage, 2023, § 25, Rn. 7.

430 *Kaiser*, in: Dreier, GG, Art. 5, Rn. 62.

431 *Wendt*, in: von Münch/Kunig I, GG, Art. 5, Rn. 9.

432 BVerfGE 61, 1, 8.

433 Etwa die Nachricht über das jährlich routinierte Urlaubsverhalten einer prominenten Person kann Voraussetzung für die Meinungsbildung sein, so: *Degenhart*, in: BK, GG, Art. 5, Rn. 113.

434 BVerfGE 61, 1, 9.

statistischen Erhebungen sein.[435] Es wird deutlich, dass das BVerfG zum einen von der grundsätzlichen Trennbarkeit von Meinungen und Tatsachen ausgeht. Zum zweiten versteht es unter dem Meinungsbegriff in Art. 5 I 1 Fall 1 GG primär die wertende Stellungnahme. Und zum dritten aber zählt es Tatsachen dennoch zum Schutzbereich der Meinungsfreiheit, wenn sie für die Bildung der wertenden Stellungnahme Voraussetzung oder meinungsbezogen sind; reine Tatsachen fallen hingegen nicht in den Schutzbereich.[436]

(c). Kundgabe

Nach dem Wortlaut des Art. 5 I 1 Fall 1 GG hat jeder das Recht, seine Meinung in Wort, Schrift und Bild frei zu äußern und verbreiten. Danach werden die Kundgabemodalitäten „Äußern" und „Verbreiten" in „Wort, Schrift und Bild" geschützt. Der Unterscheidung zwischen Äußern und Verbreiten kommt keine besondere praktische Bedeutung zu,[437] da das Äußern einer Meinung auch ihre Verbreitung initiiert; das Verbreiten ist somit vom Äußern mitumfasst.[438] Weiterhin sind die genannten Ausdrucksformen „Wort, Schrift und Bild"[439] nach einhelliger Auffassung nur als Beispiele und somit nicht abschließend zu verstehen;[440] im Ergebnis wird ein umfassender Schutz für jede Form der Kundgabe gewährleistet.[441] Die explizite Erwähnung des Verbreitens als Kundgabemodalität macht die Bedeutung des Schutzes des Übermittlungsvorganges der Äußerung deutlich; demnach kann der Äußernde das machtwirksamste Mit-

---

435 BVerfGE 65, 1, 41; siehe für die Gegenansicht mit dem Hinweis, dass die Auswahl des statistischen Ansatzes schon subjektiv ist: *Degenhart*, in: BK, GG, Art. 5, Rn. 116.

436 BVerfGE 61, 1, 9; 65, 1, 41; 90, 241, 247; 94, 1, 7.

437 *Schmidt-Jortzig*, in: HStR VII, § 162, Rn. 25; zum Teil wird vertreten, dass eine Trennung überhaupt nicht möglich sei, siehe hierzu: *Kloepfer*, Verfassungsrecht II, 2010, § 61, Rn. 12; *Wendt*, in: von Münch/Kunig I, GG, Art. 5, Rn. 17.

438 *Degenhart*, in: BK, GG, Art. 5, Rn. 138.

439 Unter „Wort" ist das unmittelbare, gesprochene (hörbare) Wort zu verstehen; unter „Schrift" ist jede Schriftart zu verstehen und unter „Bild" jedes aus sich heraus verständliche Zeichen verstanden, siehe hierzu: *Kloepfer*, Verfassungsrecht II, 2010, § 61, Fn. 31.

440 *Jarass*, in: Jarass/Pieroth, GG, Art. 5, Rn. 12; *Wendt*, in: von Münch/Kunig I, GG, Art. 5, Rn. 16 m. w. N.

441 Davon umfasst ist z.B. auch das Tragen von Plaketten, Zeichen oder Symbolen, siehe dazu: *Kloepfer*, Verfassungsrecht II, 2010, § 61, Rn. 12, 13.

tel zur Verbreitung seiner Meinung wählen.[442] Die Meinungsfreiheit ist ein „entwicklungsoffenes“ Grundrecht,[443] weshalb auch die Verwendung neuer internetbasierter Technologien geschützt ist.[444] Auch die Wahl des Ortes und der Zeit der Meinungsäußerung ist geschützt.[445] Die Entscheidung über das ob, wann und wie der Meinungsäußerung umfasst auch die Freiheit, eine Meinung nicht zu haben, sie nicht äußern zu müssen und nicht zur Wiedergabe einer bestimmten Meinung gezwungen zu werden – die negative Meinungsäußerungsfreiheit.[446]

(d). Schutzbereichsausnahmen: Unwahre Tatsachenbehauptungen sowie der Einsatz von Druck und Gewalt

Eine weitere Ausnahme im Schutzbereich – neben reinen Tatsachenäußerungen – sieht das BVerfG in Tatsachenäußerungen, die erwiesen oder bewusst unwahr sind, da diese keinen Beitrag „zur verfassungsmäßig vorausgesetzten Meinungsbildung“ leisten können.[447] *Bethge* formuliert diesen Befund einprägsam wie folgt: „*Die Meinungsfreiheit verpönt die Lüge.*“[448] Erwiesen unwahr ist eine Tatsachenäußerung, wenn die Evidenz ihrer objektiven Unrichtigkeit[449] eindeutig feststeht, etwa bei Falschzitaten[450] oder erwiesenen historischen Angaben.[451] Bewusst unwahr ist eine Tatsachenäußerung dann, wenn dem Äußernden die Unwahrheit bekannt war.[452] Das BVerfG betont dabei, dass diese Ausnahme für *bewusst* unwahre Tatsachenäußerungen und für solche, die zum Zeitpunkt der Äuße-

---

442 *Degenhart*, in: BK, GG, Art. 5, Rn. 138.

443 *Voßkuhle*, AöR (119), 1994, 53.

444 *Hufen*, Staatsrecht II, 10. Auflage, 2023, § 25, Rn. 10; *Bethge*, in: Sachs, GG, Art. 5, Rn. 44.

445 BVerfGE 93, 266, 289

446 BVerfGE 65, 1, 40; eingehend: *Kloepfer*, Produkthinweispflichten bei Tabakwaren als Verfassungsfrage, 1991, S. 23 ff; *Bethge*, in: Sachs, GG, Art. 5, Rn. 38a; *Wendt*, in: von Münch/Kunig I, GG, Art. 5, Rn. 18; *Schmidt-Jortzig*, in: HStR VII, § 162, Rn. 31.

447 BVerfGE 61, 1, 8; 85, 1, 15; 99, 185, 197; dagegen: *Jestaedt*, in: HGR IV, § 102, Rn. 37; *Kloepfer*, Verfassungsrecht II, 2010, § 61, Rn. 9.

448 *Bethge*, in: Sachs, GG, Art. 5, Rn. 28.

449 *Grimm*, NJW 1995, 1697, 1699.

450 BVerfGE 54, 208, 219.

451 BVerfGE 90, 241, 249.

452 *Degenhart*, in: BK, GG, Art. 5, Rn. 119.

rung erwiesen unwahr sind, gelte. Äußerungen, die sich erst im Nachhinein als unwahr herausstellen, sind davon nicht betroffen.[453]

Einen weiteren Fall, für den der Schutzbereich der Meinungsfreiheit verschlossen bleibt, stellt der Einsatz von Druck und Gewalt dar.[454] Der demokratische Meinungskampf im Sinne des Grundgesetzes ist ein herrschaftsfreier Diskurs.[455] Die Meinungsfreiheit schützt die rein geistige Auseinandersetzung.[456] Dieser geistige Rahmen wird verlassen, wenn statt Argumenten „Mittel der aktiven Machtausübung“[457] – etwa in Form von psychischer, physischer[458] oder wirtschaftlichem[459] Druck – verwendet werden.[460] Denn in diesen Fällen findet keine Meinungsüberzeugung, sondern eine „Meinungserzwingung“ statt.[461] Der jeweiligen Person wird *„die Möglichkeit* [genommen], *ihre Entscheidung in voller innerer Freiheit* [...] *zu treffen.*“[462] Allerdings ist die Tatbestandsexklusion außer in offensichtlichen Fällen, wie etwa körperlicher Gewalt, vorsichtig zu ziehen. Der Einsatz psychischer Mittel ist nicht von vornherein ausgeschlossen, da zu jedem Diskurs auch eine gewisse Suggestivität gehören kann.[463]

Im Ergebnis ist festzuhalten, dass vom Schutzbereich der Meinungsfreiheit jedwede wertende Stellungnahme umfasst ist. Mit Blick auf Tatsachenäußerungen ist nur ein sehr kleiner Bereich nicht geschützt: erwiesen oder bewusst unwahre Tatsachenäußerungen und solche, die mit Gewalt verbunden sind.

---

453 BVerfGE 99, 185, 197.

454 Dafür, dass sich das Erfordernis der Friedlichkeit und Gewaltfreiheit auf der Tatbestandsebene befindet, siehe: *Bethge*, in: Sachs, GG, Art. 5, Rn. 35.

455 *Bethge*, in: Sachs, GG, Art. 5, Rn. 34 m. w. N.

456 BVerfGE 25, 256, 264 f.; *Eifert/Wienfort*, JZ 2023, 270, 271.

457 *Kaiser*, in: Dreier, GG, Art. 5, Rn. 69.

458 BVerfGE 104, 92, 105 f.

459 BVerfGE 25, 256, 265; 62, 230, 245.

460 *Grabenwarter*, in: Dürig/Herzog/Scholz, GG, Art. 5 I, Rn. 85 m. w. N.

461 *Kloepfer*, Verfassungsrecht II, 2010, § 61, Rn. 17.

462 BVerfGE 25, 256, 265.

463 *Bethge*, in: Sachs, GG, Art. 5, Rn. 36.

bb. Informationsfreiheit

aaa. Bedeutung

Der Kommunikationsprozess ist gekennzeichnet durch den „Sender" und „Empfänger" einer Äußerung.[464] Wenn die Meinungsfreiheit das Äußern schützt, schützt die Informationsfreiheit das Empfangen und ist somit das *„entsprechungsrechtliche Gegenstück zur Meinungsäußerungsfreiheit"*.[465] Die Informationsfreiheit ist „Wirkungsvoraussetzung"[466] für die Meinungs- und Medienfreiheit, denn nur auf der Grundlage von genügend Informationen kann eine Meinung gebildet werden und nur Meinungsäußerungen, die zur Kenntnis genommen werden können, können den Meinungsbildungsprozess beeinflussen.[467] Auch das BVerfG misst der Informationsfreiheit in dieser Hinsicht eine hohe Bedeutung zu: Der freie Kommunikationsprozess *„wäre nur unvollkommen erfaßt, wenn die freie Informationsaufnahme ausgenommen bliebe."*[468]

Die Informationsfreiheit als relativ junges[469] Grundrecht ist in der Systematik des Art. 5 I GG ein eigenständiges Grundrecht[470] und ergänzt die anderen Teilfreiheiten im Sinne der Gewährleistung eines umfassenden individuellen und öffentlichen Kommunikationsprozesses.[471] Weiterhin weist es – wie die Meinungsfreiheit auch – sowohl eine menschenrechtliche als auch eine demokratiestaatliche Komponente auf.[472]

---

464 *Kloepfer*, Verfassungsrecht II, 2010, § 61, Rn. 34.

465 *Kloepfer*, Grundrecht als Entstehungssicherung und Bestandsschutz, 1970, S. 58 f.

466 *Degenhart*, in: BK, GG, Art. 5, Rn. 160.

467 *Kloepfer,* Verfassungsrecht II, 2010, § 61, Rn. 34.

468 BVerfGE 27, 71, 81.

469 *Kloepfer*, in: Kloepfer/Merten/Papier/Skouris (Hrsg.), Kontinuität und Diskontinuität in der deutschen Verfassungsgeschichte, 1994, S. 50; *Schmitt-Glaeser*, JURA 1987, 567 ff.; *Hufen*, Staatsrecht II, 10. Auflage, 2023, § 26, Rn. 1.

470 BVerfGE 27, 71, 81.

471 BVerfGE 90, 2, 31 f.; *Lerche,* JURA 1995, 561, 562; *Bethge*, in: Sachs, GG, Art. 5, Rn. 52; *Degenhart*, in: BK, GG, Art. 5, Rn. 160.

472 BVerfGE 27, 71, 81: *„Für die in Art. 5 Abs. 1 Satz 1 GG gewährleistete Informationsfreiheit sind danach zwei Komponenten wesensbestimmend. Einmal ist es der Bezug zum demokratischen Prinzip des Art. 20 Abs. 1 GG: Ein demokratischer Staat kann nicht ohne freie und möglichst gut informierte öffentliche Meinung bestehen. Daneben weist die Informationsfreiheit eine individualrechtliche, aus Art. 1, Art. 2 Abs. 1 GG hergeleitete Komponente auf. Es gehört zu den elementaren Bedürfnissen des Menschen, sich aus*

bbb. Allgemein zugängliche Informationsquelle

Nach dem Wortlaut des Art. 5 I 1 Fall 2 GG ist das sich ungehinderte Unterrichten aus „allgemein zugänglichen Quellen“ geschützt. Unter „Quelle“ sind alle denkbaren Träger von Informationen zu verstehen.[473] Dabei ist der Begriff der Informationsquelle weit zu bestimmen[474] – es fallen darunter alle Arten von Schriftstücken, Druckerzeugnissen und Bildern.[475] Aber auch neue Informationstechnologien, wie das Internet, sind Informationsquellen im Sinne der Informationsfreiheit.[476] Neben dem Träger der Information ist auch der Gegenstand der Information selbst geschützt,[477] denn die unmittelbare Informationsgewinnung aus der eigenen Beobachtung von Ereignissen kann zum einen für die persönliche Meinungsbildung bedeutsam sein, zum anderen kann ihr eine Korrektivfunktion gegenüber der durch die Medien gewonnenen mittelbaren Informationen zukommen.[478]

Die Informationsquelle ist allgemein zugänglich, wenn sie „*geeignet und bestimmt ist, der Allgemeinheit, also einem individuell nicht bestimmbaren Personenkreis, Informationen zu beschaffen.*“[479] Ob die Informationsquelle in diesem Sinne geeignet ist, ist nach objektiven tatsächlichen[480] Kriterien zu bestimmen.[481] Hintergrund dieses Ansatzes ist, dass damit dem Staat die Möglichkeit genommen werden soll, mit entsprechenden Regelungen über die allgemeine Zugänglichkeit einer Informationsquelle

---

möglichst vielen Quellen zu unterrichten, das eigene Wissen zu erweitern und sich so als Persönlichkeit zu entfalten. […] *Das Grundrecht der Informationsfreiheit ist wie das Grundrecht der freien Meinungsäußerung eine der wichtigsten Voraussetzungen der freiheitlichen Demokratie.*“

473 *Bethge*, in: Sachs, GG, Art. 5, Rn. 54.

474 BVerfGE 27, 71, 81.

475 *Degenhart,* in: BK, GG, Art. 5, Rn. 161.

476 *Kube*, in: HStR IV, § 91, Rn. 12.

477 BVerfGE 103, 44, 60; *Grabenwarter*, in: Dürig/Herzog/Scholz, GG, Art. 5 I, II, Rn. 996; *Wendt*, in: Münch/Kunig I, Art. 5, Rn. 22.

478 *Starck/Paulus*, in: von Mangoldt/Klein/Starck, GG, Art. 5, Rn. 43.

479 BVerfGE 27, 71, 83; 33, 52, 65; 90, 27, 32; 103, 44, 60.

480 In seiner früheren Rechtsprechung verwendete das BVerfG die Formulierung „technische“ Eignung, siehe dazu: BVerfGE 27, 71, 83 ff.

481 *Degenhart*, in: BK, GG, Art. 5, Rn. 163.

zu entscheiden und somit den Begriff zu verengen.[482] Vor diesem Hintergrund sind in jedem Fall die Massenkommunikationsmittel[483] und auch das Internet allgemein zugänglich.[484] Demgegenüber mangelt es an der allgemeinen Zugänglichkeit, wenn Informationen individuell bestimmt sind, wie etwa persönlich adressierte Postsendungen und E-Mails.[485] Dieser Maßstab ist auch auf Informationen im Internet und in den sozialen Medien anzuwenden: Sind Informationen nur für einen bestimmten Personenkreis vorgesehen, z.B. in den sozialen Medien nur für den bestätigten Freundeskreis, dann fehlt es ihnen an allgemeiner Zugänglichkeit.[486]

Die Frage der Bestimmung der Allgemeinheit ist hingegen von der Entscheidung des berechtigten Trägers der Quelle abhängig. Berechtigter ist, wer nach der Rechtsordnung über ein entsprechendes Bestimmungsrecht verfügt;[487] dies gilt sowohl für den privaten als auch den staatlichen Bereich.[488] Für letzteren von Bedeutung ist es, wenn der Gesetzgeber mittels eines Informationsfreiheitsgesetzes[489] über die allgemeine Zugänglichkeit bestimmter Informationen verfügt; in diesem Fall handelt es sich bei den Informationen um solche, die von Art. 5 I 1 Fall 2 GG geschützt sind.[490] Das Grundrecht der Informationsfreiheit wird insofern aktiviert,[491] allerdings ist diese Informations*zugangs*freiheit nicht mit der Informationsfreiheit zu verwechseln. Die Informations*zugangs*freiheit regelt als Leistungsrecht, ob und unter welchen Bedingungen Informationen aus dem staatlichen Bereich der Öffentlichkeit zugänglich gemacht werden müs-

---

482 BVerfGE 90, 27, 32.

483 BVerfGE 27, 71, 83; *Dörr*, in: HGR IV, § 103, Rn. 28.

484 BVerfG (K), B. v. 22.08.2012 – 1 BvR 199/11.

485 *Dörr*, in: HGR IV, § 103, Rn. 33.

486 *Degenhart*, in: BK, GG, Art. 5, Rn. 164.

487 BVerfGE 103, 44, 60 f.

488 *Jarass*, in: Jarass/Pieroth, GG, Art. 5, Rn. 24.

489 *Kloepfer/von Lewinski*, DVBl. 2005, 1277 ff.; *Schoch*, Informationsfreiheitsgesetzt 2009, S. 11 ff.; *Hong*, NWwZ 2016, 953; zu den Informationsfreiheitsgesetzen des Bundes und einzelner Länder siehe: *Schoch*, JURA 2012, 203 ff.; *Kloepfer*, K&R 2006, 19 ff; *Gurlit*, DVBl. 2003, 1119 ff.; *Scherzberg*, ThürVBl. 2003, 193 ff.; *Schnabel*, NVwZ 2012, 854; *Schuster*, LKV, 2018, 495 ff.

490 *Kloepfer*, Verfassungsrecht II, 2010, § 61, Rn. 39.

491 *Rossi*, Informationszugangsfreiheit und Verfassungsrecht, 2004, S. 218 ff.

sen bzw. können.[492] Die Informationsfreiheit ist hingegen ein klassisches Abwehrrecht des Bürgers gegenüber dem Staat und umfasst auch Informationen aus dem privaten Bereich.[493]

ccc. Geschützte Verhaltensweise: Unterrichtung

Nach seinem Wortlaut schützt Art. 5 I 1 Fall 2 GG die Freiheit, sich zu unterrichten. Die Unterrichtung als geschützte Verhaltensweise umfasst sowohl das passive Empfangen als auch das aktive Beschaffen von Informationen.[494] Unter ersterem ist zunächst der eigentliche Rezeptionsvorgang – etwa das Lesen einer Zeitung oder die Betrachtung eines Bildes – zu verstehen.[495] Unter letzterem ist die der Rezeption vorhergehende Beschaffung von Informationen zu verstehen. Davon umfasst ist auch die Verwendung technischer Einrichtungen;[496] die rechtswidrige Informationsbeschaffung ist jedoch nicht geschützt.[497] Sobald die Informationen aber an die Öffentlichkeit gelangt sind, fallen auch sie unter den Schutz der Informationsfreiheit.[498] Weiterhin stellt auch die Speicherung von Informationen eine geschützte Verhaltensweise dar.[499]

Es ist umstritten, ob Art. 5 I 1 Fall 2 GG auch eine negative Komponente – eine negative Informationsfreiheit –[500] beinhaltet.[501] Damit ist vor allem der Schutz vor aufgedrängter Information[502] (die „Freiheit, nicht zu hö-

---

492 *Schoch*, DÖV 2006, 1, 8; *Walz*, DÖV 2009, 623, 624 f.; zu der Frage, ob aus Art. 5 I ein Anspruch auf Zugänglichmachung nicht allgemein zugänglicher Quellen besteht, siehe: *Gröschner/Masing*, VVDStRL 63 (2004), 344, 377 ff.; dagegen: OVG Berlin-Brandenburg ZUM-RD 2012, 697.

493 *Kloepfer*, Verfassungsrecht II, 2010, § 61, Rn. 40.

494 BVerGE 27, 71, 82 f.

495 *Degenhart*, in: BK, GG, Art. 5, Rn. 171.

496 BVerfGE 90, 27, 36 f.

497 BVerfGE 66, 116, 137.

498 BVerfGE 66, 116, 139; so auch: *Starck/Paulus*, in: von Mangoldt/Klein/Starck, GG, Art. 5, Rn. 49.

499 *Wendt*, in: von Münch/Kunig I, GG, Art. 5, Rn. 26.

500 BVerwG, NJW 1999, 805; *Fikentscher/Möllers*, NJW 1998, 1337, 1340; *Cornils*, AfP 2013, 199, 210.

501 *Kloepfer*, Verfassungsrecht II, 2010, § 61, Rn. 44.

502 *Starck/Paulus*, in: von Mangoldt/Klein/Starck, GG, Art. 5, Rn. 41; *Wendt*, in: von Münch/Kunig I, GG, Art. 5, Rn. 26.

ren";[503] das „Recht, in Ruhe gelassen zu werden")[504] gemeint. Ein Teil der Stimmen in der Literatur geht davon aus, dass es eine negative Informationsfreiheit nicht gebe und ein entsprechender Schutz über das allgemeine Persönlichkeitsrecht nach Art. 1 I GG i. V. m. Art. 2 I GG gewährleistet sei.[505] Demgegenüber wird überzeugend vertreten, dass freie Kommunikation nicht nur die Freiheit des sich Äußernden, sondern auch die Freiheit des Empfängers voraussetzt. Denn zu einer selbstbestimmten und freien Kommunikation gehört eben auch die freie Entschließung über die rezeptive Teilnahme; bei einer aufgedrängten Meinungskundgabe wäre dies nicht möglich.[506] Allerdings schützt die negative Informationsfreiheit nicht vor der Konfrontation mit allgemein zugänglichen Informationsquellen im öffentlichen Raum. Vielmehr sind davon nur mit Zwang verbundene Situationen – insbesondere bei unentrinnbarem Aufdrängen[507] – verbunden.[508]

cc. Medienfreiheiten

aaa. Systematik und Bedeutung

Den Presse-, Rundfunk- und Filmfreiheiten in Art. 5 I 2 GG, die auch als Medienfreiheiten bezeichnet werden,[509] ist gemeinsam, dass sie auf ein ganz bestimmtes Instrument der Meinungsverbreitung abstellen: Anders als die Kundgabemöglichkeiten in Art. 5 I 1 GG zielen die Medienfreiheiten in Art. 5 I 2 GG auf die Medien der Massenkommunikation ab.[510] Diese zeichnen sich dadurch aus, dass sie sich auf die „*Kommunikation in und mit der Allgemeinheit*"[511] beziehen und „*(besonders wirksame) publizistische Verbreitungsformen mit ihren besonderen Vermittlungsleistungen*"[512] verwenden, weshalb ihnen auch eine „*die individuelle Meinungs-*

---

503 *Degenhart*, in: BK, GG, Art. 5, Rn. 174.

504 *Kloepfer*, Verfassungsrecht II, 2010, § 61, Rn. 44.

505 *Hoffmann-Riem*, in: AK-GG, Art. 5 I, II, Rn. 109.

506 *Degenhart*, in: BK, GG, Art. 5, Rn. 174.

507 *Fikentscher/Möllers*, NJW 1998, 1337, 1339 f.

508 *Degenhart*, in: BK, GG, Art. 5, Rn. 174.

509 *Kloepfer*, Informationsrecht, 2002, § 15, Rn. 1.

510 *Kaiser*, in: Dreier, GG, Art. 5, Rn. 82.

511 *Kloepfer*, Verfassungsrecht II, 2010, § 61, Rn. 49.

512 *Kaiser*, in: Dreier, GG, Art. 5, Rn. 82.

freiheit übersteigende Bedeutung für die freie individuelle und öffentliche Meinungsbildung“[513] zukommt. Vor diesem Hintergrund entfalten Medienfreiheiten immer dann Relevanz, wenn massenkommunikationsspezifische Aspekte betroffen sind.[514]

Im Einzelnen: Die Pressefreiheit in Art. 5 I 2 Fall 1 GG ist, wie die Meinungsfreiheit und die anderen Teilfreiheiten auch, „*für eine freiheitlich-demokratische Staatsordnung schlechthin konstituierend.*“[515] Ihre besondere Bedeutung liegt vor allem in ihrem Wesen als Kontrollinstrument gegenüber Staat und Politik.[516] Die Rundfunkfreiheit ist, wie kaum ein anderes Grundrecht, maßgeblich durch die Rechtsprechung des BVerfG geprägt.[517] Die besondere Bedeutung der Rundfunkfreiheit formuliert das BVerfG wie folgt: „*Unter den Medien kommt dem Rundfunk wegen seiner Breitenwirkung, Aktualität und Suggestivkraft besondere Bedeutung zu. Freie Meinungsbildung wird daher nur in dem Maß gelingen, wie der Rundfunk seinerseits frei ist, umfassend und wahrheitsgemäß informiert.*“[518] In diesem Zusammenhang wird auch von der „öffentliche[n] Verantwortung des Rundfunks“[519] gesprochen; der Rundfunk und seine Freiheitsgarantie sei eben nicht nur aus Sicht der individuellen Freiheit, sondern auch für Gesellschaft und Politik – und somit für die demokratische Ordnung insgesamt von überragender Bedeutung.[520] Die Rundfunk-

---

513 *Kaiser*, in: Dreier, GG, Art. 5, Rn. 83.

514 *Kaiser*, in: Dreier, GG, Art. 5, Rn. 83.

515 BVerfGE 20, 56, 97; 28, 55, 63; 33, 1, 15; 62, 230, 247; 66, 116, 133; 102, 347, 363; 103, 44, 59; 107, 299, 329; 117, 244, 258; in BVerfGE 20, 162, 174 f. beschreibt sie das BVerfG als „Wesenselement des freiheitlichen Staates“: „*Eine freie, nicht von der öffentlichen Gewalt gelenkte, keiner Zensur unterworfenen Presse ist ein Wesenselement des freiheitlichen Staates; insbesondere ist eine freie, regelmäßig erscheinende politische Presse für die moderne Demokratie unentbehrlich.*“.

516 *Kloepfer*, Verfassungsrecht II, 2010, § 61, Rn. 50; siehe zur Bedeutung der Pressefreiheit überhaupt: *Forsthoff*, DER STAAT 5 (1966), 1, 13; *Schmitt-Glaeser*, AöR 113 (1988), 52, 81 f.; siehe zur staatstheoretischen Stellung der Presse: *Scheuner*, VVDStRL 22 (1965), 1, 2 ff.

517 *Kühling*, in: BeckOK Informations- und Medienrecht, GG, Art. 5, Rn. 45; *Zimmermann*, Hochschulrundfunk, 2013, S. 31 ff.

518 BVerfGE 90, 60, 87.

519 *Hufen*, Staatsrecht II, 10. Auflage, 2023, § 28, Rn. 4.

520 *Kübler*, in: FS Bryde, 2013, S. 199; *von Coelln*, in: Uhle (Hrsg.), Information und Einflussnahme, 2018, S. 11, 21; siehe zum öffentlich-rechtlichen Rundfunk statt vieler: *Beth-*

freiheit wird deshalb auch als „dienende Freiheit" bezeichnet.[521] Insgesamt gewährleisten die Medienfreiheiten zusammen mit der Meinungs- und Informationsfreiheit einen Rahmen für die freie individuelle und öffentliche Meinungsbildung.[522]

bbb. Presse-, Rundfunk- und Filmbegriffe

Unter dem Begriff Presse werden alle zur Verbreitung an die Allgemeinheit geeigneten und bestimmten Druckerzeugnisse verstanden.[523] Entscheidend für den verfassungsrechtlichen Pressebegriff ist die Herstellungstechnik, die ein zur Massenherstellung geeignetes Vervielfältigungsverfahren vorsehen muss; auf die konkrete Vervielfältigungstechnik und Verbreitungsmodalitäten kommt es dabei nicht an.[524] Die Allgemeinheit ist dann gegeben, wenn die Druckwerke an einen individuell unbestimmten Personenkreis gerichtet sind.[525]

Rundfunk im grundrechtlichen Sinne ist *„jede an eine unbestimmte Vielzahl von Personen gerichtete drahtlose und drahtgebundene Übermittlung von Gedankeninhalten durch physikalische Wellen.*"[526] Der verfassungsrechtliche Rundfunkbegriff besteht aus drei Merkmalen: (1) der Veranstaltung von Darbietungen, (2) die für einen unbestimmten Personenkreis bestimmt sind (3) und mittels elektro-magnetischer Schwingungen verbreitet werden.[527] Unter Darbietung ist jede „Vermittlung von Information und Meinung" zu verstehen.[528] Diese richten sich an einen un-

---

ge, Die verfassungsrechtliche Position des öffentlich-rechtlichen Rundfunks in der dualen Rundfunkordnung, 1996, S. 29 ff.; *Zimmermann*, Hochschulrundfunk, 2013, S. 112 ff.

521 BVerfGE 57, 295, 320; 83, 238, 295 f., 95, 2020, 236; siehe zur „dienenden" Rundfunkfreiheit vor dem Hintergrund der sozialen Medien: *Davis*, Die „dienende" Rundfunkfreiheit im Zeitalter der sozialen Vernetzung, 2019.

522 BVerfGE 101, 361, 389.

523 BVerfGE 95, 28, 35; ausführlich: *Rath-Glawatz*, in: FS Samwer, 2008, S. 163, 165 ff.; *Wendt*, in: von Münch/Kunig I, GG, Art. 5, Rn. 30.

524 BVerfGE 95, 28, 35.

525 *Kloepfer,* Verfassungsrecht II, 2010, § 61, Rn. 52.

526 *Hoffmann-Riem,* in: AK-GG, Art. 5 Abs. 1, 2 Rn. 145; *Jarass,* in: Jarass/Pieroth, GG, Art. 5, Rn. 47; *von der Decken,* in: Schmidt-Bleibtreu, GG, Art. 5, Rn. 27.

527 *Jarass*, in: Jarass/Pieroth, GG, Art. 5, Rn. 36; *Degenhart*, in: BK, GG, Art. 5 I, II Rn. 307; *Grabenwarter*, in: Dürig/Herzog/Scholz, GG, Art. 5, Rn. 607.

528 BVerfGE 57, 295, 319; 60, 53, 63 f.

bestimmten Personenkreis, wenn sie sich technisch nicht nur an bestimmte, im Vorhinein festgelegte Personen wenden.[529] Weiterhin stellt die Verbreitung mithilfe elektro-magnetischer Schwingungen, ein wesentliches Element für die Abgrenzung zur Presse dar.[530] Zudem ist der Rundfunkbegriff in technischer Hinsicht entwicklungsoffen.[531] Aus systematischer Sicht ist der Aspekt der Massenkommunikation für den Rundfunk, genauso wie für die Presse und den Film, entscheidende Voraussetzung, denn Art. 5 I 2 GG zielt mit Rundfunk, Presse und Film auf ein breiteres Publikum ab, wohingegen Art. 5 I 1 GG auf die Individualkommunikation abstellt.[532]

Bei Filmen im grundrechtlichen Sinne handelt es sich um chemisch-optische Bildträger, die meistens mit einer Tonspur verbunden sind und in der Öffentlichkeit vorgeführt werden;[533] im Unterschied zur Rundfunkfreiheit muss die Vorführung am Ort des Abspielens erfolgen.[534] Unter Film im grundrechtlichen Sinne ist die Übermittlung von Gedankeninhalten durch Bilderreihen, die zur Projektion bestimmt sind, zu verstehen.[535] Der Filmbegriff ist entwicklungsoffen, weshalb das Speichermedium für die Einstufung als Film irrelevant ist.[536]

ccc. Geschützte Verhaltensweisen

(a). Presseerzeugnis und pressespezifische Tätigkeiten

Von der Pressefreiheit ist in erster Linie das Presseerzeugnis geschützt,[537] und zwar sowohl hinsichtlich des gesamten Inhalts[538] als auch der Form.[539] Der Schutzbereich erstreckt sich auf *„alle wesensmäßig mit der*

---

529 *Kaiser*, in: Dreier, GG, Art. 5, Rn. 93.

530 *von Coelln*, in: BLM (Hrsg.), Rundfunkstrukturen im Wandel, 2011, S. 17 ff., 28 ff.

531 *Degenhart*, in: HGR IV, § 105 Rn. 27; *Badura*, AöR 134 (2009), 240, 248.

532 *Kühling*, in: BeckOK Informations- und Medienrecht, GG, Art. 5, Rn. 61.

533 *Jarass*, in: Jarass/*Pieroth*, GG, Art. 5 Rn. 50.

534 *Degenhart*, in: BK, GG, Art. 5 I, II, Rn. 422.

535 *Grabenwarter*, in: Dürig/Herzog/Scholz, GG, Art. 5, Rn. 969; *Reupert*, NVwZ 1994, 1155.

536 *Kloepfer*, Verfassungsrecht II, 2010, § 61, Rn. 114.

537 *Degenhart,* in: BK, GG, Art. 5, Rn. 208.

538 BVerfGE 101, 361, 389; 102, 347, 359 f.; *Kunig*, JURA 1995, 589, 593.

539 BVerfG, NJW 1998, 1381, 1382.

Pressearbeit zusammenhängenden Tätigkeiten". [540] Dies gilt lückenlos *„von der Beschaffung der Information bis zur Verbreitung der Nachricht und Meinung.*"[541] Davon umfasst ist *„die eigentliche publizistische Arbeit, sowie die wirtschaftlichen, technischen und organisatorischen Voraussetzungen der Pressearbeit.*"[542] Von besonderer Bedeutung ist der Schutz der journalistischen Arbeit als solche und der der redaktionellen Sphäre.[543] Darunter fällt die Freiheit der Informationsbeschaffung, wovon der ungehinderte Zugang zu allen Informationen betroffen ist, über die berichtet werden soll.[544] Von der Pressefreiheit ist auch der Schutz des Informationsmaterials, der Informationsquelle und des Redaktionsgeheimnisses umfasst.[545]

Ferner handelt es sich beim Pressebegriff im Sinne des Art. 5 I 2 Fall 1 GG um einen technologieneutralen Pressebegriff.[546] Dies bedeutet, dass es für den verfassungsrechtlichen Pressebegriff bedeutungslos ist, ob die stoffliche Verkörperung der Inhalte tatsächlich in gedruckter Form oder eben elektronisch am Bildschirm erfolgt.[547] Maßgeblich für die Einordnung der „elektronischen Presse" in den Schutzbereich der Pressefreiheit ist die Frage, ob und inwieweit Online-Angebote funktional der Presse entsprechen.[548] Dies ist der Fall, sofern *„es sich um textdominierte und in diesem Sinn presseähnliche Angebote handelt.*"[549]

540 *Kloepfer*, Verfassungsrecht II, 2010, § 61, Rn. 56.

541 BVerfGE 20, 162, 176; 50, 234, 240.

542 *Degenhart*, in: BK, GG, Art. 5, Rn. 210.

543 *Kloepfer*, Verfassungsrecht II, 2010, § 61, Rn. 56.

544 *Degenhart*, in: BK, GG, Art. 5, Rn. 211.

545 *Degenhart*, in: BK, GG, Art. 5, Rn. 227 unter Verweis auf BVerfGE 20, 162, 176, 187; 36, 193, 204; 117, 244, 258.

546 *Degenhart*, in: FS Stern, 2012, S. 1299 ff.; *Fiedler*, AfP 2011, 15 ff.; *Kühling*, in: BeckOK Informations- und Medienrecht, GG, Art. 5, Rn. 46; dagegen: *Gounalakis*, ZUM 2003, 180, 182 f.; *Holznagel*, MMR 2011, 1.

547 *Fiedler*, Meinungsfreiheit, 2002, S. 24 ff.

548 *Degenhart*, in: FS Stern, 2012, S. 1299 ff.

549 *Degenhart*, in: BK, GG, Art. 5, Rn. 197.

(b). Programmfreiheit und rundfunkspezifische Tätigkeiten

Der sachliche Schutzbereich der Rundfunkfreiheit ist weit zu verstehen.[550] Er erfasst alle mit der Veranstaltung von Rundfunkprogrammen zusammenhängenden Tätigkeiten,s[551] von der Beschaffung der Information bis zur Verbreitung der Nachricht.[552] Wie bei der Pressefreiheit, ist auch die Vertraulichkeit der Redaktion und das Verhältnis zu Informanten geschützt.[553] Im Kern der Rundfunkfreiheit steht die umfassende Programmfreiheit;[554] sie wird auch als „Herzstück" der Rundfunkfreiheit bezeichnet.[555] Der Veranstalter entscheidet demnach über die Ausrichtung des Programmes insgesamt, die Auswahl der Themen im Einzelnen, die Form des Beitrages und den Zeitpunkt der Ausstrahlung.[556] Geschützt werden alle Sendungen und Angebote ungeachtet ihrer inhaltlichen Ausrichtung und ihrer Qualität; der Schutz wird nicht auf bestimmte Inhalte oder „seriöse" Sendungen beschränkt.[557] Vom Schutzbereich sind auch Angebote der neuen Medien umfasst, sofern diese als Rundfunk qualifiziert werden.[558] Darunter fallen im Internet die Tätigkeit des Inhaltsanbieters und die des Netzanbieters, sofern auf die inhaltliche Gestaltung Einfluss genommen wird.[559]

(c.) Filmspezifische Tätigkeiten

Von der Filmfreiheit werden alle filmspezifischen Verhaltensweisen geschützt; darunter fällt der gesamte Prozess der Herstellung und Verbreitung.[560]

---

550 BVerfGE 12, 205, 260.

551 BVerfGE 121, 30, 58; *Jarass*, in: Jarass/Pieroth, GG, Art. 5, Rn. 39.

552 BVerfGE 77, 65, 74; 91, 125, 134; 103, 44, 59; 119, 309, 318; *Kloepfer*, Verfassungsrecht II, 2010, § 61, Rn. 88.

553 BVerfGE 77, 65, 74; 95, 220, 238.

554 BVerfGE 59, 231, 258; 87, 181, 201; 90, 60, 87; 95, 220, 234; 97, 298, 310; 114, 371, 389.

555 BVerfGE 97, 298, 313.

556 *Kühling*, in: BeckOK Informations- und Medienrecht, GG, Art. 5, Rn. 65.

557 *Starck/Paulus*, in: von Mangoldt/Klein/Starck, GG, Art. 5, Rn. 184.

558 *Starck/Paulus,* in: von Mangoldt/Klein/Starck, GG, Art. 5 Abs. 1, 2 Rn. 104.

559 *Starck/Paulus,* in: von Mangoldt/Klein/Starck, GG, Art. 5 Abs. 1, 2 Rn. 107.

560 *Kaiser,* in: Dreier, GG, Art. 5 I, II Rn. 108.

2. Versammlungsfreiheit

a. Bedeutung: Menschenrecht und demokratiestaatliche Funktion

Wie bei der Meinungsfreiheit kommt der Versammlungsfreiheit eine zweiseitige Ausrichtung zu: Einerseits ist sie ein Menschenrecht und dient der „ungehinderten Persönlichkeitsentfaltung“[561], andererseits weist sie eine politisch-demokratische Komponente auf und ist *„für eine freiheitliche demokratische Staatsordnung konstituierend.“* [562] Sie schützt *„die Freiheit des Einzelnen, sich mit anderen zu einem gemeinsamen Zweck zu versammeln.“*[563] Im Kern der Betrachtung steht eine bestimmte Form der Kommunikation, nämlich die des Sich-Versammelns,[564] die gemeinschaftliche Meinungsbildung und Meinungskundgabe.[565] Vor diesem Hintergrund stellt die Versammlungsfreiheit eine elementare Voraussetzung für die Persönlichkeitsentfaltung dar, da diese eben nur gemeinsam mit anderen möglich ist.[566] Dieser Ansatz knüpft auch an das Menschenbild des Grundgesetzes[567] an, welches nicht von einem Bürger als isoliertes souveränes Individuum ausgeht, sondern *„vielmehr die Spannung Individuum - Gemeinschaft im Sinne der Gemeinschaftsbezogenheit und Gemeinschaftsgebundenheit der Person“*[568] löst, *„ohne dabei deren Eigenwert anzutasten.“*[569]

Die praktische Bedeutsamkeit der politisch-demokratischen Komponente der Versammlungsfreiheit, die auch als „Demonstrationsfreiheit“[570] bezeichnet wird, zeigt sich im politischen Prozess.[571] Die gebündelte und durch Massen in Präsenz[572] getragene Artikulation politischer Meinungen in der Öffentlichkeit ergänzen den eher institutionalisierten Prozess der

561 BVerfGE 69, 315, 343.
562 BVerfGE 128, 226, 250.
563 *Kaiser,* in: Dreier, GG, Art. 8, Rn. 20.
564 *Kingreen/Poscher*, Grundrechte, Staatsrecht II, 39. Auflage, 2023, Rn. 933.
565 BVerfGE 84, 203, 209.
566 *Müller-Franken,* in: Schmidt-Bleibtreu, GG, Art. 8, Rn. 3.
567 *Häberle, Das* Menschenbild im Verfassungsstaat, 4. Auflage, 2008, S. 44 ff.
568 BVerfGE 4, 7, 15.
569 BVerfGE 4, 7, 16.
570 *Hartmann*, in: BK, GG, Art. 8, Rn. 147 m. w. N.
571 *Hoffmann-Riem*, NVwZ 2002, 257, 259.
572 *Deppenheuer,* in: Dürig/Herzog/Scholz, GG, Art. 8, Rn. 3.

Willensbildung in der repräsentativen Demokratie,[573] weshalb die Versammlungsfreiheit auch als *„ein Stück ursprünglicher ungebändigter unmittelbarer Demokratie“*[574] beschrieben wird. Art. 8 GG ermöglicht es dem Einzelnen, ohne Teil fester und größerer Organisationen zu sein, *„relativ unkomplizierte, spontane, kollektive Einflußnahme auf den Prozeß der öffentlichen Meinungsbildung“* auszuüben.[575] Als *„Element demokratischer Offenheit“*[576] ist die Versammlungsfreiheit vor allem für Minderheiten ein Mittel, um ihre Interessen in öffentlichkeitswirksamer Weise zu artikulieren.[577] Sie ist ein *„typisches Recht freiheitlicher Staaten.“*[578]

b. Schutzbereich

aa. Teilnehmerzahl

Unter Versammlung im grundrechtlichen Sinne ist eine örtliche Zusammenkunft mehrerer Personen zur gemeinschaftlichen, auf die Teilhabe an der öffentlichen Meinungsbildung gerichteten Erörterung oder Kundgebung zu verstehen.[579] Im Einzelnen ist der verfassungsrechtliche Versammlungsbegriff umstritten.[580] Nach dem Wortlaut „Versammlung“ bedarf es für die Gewährleistung der Versammlungsfreiheit mehr als einer Person;[581] danach würden schon zwei Personen mit Blick auf die Teilnehmerzahl eine Versammlung im Sinne des Art. 8 GG darstellen.[582] Dies

---

573 *Hanschmann,* DÖV 2009, 389, 398.

574 *Hesse*, Grundzüge des Verfassungsrechts der Bundesrepublik Deutschland, 20. Auflage, 1995, Rn. 404, zitiert von: BVerfGE 69, 315, 346; 104, 92, 104; kritisch zu diesem Zitat: *Hartmann*, in: BK, GG, Art. 8, Rn. 149.

575 *Kloepfer*, in: HStR III, § 42, Rn. 52 m. w. N.

576 *Hesse,* Grundzüge des Verfassungsrechts der Bundesrepublik Deutschland, 20. Auflage, 1995, Rn. 404.

577 BVerfGE 69, 315, 347.

578 *Kloepfer*, Verfassungsrecht II, 2010, § 63, Rn. 1.

579 BVerfGE 69, 315, 343; 104, 92, 104; *Jarass*, in: Jarass/Piertoh, GG, Art. 8, Rn. 3; *Hebeler/Berg*, JA 2021, 969, 972; *Mast/Gafus*, JuS 2021, 153, 155.

580 *Schneider*, in: BeckOK, GG, Art. 8, Rn. 3; *Ernst*, in: von Münch/Kunig I, GG, Art. 8, Rn. 37.

581 *Deppenheuer*, in: Dürig/Herzog/Scholz, GG, Art. 8, Rn. 154.

582 *Kloepfer*, Verfassungsrecht II, 2010, § 63, Rn. 5; VGH Mannheim, VBlBW 2008, 60; *Hartmann*, in: BK, Art. 8, Rn. 156; *Höfling*, in: Sachs, GG, Art. 8, Rn. 13; *von Coelln*, in:

überzeugt auch deshalb, weil schon bei zwei Personen eine innere Verbindung und somit ein gemeinsamer Zweck vorliegen kann.[583] Das BVerfG verlangt mehrere Personen ohne bisher – aufgrund der fehlenden Praxisrelevanz – konkretisieren zu müssen.[584]

bb. Gemeinsamer Zweck

Neben der bestimmten Teilnehmerzahl ist auch die innere Verbindung[585] der teilnehmenden Personen notwendig, die sich regelmäßig in einer gemeinsamen Zweckverfolgung zeigt.[586] An diesem Punkt unterscheiden sich bloße Ansammlungen von Versammlungen, da bei Ansammlungen „*alle zwar den gleichen, aber keinen gemeinsamen Zweck verfolgen, weil sie einander für die Zweckverfolgung nicht brauchen.*“[587] Bei der Beantwortung der Frage, ob die anwesenden Personen nun einen nur gleichen oder gemeinsamen Zweck verfolgen, ist auf das Gesamtgepräge der Versammlung abzustellen; im Zweifel ist von einem gemeinsamen Zweck auszugehen.[588]

Bei der Frage, ob und inwieweit der gemeinsame Zweck eine bestimmte inhaltliche Ausgestaltung haben muss, werden unterschiedliche Positionen vertreten.[589] Der weiteste Ansatz sieht keinerlei Beschränkungen für den gemeinsamen Zweck vor; danach ist jede Art von Zweck, gleich ob privat oder politisch, vom Schutzbereich der Versammlungsfreiheit erfasst; demnach müssen Versammlungen nicht stets auf die öffentliche Meinungsbildung abzielen.[590] Andererseits wird vertreten, dass der gemeinsame Zweck in der Teilhabe an der öffentlichen Meinungsbildung

---

Gröpl/Windhorst/v. Coelln, GG-Studienkommentar, Art. 8, Rn. 10 f.; demgegenüber werden drei oder sieben Personen als Mindesteilnehmer verlangt, siehe dafür: *Hoffmann-Riem*, in: AK-GG, Art. 8, Rn. 18; *Höllein*, NVwZ 1994, 635, 635, Fn. 5; *Hölscheidt*, DVBl. 1987, 666, 667; *Deppenheuer*, in: Dürig/Herzog/Scholz, GG, Art. 8, Rn. 44; OLG Saarbrücken, NStZ-RR 1999, 119; *von Münch*, in: Münch/Kunig I, Art. 8, Rn. 9.

583 *Ernst*, in: von Münch/Kunig I, GG, Art. 8, Rn. 52.

584 BVerfGE 104, 92, 104.

585 *Sodann*, in: Sodann, GG, Art. 8, Rn. 3; *Höfling*, in: Sachs, GG, Art. 8, Rn. 10.

586 *Kloepfer,* Verfassungsrecht II, 2010, § 63, Rn. 6.

587 *Kingreen/Poscher*, Grundrechte, 39. Auflage, 2023, Rn. 934.

588 BVerfGE 143, 161, 211; BVerwGE 129, 42, 47.

589 *Schneider*, in: BeckOK, GG, Art. 8, Rn. 7.

590 *Hartmann,* in: BK, GG, Art. 8, Rn. 164 ff.

bestehen muss.[591] Es sei zu unterscheiden, zwischen Versammlungen zu privaten Zwecken und solchen, in denen öffentliche Angelegenheit erörtert werden. Eine derartige Einschränkung des Versammlungsbegriffs überzeugt nicht.[592] Der Umstand, dass – historisch betrachtet – vor allem politische Versammlungen staatlichen Beschränkungen ausgesetzt waren, lässt nicht unbedingt auf eine Reduzierung des Schutzbereiches auf nur solche Versammlungen zu.[593] Sowohl dem Wortlaut als auch der Systematik des Art. 8 GG ist ein solcher Ansatz nicht zu entnehmen; vielmehr sieht der Wortlaut keinerlei Einschränkungen vor, weshalb auch eine Einschränkung auf die Meinungsbildung wenig überzeugt.[594] Auch rein private Versammlungen können eine bedeutsame Rolle für Meinungsbildung im Vorfeld der öffentlichen Meinungsbildung spielen;[595] zumal auch der Zusammenhang mit der freien Entfaltung der Persönlichkeit gegen eine einengende Auslegung spricht: Die Versammlungsfreiheit *„soll die drohende Isolierung des Einzelnen verhindern und (gemeinsam mit Art. 9) die Persönlichkeitsentfaltung in Gruppenform gewährleisten.“*[596]

cc. Schutzbereichsbegrenzung: Friedlichkeit und Waffenlosigkeit

Die Versammlungsfreiheit in Art. 8 I GG gewährleistet das Recht, sich friedlich und ohne Waffen[597] zu versammeln. Die Merkmale der Friedlichkeit und Waffenlosigkeit stellen Bedingungen für den grundrechtlichen Schutz dar; es handelt sich um eine Schutzbereichsbegrenzung.[598]

---

591 Wohl h. M., etwa BVerfGE 104, 92, 104, BVerwGE 129, 42, 45; *Hofmann-Riem*, in: HGR IV, § 106, Rn. 45; *Waechter*, VerwArch 99 (2008), 73, 75; *Volkmann*, Staatsrecht II, 2007, § 12, Rn. 31.

592 *Hartmann*, BK, GG, Art. 8, Rn. 166 ff.; zustimmend: *Kingreen/Poscher*, Grundrechte, 39. Auflage, 2023, Rn. 937.

593 *Kingreen/Poscher*, Grundrechte, 39. Auflage, 2023, Rn. 937.

594 *Kingreen/Poscher,* Grundrechte, 39. Auflage, 2023, Rn. 937.

595 *Hartmann,* in: BK, GG, Art. 8, Rn. 173 m. w. N.

596 *Kingreen/Poscher*, Grundrechte, 39. Auflage, 2023, Rn. 938 m. w. N.

597 Siehe zur Begriffsgeschichte: *Kang*, Der Friedlichkeitsvorbehalt der Versammlungsfreiheit, 1993, S. 24 ff.

598 BVerfGE 69, 315, 360; 73, 206, 248 f.; *Benda*, in: BK, GG, Art. 8, Rn. 37; *Deppenheuer*, in: Dürig/Herzog/Scholz, GG, Art. 8, Rn. 78; *Geis*, in: Frieauf/Höfling, GG, Art. 8, Rn. 40, 43; *Wolff*, in: Hömig/Wolff, GG, Art. 8, Rn. 6; *Lepsius*, in: Doering-Manteuffel/Greiner/Lepsius, Der Brokdorf-Beschluss des Bundesverfassungsgerichts 1985, 2015, S. 130; *Ullrich*, Demonstrationsrecht, 2015, S. 230; *Höfling*, in: Sachs, GG,

Für unfriedliche oder bewaffnete Versammlungsteilnehmer ist der Schutzbereich somit erst gar nicht eröffnet.[599] Wann eine Versammlung nicht mehr friedlich ist, ist umstritten.[600] Der Umstand, dass in Art. 8 I GG „friedlich“ und „ohne Waffen“ nebeneinander genannt ist, lässt jedoch den Schluss zu, dass Unfriedlichkeit im Sinne des Art. 8 I GG ein Gewaltpotential aufweisen muss, dass der Waffenverwendung gleichkommt.[601] Es muss sich um Handlungen von einiger Gefährlichkeit handeln.[602] Eine Versammlung ist demnach unfriedlich, wenn Gewalttätigkeiten oder aggressive Ausschreitungen gegen Personen oder Sachen stattfinden.[603] Nicht schon jede Behinderung Dritter ist unfriedlich.[604]

Das Merkmal der Waffenlosigkeit stellt einen Unterfall des Friedlichkeitsvorbehalts dar.[605] Waffen stellen eine erhebliche Gefahrensteigerung hin zur Unfriedlichkeit dar, weshalb schon das Mitführen von Waffen, ohne weitere Gefahrenprognose, zur Schutzbereichsbeschränkung führt.[606] Unter Waffen sind zunächst Waffen im technischen Sinne zu verstehen, also Waffen im Sinne des § 1 WaffG. Daneben sind auch solche Gegenstände als Waffen zu sehen, die an sich harmlos sind, aber objektiv zur Verletzung von Personen oder Beschädigung von Sachen geeignet und subjektiv dazu bestimmt sind.[607]

Art. 8, Rn. 29; *Hartmann*, BK, GG, Art. 8, Rn. 204; a. A. *Alexy*, Theorie der Grundrechte, 1985, S. 259 f.; *Ketteler*, DÖV 1990, 954, 957.

599 *Kleopfer*, in: HStR VII, § 164, Rn. 57.

600 *Gusy*, in: von Mangoldt/Klein/Starck, GG, Art. 8, Rn. 22; siehe für einen ausführlichen Überblick zu den Auffassungen: *Förster*, Die Friedlichkeit als Voraussetzung der Demonstrationsfreiheit, 1985, S. 32 ff.

601 *Hartmann*, BK, GG, Art. 8, Rn. 222.

602 BVerfGE 73, 206, 248; 87, 399, 406; zustimmend: *Höfling*, in: Sachs, GG, Art. 8, Rn. 31; *Kniesel*, NJW 1992, 857, 861 f.

603 *Höfling*, in: Sachs, GG, Art. 8, Rn. 31; *Hartmann*, in: BK, GG, Art. 8, Rn. 222; BVerfGE 73, 206, 248 f.; 87, 399, 406; 104, 92, 106.

604 BVerfGE 87, 399, 406.

605 *Deppenheuer*, in: Dürig/Herzog/Scholz, GG, Art. 8, Rn. 89; *Kloepfer*, in: HStR VII, § 164, Rn. 58; *Höfling*, in: Sachs, GG, Art. 8, Rn. 38.

606 *Hoffmann-Riem*, in: AK-GG, Art. 8, Rn. 26.

607 *Hoffmann-Riem*, in: AK-GG, Art. 8, Rn. 26; gegen die Berücksichtigung der subjektiven Zweckbestimmung: *Deppenheuer*, in: Dürig/Herzog/Scholz, GG, Art. 8, Rn. 89.

Am Friedlichkeitsvorbehalt wird auch deutlich, dass die Versammlungsfreiheit – jedenfalls im Schutzbereich – nicht nur die rein geistige Auseinandersetzung schützt, was einen Unterschied zur Meinungsfreiheit darstellt. Körperliche und räumliche Beeinträchtigung unterhalb der Friedlichkeitsschwelle sind, die allein durch die physische Präsenz gegeben ist, führen nicht zur Schutzbereichsbeschränkung.[608]

dd. Umfang der Gewährleistung

Die Versammlungsfreiheit schützt nicht nur die Versammlung als solche, sondern „*den gesamten Vorgang des Sich-Versammelns*."[609] Die Organisation und Vorbereitung der Versammlung ist genauso geschützt wie etwa die Anreise und Übernachtung, sofern sie der Teilnahme an der Versammlung dienen. Vom Schutzbereich ist auch die Wahl des Ortes, der Zeit und die Gestaltung der Versammlung umfasst.[610] Die Freiheit der Wahl des Ortes erfasst nicht nur alle öffentlichen Flächen im Gemeingebrauch,[611] sondern auch solche Flächen im Privateigentum, die allgemein zugänglich und dem Raum öffentlicher Kommunikation eröffnet sind.[612] Ebenfalls von der Versammlungsfreiheit ist die Wahl der Form der Versammlung geschützt;[613] auch Protestcamps, sofern sie einen funktionalen oder symbolischen Zusammenhang mit dem Versammlungszweck aufweisen, sind vom Schutzbereich umfasst.[614] Geschützt ist auch die Gegendemonstration zu einer anderen Demonstration;[615] nicht geschützt ist jedoch das Verhindern oder Sprengen der Hauptdemonstration.[616]

---

608 *Höfling*, in: Sachs, GG, Art. 8, Rn. 30.

609 *Kloepfer*, Verfassungsrecht II, 2010, § 63, Rn. 40.

610 OVG Berlin-Brandenburg, NVwZ-RR 2009, 370; *Gusy*, in: von Mangoldt/Klein/Starck, GG, Art. 8, Rn. 30.

611 *Kingreen/Poscher*, Grundrechte, 39. Auflage, 2023, Rn. 952.

612 BVerfGE 128, 226, 250 ff.

613 Siehe für eine Darstellung unterschiedlicher Versammlungsformen: *Kloepfer*, Verfassungsrecht II, 2010, § 63, Rn. 25-34.

614 OVG Münster, BauR 2017, 533, 534; OVG Hamburg, NVwZ 2017, 1390, 1393 ff.; siehe hinsichtlich des Schutzes durch die Versammlungsfreiheit der Infrastruktur bei Protestcamps: *Fischer*, NVwZ 2022, 353.

615 *Jarass*, in: Jarras/Peiroth, GG, Art. 8, Rn. 10.

616 BVerfGE 84, 203, 209 f.

3. Zwischenergebnis: Umfassender Schutz der freien Kommunikation

Die Freiheit des Kommunikationsprozesses ist Leitgedanke und maßgeblicher Schutzzweck der Kommunikationsfreiheiten. Die einzelnen Freiheiten bilden einen umfassenden Rahmen, in dem auf unterschiedliche Art Gedanken frei zum Ausdruck gebracht werden können. Im Grundrechtsgefüge kommt ihnen eine besondere Stellung zu. Einerseits sind sie als Menschenrecht von zentraler Bedeutung für die Persönlichkeitsentfaltung; andererseits ermöglichen sie den Rahmen für den ständigen geistigen Austausch, den Kampf der Meinungen, und sind somit für die freiheitliche Demokratie von existenzieller Bedeutung.

Vom Schutzbereich der Meinungsfreiheit in Art. 5 I 1 Fall 1 GG ist primär das Werturteil geschützt, wobei keine inhaltliche Bewertung stattfindet. Auch scharfe und überspitzte Meinungen sind – gerade in der politischen Kommunikation – geschützt. Auch Tatsachen, sofern sie als Voraussetzung zur Meinungsbildung dienen oder mit Meinungen verbunden oder vermischt sind, genießen Schutz. Eine Ausnahme gilt für erwiesen oder bewusst unwahre Tatsachenäußerung. Die Meinungsfreiheit schützt auch die Form der Kundgabe; der Äußernde darf das wirksamste Mittel zur Verbreitung seiner Meinung verwenden. Die Grenze des Schutzbereiches ist dann überschritten, wenn die Meinung mit Druck- und Zwangsmittel geäußert und verbreitet wird.

Damit die Meinungsfreiheit ihre Wirkung vollständig entfalten kann, ist sie auf die Informationsfreiheit angewiesen. Diese gewährleistet sowohl das passive Empfangen als auch das aktive Beschaffen von Informationen. Gewährleistet wird auch die negative Komponente der Informationsfreiheit, also der Schutz vor zwanghaft aufgedrängter Meinungskundgabe.

Die Pressefreiheit verlangt stets einen pressespezifischen Bezug. Für die Einstufung eines Erzeugnisses als Presse ist die Herstellungstechnik, die ein zur Massenherstellung geeignetes Vervielfältigungsverfahren vorsehen muss, und die Bestimmung der Druckwerke für die Allgemeinheit, entscheidend; insbesondere handelt es sich um einen technologieneutralen Pressebegriff. Von besonderer Bedeutung ist der Schutz der journalistischen Arbeit als solche und die der redaktionellen Sphäre.

Unter den Massenkommunikationsmitteln kommt dem Rundfunk aufgrund seiner „Breitenwirkung, Aktualität und Suggestivkraft“ besondere

Bedeutung zu. Der Rundfunkfreiheit kommt daher für die demokratische Ordnung eine überragende Bedeutung zu. Der Rundfunkbegriff ist angesichts sich wandelnder technischer Realitäten dynamisch zu interpretieren, damit er seine normative Kraft bewahren kann. Insofern handelt es sich um einen in technischer Hinsicht entwicklungsoffenen Rundfunkbegriff, von welchem auch Online-Dienste umfasst sein können. Auch hier ist der Schutzumfang weit zu verstehen: Geschützt ist „jede Vermittlung von Information und Meinung" und alle mit der Veranstaltung von Rundfunkprogrammen zusammenhängenden Tätigkeiten.

In Abgrenzung zu den Kommunikationsfreiheiten in Art. 5 I GG verlangt die Versammlungsfreiheit die gemeinschaftliche Meinungsbildung und -kundgabe durch das Sich-Versammeln mindestens zweier Personen, die einen gemeinsamen Versammlungszweck verfolgen. Im Ergebnis setzt das Grundgesetz umfassenden grundrechtlichen Rahmen, in dem der Einzelne allein oder mit anderen mit oder ohne Nutzung medienspezifischer Instrumente frei kommunizieren kann.

II. Staatsorganisationsrechtliche Bestimmungen als systemischer Rahmen

Der Rahmen für den Meinungsbildungsprozess des Grundgesetzes wird nicht nur durch die Grundrechte, sondern auch durch staatsorganisationsrechtliche Bestimmungen gezogen.[617] Anders als die Grundrechte weisen diese Bestimmungen eine systemische Komponente auf. Die relevanten Bestimmungen sind das Demokratieprinzip nach Art. 20 I, II GG (1.), die Wahlrechtsgrundsätze nach Art. 38 I 1 GG (2.) und die Bestimmung über Parteien nach Art. 21 I GG (3.).

1. Demokratieprinzip

a. Grundentscheidung für die Demokratie

Art. 20 I GG legt fest, dass die Bundesrepublik Deutschland ein demokratischer und sozialer Bundesstaat ist. Art. 20 I GG enthält eine „Grundentscheidung für die Demokratie";[618] das Demokratieprinzip ist demnach ein

---

617 Mit Blick auf die öffentliche Meinung siehe: *Kloepfer*, in: HStR III, § 42, Rn. 44 ff.

618 *Grzeszick*, in: Dürig/Herzog/Scholz, GG, Art. 20, Rn. 10.

wesentliches Staatsstrukturmerkmal.[619] Der Demokratiebegriff ist – geprägt durch seine Weite und Offenheit[620] – nicht einheitlich und abschließend definierbar.[621] Der primäre Grund hierfür mag darin liegen, dass Demokratie eine interdisziplinäre Erscheinung ist.[622] Aber nicht nur der interdisziplinärer Zugriff, sondern auch die politische Aufladung des Begriffs erschweren die Begriffsdefinition; sie dient als „Projektionsfläche für politische Wünsche"[623] und ist ein „– niemals vollständig erfüllbares – Staatsziel bzw. Verfassungsprinzip."[624] Demokratie, die nach ihrem griechischen Wortursprung nach Volksherrschaft bedeutet,[625] ist aus verfassungsrechtlicher Sicht als die „Idee der freien Selbstbestimmung aller Bürger"[626] zu verstehen. Sie enthält die Vorstellung „politischer Freiheit in Gestalt der Selbstregulierung bzw. Selbstgesetzgebung."[627] Der einzelne Bürger soll nur der öffentlichen Gewalt ausgesetzt sein, die er auch legitimieren und beeinflussen kann.[628]
Diese Grundentscheidung für die Demokratie wird an verschiedenen Stellen im Grundgesetz konkretisiert. Schon Art. 20 II GG enthält zwei Konkretisierungen: Art. 20 II 1 GG enthält das Prinzip der Volkssouveränität, Art. 20 II 2 GG enthält das Prinzip der repräsentativen Demokratie.[629] Weiterhin ist in Art. 38 I GG das Prinzip der demokratischen Repräsentation festgeschrieben; Art. 21 GG bestimmt die Demokratie des Grundgesetzes als Parteiendemokratie.[630]

---

619 *Sommermann*, in: von Mangold/Klein/Starck, Art. 20, Rn. 92.

620 *Hesse*, Grundzüge des Verfassungsrechts der Bundesrepublik Deutschland, 20. Auflage, 1995, Rn. 127.

621 *Dreier*, in: Dreier, GG, Art. 20, Rn. 60; in diese Richtung auch: *Schliesky*, in: Schliesky/Schulz/Gottberg/Kuhlmann (Hrsg.), Demokratie im digitalen Zeitalter, 2016, S. 15.

622 *Dreier*, in: Dreier, GG, Art. 20, Rn. 60.

623 *Möllers*, Demokratie – Zumutungen und Versprechen, 2008, S. 9.

624 *Dreier*, in: Dreier, GG, Art. 20, Rn. 60 referiert: *Rhinow*, ZSR 103 II (1984), 111, 186: „Idee, Norm und Realität"; *Schmidt-Aßmann*, AöR 116 (1991), 329, 334 ff.: „Dogma, Prinzip und Idee"; *Badura*, in: HStR II, § 25, Rn. 41: „Staatsidee und Staatsideal".

625 Siehe nur: *Meier*, Entstehung des Begriffs Demokratie, 1970, S. 8 f.

626 BVerfGE 44, 125, 142; 107, 59, 92; dazu: *Böckenförde,* in: HStR II, § 24, Rn. 35 ff.

627 *Dreier*, in: Dreier, GG, Art. 20, Rn. 61.

628 *Grzeszick*, in: Dürig, GG, Art. 20, Rn. 10.

629 *Grzeszick*, in: Dürig/Herzog/Scholz, GG, Art. 20, Rn. 12.

630 *Grzeszick*, in: Dürig/Herzog/Scholz, GG, Art. 20, Rn. 13.

b. Demokratische Öffentlichkeit

Auch wenn es dem Normtext des Art. 20 GG nicht entnehmbar ist, ist die Öffentlichkeit staatlichen Handelns ein elementares Merkmal des Demokratieprinzips.[631] „Demokratie lebt von und verlangt nach Öffentlichkeit."[632] Sie ist „Lebensgesetz"[633], „notwendige Funktionsvoraussetzung"[634] der Demokratie. *Jestaedt* formuliert diesen Befund einprägsam wie folgt: „*Die freiheitliche Demokratie ist eine öffentliche – oder sie ist nicht.*"[635] Die Notwendigkeit dieser Bestimmung ergibt sich aus der Entscheidung für die repräsentative Regierungsform,[636] denn wird die Herrschaft durch Vertreter ausgeübt, haben Vertretene das Recht auf Informationen über die Arbeit der Vertreter.[637] Folglich fungiert die Öffentlichkeit als ein Kontrollinstrument:[638] Dadurch, dass der Souverän Kenntnis über die politischen Vorgänge hat, kann er durch die Beeinflussung der öffentlichen Meinung Einfluss auf diese ausüben.[639] *Von Sonnenfels* formuliert diesen Umstand wie folgt: „*Die Geschichte macht Regierungen bei der Zukunft, die öffentliche Meinung schon bei den Zeitgenossen verantwortlich.*"[640] Es entsteht ein „kontinuierlicher öffentlicher Diskurszusammenhang" zwischen Gewählten und Wählern, der es ermöglicht, Meinungen und Interessen herauszubilden und zu artikulieren.[641] Dieses

---

[631] Siehe für den Zusammenhang zwischen Demokratie und digitalisierter Öffentlichkeit: Spiecker gen. Döhmann/Westland/Campos (Hrsg.), Demokratie und Öffentlichkeit im 21. Jahrhundert – zur Macht des Digitalen, 2022; *Paschke*, Digitale Gerichtsöffentlichkeit, 2018, S. 76 f.

[632] *Kotzur*, in: von Münch/Kunig I, GG, Art. 20, Rn. 63.

[633] *Horn*, VVDStRL 68 (2009), 413, 418 unter Bezugnahme auf *Häberle*, Die Verfassung des Pluralismus, 1980, S. 126.

[634] *Klein/Schwarz*, in: Dürig/Herzog/Scholz, GG, Art. 42, Rn. 10.

[635] *Jestaedt*, AöR 1126 (2001), 204, 215.

[636] *Smend*, in: GS Jellinek, 1955, S. 11 ff., 16; *Morlok/Michael*, Staatsorganisationsrecht, 6. Auflage, 2023, § 11, Rn. 49; *Pieroth*, JuS 2010, 473, 479.

[637] BVerfGE 131, 152, 204 ff.; *Schliesky*, in: Morlok/Schliesky/Wiefelspütz (Hrsg.), Parlamentsrecht, § 5, Rn. 35 ff.; *Kißler*, in: Schneider/Zeh (Hrsg.), Parlamentsrecht und Parlamentspraxis, 1989, § 36, Rn. 5.

[638] *Pieroth*, JuS 2010, 473, 479.

[639] BVerfGE 40, 237, 249; 89, 155, 185; 103, 44, 63; *Wegener*, Der geheime Staat, 2006, S. 391 ff., 424 ff.; *Holznagel*, VVDStRL 68 (2009), 381, 383 ff.

[640] *von Sonnenfels*, Über die öffentliche Sicherheit oder von der Sorgfalt, die Privatkräfte gegen die Kraft des Staates in einem untergeordneten Verhältnis zu erhalten, 2011, S. 79.

[641] *Morlok*, in: Dreier, GG, § 42, Rn. 20.

Element ist auch wesentlich für das Vertrauen des Souveräns in die staatlichen Entscheidungen und somit auch für ihre Legitimität.[642] Angesichts der steigenden Komplexität und Menge der politischen Themen steigt auch die Bedeutung der Öffentlichkeit, denn nur das Verstandene schafft Vertrauen.[643] Es erscheint daher folgerichtig, dass das BVerfG die Bedeutung der freien Meinungsbildung für die Demokratie folgendermaßen formuliert: „*Demokratie setzt eine ständige freie Auseinandersetzung zwischen sich begegnenden sozialen Kräften, Interessen und Ideen voraus, in der sich auch politische Ziele klären und wandeln und aus der heraus eine öffentliche Meinung den politischen Willen vorformt.*“[644] Die Notwendigkeit der Öffentlichkeit betrifft alle Bereiche des staatlichen Handelns, also dies der Legislative (Art. 42 I 1 GG), der Exekutive (§ 1 I IFG) und der Judikative (§ 169 1 GVG).[645]

c. Demokratische Funktion der öffentlichen Meinung

Das Demokratieprinzip misst neben der Öffentlichkeit auch der öffentlichen Meinung eine enorme demokratische Bedeutung bei.[646] Letztere erfüllt mit ihrer Integrations-, Legitimations- und Kontrollfunktion wichtige demokratische Funktionen.[647] Mit einem „Fundamentalsatz des Grundgesetzes“[648] betont das BVerfG diese wie folgt: „*Ein demokratischer Staat kann nicht ohne freie und möglichst gut informierte öffentliche Meinung bestehen.*“[649] Die öffentliche Meinung ermöglicht einen Grundkonsenses als Voraussetzung für das Bestehen und Gelingen des freiheitlichen Staates des Grundgesetzes.[650] Die grundsätzliche Akzeptanz der Staatsordnung durch die öffentliche Meinung ist ein „notwendiges und sinngeben-

---

642 BVerfGE 40, 296, 327.

643 *Morlok*, in: Dreier, GG, § 42, Rn. 21.

644 BVerfGE 97, 350, 369.

645 *Grzeszick*, in: Dürig/Herzog/Scholz, GG, Art. 20, Rn. 24-34.

646 Bei den Begriffen Öffentlichkeit und öffentliche Meinung handelt es sich somit auch aus demokratietheoretischer Perspektive um zentrale Begriffe, siehe: Teil 1, B.

647 *Kloepfer*, in: HStR III, § 42, Rn. 15-19; *Pientak*, Die kommunale Sitzungsöffentlichkeit und ihre Ausnahmetatbestände, 2023, S. 65 ff.

648 *Hindelang*, Freiheit und Kommunikation, 2019, S. 160.

649 BVerfGE 27, 71, 81.

650 BVerfGE 44, 125, 147.

des Merkmal der Demokratie“ (Integrationsfunktion);[651] zudem erfüllt die öffentliche Meinung im gesellschaftlich-politischen Bereich eine legitimatorische Funktion, da die Staatsorgane über das Repräsentativsystem hinweg an die öffentliche Meinung gebunden sind.[652] Zuletzt kommt ihr eine wesentliche Bedeutung mit Blick auf die Kontrolle staatlicher Herrschaftsausübung zu. Diese vollzieht sich vornehmlich im gesellschaftlich-politischen Bereich, wo sie gesetzlicher Normierungen entzogen ist, wodurch sie maßgeblichen Einfluss auf die Entscheidungen staatlicher Organe entfalten kann.[653] Diese Funktionen kann die öffentliche Meinung aber nur erfüllen, wenn sie in einem freien und offenen Meinungsbildungsprozess zustande gekommen ist.[654]

d. Bereiche der Willensbildung: Volkswillens- und Staatswillensbildung

Die Gesamtwillensbildung in einer demokratischen Gesellschaft ist unterteilt in die Volkswillens- und Staatswillensbildung.[655] Dogmatischer Anknüpfungspunkt dieser Unterscheidung ist einerseits Art. 21 I GG, der die Willensbildung des Volkes behandelt, und Art. 20 II GG andererseits, der von der Bildung des Staatswillens handelt.[656] Die Volkswillensbildung *„vollzieht sich ungeregelt durch alle verfassungsrechtlich begrenzten Kompetenzräume hindurch unter Beteiligung aller Kräfte nach dem Maß ihres tatsächlichen Gewichts und Einflusses im gesellschaftlich-politischen Raum.“*[657] Demgegenüber entsteht die Staatswillensbildung durch Wahlen und Abstimmungen, die kompetenzrechtlich und auch mit Blick auf Verfahren und Form reguliert sind.[658] Trotz der Unterscheidung und Eigenständigkeiten darf jedoch nicht übersehen werden, dass nicht nur die öffentliche Meinung das Staatshandeln, sondern auch das Staats-

651 *Kloepfer*, in: HStR III, § 42, Rn. 15-19.
652 *Kloepfer*, in: HStR III, § 42, Rn. 17.
653 *Kloepfer*, in: HStR III, § 42, Rn. 17.
654 *Kloepfer*, in: HStR III, § 42, Rn. 12.
655 *Schmitt-Glaeser,* Der freiheitliche Staat des Grundgesetzes, 3. Auflage, 2016, § 38, Rn. 33.
656 BVerfGE 8, 104, 113; BVerfGE 20, 56, 98.
657 *Kloepfer*, in: HStR III, § 42, Rn. 20.
658 *Kloepfer*, in: HStR III, § 42, Rn. 19.

handeln die öffentliche Meinung beeinflusst;[659] zwischen beiden Bereichen herrscht eine unvermeidbare, zum Teil notwendige, Wechselbeziehung.[660] Im Fall der ordnungsgemäßen Durchführungen von Wahlen, also der unmittelbaren und konkreten Beteiligung des Volkes an der Staatswillensbildung, fällt sogar der Volkswille mit dem Staatswillen zusammen,[661] da das Volk „als Verfassungs- oder Kreationsorgan" selbst Staatsgewalt ausübt.[662]
Dabei ist zu berücksichtigen, dass es nicht den einen, *eigentlichen* Volkswillen gibt. Die demokratische Gesellschaft des Grundgesetzes ist eine plurale; in ihr existieren – geschützt durch die Grundrechte – so viele Willen und Meinungen, wie sie in der Gesellschaft tatsächlich existieren. Nur bei Wahlen nimmt dieses Willens- und Meinungsbündel eine vorübergehend verbindliche Form an; demgegenüber ist die Volkswillensbildung auch nach der Wahl dynamisch und plural. Folglich sind Aussagen, die exklusiv beanspruchen, den vermeintlich wahren Volkswillen zu repräsentieren, undemokratisch.[663] Die Demokratie lebt vom Nebeneinander aller Willen im Volk, sofern sie sich im weit gezeichneten Rahmen der grundgesetzlichen Demokratie bewegen.

e. Demokratisches Wahrheitsgebot

Fragen über die Demokratie betreffen primär Fragen der Volkssouveränität, Freiheit, Gleichheit und Öffentlichkeit; Fragender Wahrheit[664] gehören auf dem ersten Blick nicht dazu. Auf dem zweiten Blick ergibt sich aber eine notwendige Nähe der Wahrheit zur Demokratie: Da die Selbstbestimmung eines Volkes in der Demokratie in einer realen Welt stattfindet, kann sie nur erfolgreich sein, wenn sie auf der Grundlage von realen,

---

659 BVerfGE 8, 104, 113.

660 *Kloepfer*, in: HStR III, § 42, Rn. 22; *Schmitt-Glaeser,* Der freiheitliche Staat des Grundgesetzes, 3. Auflage, 2016, § 38, Rn. 36 m. w. N.

661 *Kloepfer*, in: HStR III, § 42, Rn. 21.

662 *Schmitt-Glaeser,* Der freiheitliche Staat des Grundgesetzes, 3. Auflage, 2016, § 38, Rn. 30.

663 Siehe vor diesem Hintergrund zur verfassungsrechtlichen Missbilligung eines materialisierten Volksbegriffs: *Möllers*, DER STAAT 62 (2023), 181 ff.

664 Siehe für das Verhältnis von Wahrheit und Recht jüngst: *Baade*, Wahrheit und Recht, 2023.

also wahren, Gegebenheiten operiert,[665] denn der politische Wettbewerb um Mehrheiten erfolgt in der Öffentlichkeit in kommunikativer Form, was den Austausch von Informationen und Meinungen voraussetzt. Durch diesen Wettbewerb soll sich eine Richtungsentscheidung für die Gesellschaft ergeben; diese kann sich aber nur sinnvoll ergeben, wenn sie auf einer gesicherten Tatsachengrundlage erfolgt. *Friedrich* stellt deshalb zutreffend fest: „*Demokratische Öffentlichkeit kann deshalb nur die richtige bzw. wahrheitsgemäß informierte, nicht hingegen die desinformierte Öffentlichkeit sein.*“[666]

Dieses Ergebnis unterstützt auch die hinter dem Grundgesetz in Ansätzen auffindbare Diskurstheorie und deliberative Demokratietheorie:[667] Bürger sollen in einem auf sachliche Gründe aufbauenden, also vernunftorientierten, öffentlichen Gespräch zu einem Konsens gelangen.[668] Ein mit sachlichen Gründen zu rechtfertigendes Ergebnis kann nur das wahre Ergebnis sein. Auch die Meinungsfreiheit, die für eine freiheitliche Demokratie „schlechthin konstituierend“ ist, unterscheidet zwischen Tatsachen und Meinungen.[669] Auf die demokratische Bedeutung der Unterscheidung zwischen Wahrheit und Unwahrheit weist *Gärditz* wie folgt hin: „*Auf die Unterscheidbarkeit von wahr und unwahr können nur totalitäre Ordnungen verzichten, deren Proprium es ist, alles zur politischen Konstruktion zu erklären, um sich auch noch des kritischen Faktentests als der letzten Bedrohung zu entledigen, wenn das Politische bereits gleichgeschaltet wurde.*“[670] Folglich sind demokratische Gesellschaften auf eine wahr-

---

665 *Gärditz*, Grundrechtsdogmatik auf dem Jahrmarkt der Wahrheiten?, Verfassungsblog, Beitrag vom 24.1.2022, abrufbar unter: https://verfassungsblog.de/grundrechtsdogmatik-auf-dem-jahrmarkt-der-wahrheiten/ (zuletzt abgerufen am: 08.09.2023).

666 *Friedrich*, AöR 146 (2022), 642, 651.

667 *Kaiser/Reiling*, in: Ungern/v. Ungern-Sternberg (Hrsg.), Demokratie und künstliche Intelligenz, 2019, S. 85, 94 mit Verweis auf: *Eifert*, JURA 2015, 356, 361; *Heldt*, Intensivere Drittwirkung, 2023, S. 141 m. w. N.

668 *Habermas*, Faktizität und Geltung, 2019, S. 388 f.

669 Siehe: Teil 3, B, I, 1, d, aa, bbb.

670 *Gärditz*, Grundrechtsdogmatik auf dem Jahrmarkt der Wahrheiten?, Verfassungsblog, Beitrag vom 24.1.2022, abrufbar unter: https://verfassungsblog.de/grundrechtsdogmatik-auf-dem-jahrmarkt-der-wahrheiten/ (zuletzt abgerufen am: 08.09.2023).

heitsgemäße Meinungsbildung angewiesen; die Wahrheit ist „als solche Gelingensvoraussetzung für die Demokratie."[671]

f. Demokratietheoretische Anreicherung: Anerkennung als Freie und Gleiche

Der Gehalt des Demokratieprinzips im Grundgesetz erschöpft sich nicht in den gesetzlichen Bestimmungen; vielmehr enthält es weitere Grundvoraussetzungen, die für die Realisierung einer demokratischen Ordnung elementar sind.[672] Einer dieser Grundvoraussetzungen betrifft den Meinungsbildungsprozess. Zwar ist Art. 20 I, II GG von seinem Wortlaut her für die Ausgestaltung des Meinungsbildungsprozesses wenig ergiebig, jedoch ist er – wie andere Bestimmungen des Grundgesetzes auch – in einen normativen Grundkontext eingebettet, der für die Wirklichkeit prägend ist.[673] Das Demokratieprinzip des Grundgesetzes lässt sich mit Blick auf den Meinungsbildungsprozess durch Aussagen der Diskurstheorie und deliberativen Demokratietheorie[674] anreichern. Diese beziehen sich vor allem auf das Verständnis der Demokratie als Interaktions- und Anerkennungszusammenhang.[675] Die gegenseitige Anerkennung als Freie und Gleiche, die gleichen Beteiligungsmöglichkeiten am politischen Prozess, die Reziprozität der Kommunikation und die Öffentlichkeit der Deliberation sind prägend für den demokratischen Meinungsbildungsprozess.[676]

---

[671] *Friedrich*, AöR 146 (2022), 642, 650; *Volkmann* bezeichnet die Demokratie in diesem Zusammenhang als „eine Form kooperativer Wahrheitssuche", siehe: *Volkmann*, Was ist Wahrheit?, in: FAZ Nr. 10 v. 13.1.2020, S. 6.

[672] *Grzeszick*, in: Dürig/Herzog/Scholz, GG, Art. 20, Rn. 14.

[673] *Krüper*, in: Unger/Ungern-Sternberg (Hrsg.), Demokratie und künstliche Intelligenz, 2019, S. 80 mit Verweis auf: *Volkmann*, in: Friauf/Höfling, GG, Art. 20, Rn. 13.

[674] Überblick bei: *Landwehr*, in: Lembcke u. a. (Hrsg.), Zeitgenössische Demokratietheorie, Band 1, 2012, S. 355 ff.

[675] *Volkmann* versteht die Demokratie als Ordnung komplementärer Relationen, wofür er ein dreigliedriges System entwickelt hat; danach ist die Demokratie als Anerkennungs-, Interaktions- und Verantwortungszusammenhang zu verstehen, siehe: *Volkmann*, Grundzüge einer Verfassungslehre der Bundesrepublik Deutschland, 2013, S. 241 ff.

[676] *Krüper*, in: Unger/Ungern-Sternberg (Hrsg.), Demokratie und künstliche Intelligenz, 2019, S. 81.

Mindestanforderungen an den Meinungsbildungsprozess sind aus demokratischer Sicht auch deshalb so bedeutsam, weil den Wahlen eine Diskussion über politische Ideen und Programme vorgehen muss, damit sich die Bürger umfassend informieren, eine Meinung bilden und dementsprechend wählen können. Wahlen ohne vorherige öffentliche Diskussion sind „Farce oder Fassade",[677] denn die Willensbildung muss sich vom Volk zu den Staatsorganen vollziehen und nicht umgekehrt.[678] Obgleich nur die Wahl „*Ursprung der grundgesetzlichen Legitimation und Ausgangspunkt der sog. Legitimationskette*" ist,[679] erlangt sie ihre legitimatorische Wirkung nur dann, wenn neben dem Akt der Stimmabgabe auch das Vorfeld der Stimmabgabe freiheitlich gestaltet ist.[680]
Der Prozess des freien Meinungsbildungsprozesses darf sich aber nicht auf das Vorfeld von Wahlen beschränken; vielmehr muss sie Entscheidungen übergreifen, sie muss ständiger Begleiter, Kontroll-, Kritik- und ggf. Revisionsinstanz jedweden politischen und staatlichen Handelns sein.[681] Der Wähler soll permanent an der politischen Meinungsbildung Einfluss üben können.[682]

2. Wahlen in der Demokratie

a. Funktion: Wahlen als grundlegender Legitimationsakt staatlicher Gewalt

Nach Art. 38 I 1 GG werden die Abgeordneten des Deutschen Bundestages in allgemeiner, unmittelbarer, freier, gleicher und geheimer Wahl gewählt. Mit dieser Bestimmung konkretisiert das Grundgesetz die Vorgabe des Art. 20 II 2 GG, wonach die vom Volke ausgehende Staatsgewalt nach Art. 20 II 1 GG in Wahlen und Abstimmungen ausgeübt wird.[683] Da Abstimmungen des Volkes über Sachentscheidungen auf Bundesebene gemäß Art. 29, 118, 118a GG nur bzgl. der Neugliederung

---

677 *Dreier*, in: Dreier, GG, Art. 20, Rn. 76.

678 Siehe nur: BVerfGE 132, 39, 50.

679 *Hindelang,* Freiheit und Kommunikation, 2019, S. 161 m. w. N.

680 BVerfGE 44, 125, 139; so auch: *Schmitt Glaeser*, in: HStR III, § 38, Rn. 31, 32 m. w. N.; *Hindelang,* Freiheit und Kommunikation, 2019, S. 161.

681 *Morlok*, in: Dreier, GG, Art. 20, Rn. 77 m. w. N.

682 BVerfGE 20, 56, 98.

683 *Magiera*, in: Sachs, GG, Art. 38, Rn. 75.

der Länder möglich ist, erlangt die Wahl zum Bundestag eine besondere Bedeutung.[684] Nur jene Wahlen stellen eine rechtsverbindliche Möglichkeit der Einflussnahme des Volkes auf die staatliche Willensbildung dar.[685] Durch sie wird „der permanente Prozess der Meinungs- und Willensbildung des Volkes“ in den staatlichen Bereich und somit in die Möglichkeit verbindlicher staatlicher Entscheidungsfindung überführt.[686] Deshalb werden Wahlen zum Bundestag als der „grundlegende Legitimationsmodus der staatlichen Gewalt“ betrachtet. Jede staatliche Maßnahme, mit denen der Bürger konfrontiert ist, muss sich auf den Willen des Volkes zurückführen lassen. Zwischen Staatsgewalt und Volk muss eine „ununterbrochene Legitimationskette“ existieren;[687] daneben dient die Wahl auch als Integrationsvorgang.[688] Durch die Wahl wird eine entscheidungsfähige Volksvertretung konstituiert und somit eine „integrative Repräsentanz“[689] hergestellt; ihre Herstellung als solche wird als eigenständiges Ziel von Wahlen betrachtet.[690]

b. Gehalt der Wahlrechtsgrundsätze für den Meinungsbildungsprozess

Wahlen können ihre staatslegitimierende Funktion nur erfüllen, wenn gewährleistet ist, dass der politische Wille der Wähler in den Wahlergebnissen zum Ausdruck kommt[691] – dafür existieren die Wahlrechtsgrundsätze.[692] Neben der Allgemeinheit, Unmittelbarkeit, Freiheit, Gleichheit und Geheimheit der Wahl in Art. 38 I 1 GG existiert mit der Öffentlichkeit der Wahl ein ungeschriebener Wahlrechtgrundsatz.[693] Nicht alle Wahlrechtsgrundsätze entfalten auch eine Relevanz für den Meinungsbildungsprozess. Die Allgemeinheit, Unmittelbarkeit und Geheimheit der

---

684 *Müller*, in: von Mangoldt/Klein/Starck, GG, Art. 38, Rn. 12.

685 *Morlok*, in: Dreier, GG, Art. 38, Rn. 51.

686 *Klein/Schwarz*, in: Dürig/Herzog/Scholz, GG, Art. 38, Rn. 67 m. w. N.

687 *Klein/Schwarz*, in: Dürig/Herzog/Scholz, GG, Art. 38, Rn. 69.

688 *Klein*, in: Dürig/Herzog/Scholz, GG, Art. 38, Rn. 69 m. w. N.

689 BVerfGE 95, 408, 420.

690 *Smend*, Staatsrechtliche Abhandlungen, 4. Auflage, 2010, S. 154.

691 *Morlok*, in: Dreier, GG, Art. 38, Rn. 56.

692 Siehe *Morlok*, in: Dreier, GG, Art. 38, Rn. 51.

693 BVerfGE 123, 39.

Wahlen betreffen nur Aspekte, die mit dem Wahlvorgang als solche verbunden sind. Die Freiheit, Gleichheit und Öffentlichkeit der Wahlen hingegen können auch für die Gestaltung des Meinungsbildungsprozesses fruchtbar gemacht werden.

aa. Freiheit der Wahlen

Die Freiheit der Wahl soll der Sicherung des Wählerwillens dienen; die wahre Präferenz der Wähler soll ungehindert und frei von Zwang ihren Ausdruck in der Wahlentscheidung finden,[694] da nur eine freie Wahl auch legitimierende Wirkung entfalten kann;[695] dazu gehört, dass der Wähler zwischen mehreren Kandidaten auswählen darf[696] und während der Stimmabgabe frei von Zwang und unzulässigem Druck bleibt.[697] Um die Freiheit der Wahl gewährleisten zu können, bedarf es des Grundsatzes der geheimen Wahl. Nur wenn der Wähler keine Sorge vor möglichen Repressalien aufgrund seiner Wahlentscheidung befürchten muss, kann er tatsächlich frei wählen.[698] Insofern sind die Freiheit und Geheimheit der Wahl funktionell miteinander verbunden.[699]
Der Begriff der Wahl ist dabei nicht nur auf den Akt der Stimmabgabe zu beschränken; vielmehr ist auch der davorliegende Zeitraum geschützt;[700] davon umfasst ist auch der Schutz der Willensbildung des Wählers im öffentlichen Meinungsbildungsprozess.[701] Es muss gewährleistet sein, „*dass der Wähler in einem freien, offenen Prozess der Willensbildung zu seiner Wahlentscheidung finden kann.*“[702] Derartige Beeinflussungen können sowohl durch private als auch durch staatlich Akteure erfolgen. Wahlbeeinflussung durch Private ist grundsätzlich zulässig; für einen demokratischen Prozess der politischen Willensbildung ist es sogar notwendig, dass

---

694 *Morlok*, in: Dreier, GG, Art. 38, Rn. 86.

695 BVerfGE 44, 125, 139; 73, 40, 85.

696 BVerfGE 47, 253, 283 f.; 95, 335, 350.

697 BVerfGE 44, 125, 139; 66, 369, 380; 124, 1, 24.

698 *Morlok*, in: Dreier, GG, Art. 38, Rn. 86.

699 BVerfGE 5, 85, 232.

700 *Strelen,* in: Schreiber, BWahlG, § 1, Rn. 24; siehe für die Freiheit Wahlvorschläge zu machen: BVerfGE 41, 399, 417; siehe für die Freiheit im Zusammenhang mit Kandidatenaufstellungen: BVerfGE 47, 253, 283.

701 BVerfGE 44, 125, 139.

702 BVerfGE 44, 125, 139; BVerfGE 79, 161, 165.

sich Bürger mit ihren Meinungen in die Diskussion einbringen und für diese Überzeugungsarbeit leisten;[703] auch aus grundrechtlicher Perspektive ist der „Meinungskampf“[704] im Wahlkampfzeiten nicht einzuschränken.[705] Eine Grenze hinsichtlich der Zulässigkeit ist dort zu ziehen, wo die Wahlbeeinflussung nach lebensweltlicher Betrachtung Zwangswirkung entfaltet.[706] Eine derartige Einflussnahme ist etwa bei einer Wählernötigung nach § 108 StGB, Wählertäuschung nach § 108a StGB oder Wählerbestechung nach § 108b StGB gegeben.[707] Neben diesen konkreten Verhaltensweisen handelt es sich immer um eine unzulässige Wahlbeeinflussung, „*wenn private Dritte, einschließlich Parteien und einzelnen Kandidaten, mit Mitteln des Zwangs oder Drucks die Wahlentscheidung beeinflusst haben oder wenn in ähnlich schwer wiegender Art und Weise auf die Wählerwillensbildung eingewirkt worden ist, ohne dass eine hinreichende Möglichkeit der Abwehr, zum Beispiel mit Hilfe der Gerichte oder der Polizei, oder des Ausgleichs, etwa mit Mitteln des Wahlwettbewerbs, bestanden hätte.*“[708]

bb. Gleichheit der Wahlen

Zweck des Wahlrechtsgrundsatzes der Gleichheit ist es, die Volkssouveränität des ganzen Volkes gleichermaßen zu verwirklichen.[709] Sie ist Ausdruck der Egalität der Demokratie.[710] Sie verschafft – unabhängig von den gesellschaftlichen Unterschieden – allen Bürgern formale Gleichheit bei der Stimmabgabe und trägt somit zur Repräsentativität und Integrationswirkung des Bundestages bei.[711] Mit Blick auf das aktive Wahlrecht weist die Wahlgleichheit zwei Komponenten auf: die Zählwert- und Er-

---

703 *Morlok*, in: Dreier, GG, Art. 38, Rn. 95.

704 *Morlok*, in: Dreier, GG, Art. 38, Rn. 95.

705 *Trute*, in: von Münch/Kunig, GG, Art. 38, Rn. 44.

706 BVerfGE 103, 111.

707 BVerfGE 103, 111, 132.

708 BVerfGE 103, 111, 132.

709 *Morlok*, in: Dreier, GG, Art. 38, Rn. 99.

710 *Nahrgang*, Der Grundsatz allgemeiner Wahl gem. Art. 38 Abs. 1 S. 1 GG als Prinzip staatsbürgerlicher Egalität, 2004, passim; siehe zur Gleichheit der Wahl im Zusammenhang mit Wahlsystemen: *Drossel*, Wahlsystem und Wahlgleichheit, 2021.

711 *Morlok*, in: Dreier, GG, Art. 38, Rn. 99.

folgswertgleichheit der abgegebenen Stimme.[712] Zählwertgleichheit bedeutet, dass jeder Wähler die gleiche Stimmenzahl hat; Erfolgswertgleichheit bedeutet, dass „jeder Wähler mit seiner Stimme auch den gleichen Einfluss auf die Zusammensetzung der zu wählenden Vertretung haben muss."[713] Auch der Grundsatz der Wahlrechtsgleichheit beschränkt sich nicht nur auf den Akt der Stimmabgabe; vielmehr erstreckt sich seine Anwendung auf alle Phasen des Wahlverfahrens[714] und somit auch auf das „Vorfeld der politischen Willensbildung."[715] Hier gewährleistet die Gleichheit der Wahl in Form des Rechts auf politische Chancengleichheit[716] einen fairen Wettbewerb in der politischen Auseinandersetzung.[717] In dogmatischer Hinsicht stellt die Wahlrechtsgleichheit einen besonderen Gleichheitssatz dar[718] und hebt sich insofern vom allgemeinen Gleichheitssatz des Art. 3 I GG ab.[719]

cc. Öffentlichkeit der Wahlen

Neben den geschriebenen Wahlrechtsgrundsätzen existiert mit der Öffentlichkeit der Wahl auch ein ungeschriebener Grundsatz; diesen hat das BVerfG in seinem Urteil zu Wahlcomputern aus Art. 38 GG i. V. m. Art. 20 I, II GG entwickelt.[720] Die Öffentlichkeit der Wahl wird als „Grundvoraussetzung für eine demokratische politische Willensbildung" betrachtet.[721] Die legitimatorische Wirkung von Wahlen kann sich nur durch das Vertrauen der Wähler in den ordnungsgemäßen Ablauf der Wahlen entfalten.[722] Dafür ist es notwendig, dass der Wahlvorgang nachvollziehbar

---

712 BVerfGE 129, 300, 318; 135, 259, 285; *Jarass*, in: Jarass/Pieroth, GG, Art. 38, Rn. 13.

713 BVerfGE 135, 259, 284.

714 *Klein*, in: Dürig/Herzog/Scholz, GG, Art. 38, Rn. 118.

715 BVerfGE 8, 51, 68; 14, 121, 132; 69, 92, 107.

716 *Kißlinger*, Das Recht auf politische Chancengleichheit, 1998, S. 91 ff.

717 *Morlok*, in: Dreier, GG, Art. 38, Rn. 99; *Towfigh*, Das Parteien-Paradox, 2015, S. 62: „Gleichheit ist Voraussetzung für eine unverfälschte Konstruktion des Gemeinwillens."

718 *Becht*, Die 5 %-Klausel im Wahlrecht, 1990, S. 60 ff.; *Jarass*, in: Jarass/Pieroth, GG, Art. 38, Rn. 3; *Sachs*, in: HStR V, § 126, Rn. 136.

719 BVerfGE 99, 1, 8.

720 BVerfGE 123, 39; siehe hierzu: *Schiedermair*, JZ 2009, 572; siehe zur Entwicklung dieses Grundsatzes: BVerfGE 121, 266, 291.

721 *Trute*, in: von Münch/Kunig I, GG, Art. 38, Rn. 92.

722 *Trute*, in: von Münch/Kunig I, GG, Art. 38, Rn. 92.

und kontrollierbar ist; dies ist wiederum nur möglich, wenn Wahlen „vor den Augen der Öffentlichkeit“ ablaufen.[723] Auch das Rechtsstaatsprinzip gebietet die Öffentlichkeit der Wahl, da es staatliche Machtausübung transparent und somit kontrollierbar macht.[724] Der Grundsatz der Öffentlichkeit der Wahl erstreckt sich auch auf das Vorfeld der Stimmabgabe, insbesondere auf den Prozess der öffentlichen Kommunikation der Parteien. Das Medium der Öffentlichkeit dient in einer für die Demokratie so sensiblen Phase wie eines Wahlkampfes als Forum für die Überprüfbarkeit von Äußerungen der Kandidaten und Parteien.[725] In den vergangenen Jahren ist zunehmend zu beobachten, dass durch den Einsatz technischer Mittel versucht wird, „*unterhalb der Schwelle der potentiellen öffentlichen Diskussionen einen klandestinen Einfluss auf die individuelle Wahlentscheidung zu nehmen.*“[726]

3. Parteien in der Demokratie

a. Bedeutung: Gelingensvoraussetzung für die grundgesetzliche Demokratie

Art. 21 I 1 GG bestimmt, dass Parteien bei der politischen Willensbildung des Volkes mitwirken; nach Satz 2 ist ihre Gründung frei. Ihre innere Ordnung muss nach Satz 3 demokratischen Grundsätzen entsprechen und sie müssen nach Satz 4 öffentlich Rechenschaft über Herkunft und Verwendung ihrer Mittel und Vermögen abgeben. Ausgehend vom reinen Wortlaut der Norm wird die enorme demokratische Bedeutung der Parteien nicht auf den ersten Blick deutlich. Aber schon bei einer systematischen Betrachtung des Art. 21 GG, der Art. 20 GG folgt, ist diese Bedeutung erkennbar.[727] Die besondere demokratische Bedeutung von Parteien ist auch daran erkennbar, dass Art. 21 I 1 GG eine Funktions-[728] bzw. Aufgabenzuweisung[729] an die Parteien enthält, was ansonsten nur bei

723 *Hahlen*, in: Schreiber, BWahlG, § 31, Rn. 2.

724 BVerfGE 123, 39, 69.

725 *Trute*, in: von Münch/Kunig I, GG, Art. 38, Rn. 93.

726 *Trute*, in: von Münch/Kunig I, GG, Art. 38, Rn. 93.

727 *Ipsen/Koch*, in: Sachs, GG, Art. 21, Rn. 7.

728 *Hesse*, VVDStRL 17 (1959), 15.

729 *Kunig*, in: von Münch/Kunig I, GG, Art. 21, Rn. 37.

staatlichen Einrichtungen der Fall ist.[730] Für die grundgesetzliche Demokratie sind Parteien existenziell: Ihre Existenz ist Gelingensvoraussetzung für die Volkssouveränität in Art. 20 II 1 GG und die Volkswillensbildung durch Wahlen und Abstimmungen nach Art. 20 II 2 GG.[731] Sie sind eine *„gebotene Spezifizierung der Volkssouveränität“* und *„zentrales Element der Ausgestaltung des Demokratieprinzips“*.[732] Es überrascht nicht, dass das BVerfG die Parteien als *„integrierende Bestandteile des Verfassungslebens“* bezeichnet.[733]Auch einfachgesetzlich werden Parteien als verfassungsrechtlich notwendiger Bestandteil der freiheitlichen Demokratie angesehen (§ 1 I 1 PartG). Vor diesem Hintergrund werden die Parteien zum Teil sogar als durch Art. 20 I, II GG mitgarantiert und somit von der Ewigkeitsklausel des Art. 79 III GG umfasst betrachtet.[734]

b. Verortung: Mittler zwischen Staat und Gesellschaft

Parteien sind „Faktoren des Verfassungslebens“;[735] ihnen kommt ein verfassungsrechtlicher Status zu.[736] Zugleich handelt es sich bei Parteien um „frei gebildete, im gesellschaftlich-politischen Raum wurzelnde Gruppen“.[737] Schon aus diesen Formulierungen wird die Schwierigkeit der Verortung von Parteien im demokratischen Verfassungsstaat deutlich.[738] Parteien sind eine zwischen Staat und Gesellschaft liegende Institution, die sich aufgrund ihrer Funktion zwar in einer besonderen Nähe zum Staat befinden, aber nicht Teil des Staates selbst sind.[739] Dies ergibt sich aus Art. 21 GG: Die Bestimmung über den verfassungsrechtlichen Status von Parteien bezieht sich auf alle Parteien, also auch auf solche, die auf-

---

730 *Streinz*, in: von Mangoldt/Klein/Starck, GG, Art. 21, Rn. 73.

731 *Ipsen*, Parteiengesetz, 2018, § 1, Rn. 2.

732 *Morlok*, in: Dreier, GG, Art. 21, Rn. 19.

733 BVerfGE 1, 208, 225.

734 *Ipsen*, in: Sachs, GG, Art. 21, Rn. 7; *Streinz*, in: von Mangoldt/Klein/Starck, GG, Art. 21 I, Rn. 7; *Klein*, in: Dürig/Herzog/Scholz, GG, Art. 21, Rn. 178.

735 BVerfGE 1, 208, 227.

736 BVerfGE 44, 125, 145; 73, 40, 85.

737 BVerfGE 20, 56, 101; 148, 11, 24.

738 *Klein*, in: Dürig/Herzog/Scholz, GG, Art. 21, Rn. 152 unter Verweis auf: *Ossenbühl*, BayVBl. 2000, 161, 162: „Quadratur des Kreises“.

739 BVerfGE 85, 264, 283, BVerfGE 148, 11, 24; *Hesse*, VVDStRL 17 (1959), 33: „Verbot einer Einfügung der Parteien in die organisierte Staatlichkeit“.

grund fehlenden Wahlerfolges nicht in den staatlichen Bereich hineinwirken können. Nicht die Parteien als solche, sondern nur die, die aufgrund Wahlen dazu legitimiert sind, haben Einfluss auf die staatliche Gewaltausübung.[740] Folglich sind Parteien zwischen Staat und Gesellschaft zu verorten; sie sind Mittler zwischen diesen Bereichen.[741] Dies ist durch einfachgesetzliche Regelung so bestimmt: § 1 II PartG sieht als eine Aufgabe von Parteien vor, dass diese für eine ständige und lebendige Verbindung von Volk und Staat sorgen.

c. Aufgabe: Mitwirkung bei der politischen Willensbildung des Volkes

Art. 21 I 1 GG bestimmt, dass Parteien bei der politischen Willensbildung des Volkes mitwirken. Dies ist die einzige Norm des Grundgesetzes, die die Willensbildung des Volkes in ihrem Wortlaut enthält. Schon daraus lässt sich die besondere Rolle der Parteien für den Ausdruck des politischen Volkswillens erkennen; deshalb werden sie aus funktioneller Sicht als „*Spezialzweckorganisationen zur Nutzung der demokratischen Inputstrukturen*“ verstanden.[742] Zugleich wird ihnen durch den Wortlaut der Norm Grenzen gesetzt: Parteien „wirken“ an der Willensbildung des Volkes „mit“; sie haben also kein Monopol auf politische Beeinflussung.[743] Neben den Parteien wirken u. a. Wählervereinigungen, Medien, Verbände und der einzelne Bürger an der politischen Willensbildung mit.[744]

Der Begriff „politische Willensbildung“ ist schrankenlos; zum einen kann jeder Gegenstand „politisch“ betrachtet werden und zum anderen werden der „Willensbildung“ keine Grenzen gesetzt. Die demokratische Willens-

---

740 *Ipsen/Koch*, Sachs, GG, Art. 21, Rn. 10.

741 *Kunig*, in: HStR III, 2005, § 40, Rn. 76; siehe jüngst dazu: *Sydow*, in: Masing/Jestaedt/Jouanjan/Capitant (Hrsg.), Die politischen Parteien als Mittler der Demokratie, 2024, S. 1 ff.

742 *Morlok*, in: Ipsen (Hrsg.), 40 Jahre Parteiengesetz, 2009, S. 53 ff.; siehe hinsichtlich aktueller Entwicklungen im Realbereich der Parteienlandschaft aus verfassungsrechtlicher Sicht: *Kaiser*, VVDStRL 2022, 117 ff.

743 BVerfGE 85, 264, 284; *Köppler*, Die Mitwirkung bei der politischen Willensbildung des Volkes, 1974, S. 82 ff.

744 *Morlok*, in: Dreier, GG, Art. 21, Rn. 26.

bildung ist auch geprägt durch ihre prinzipielle Offenheit; jedes Thema kann Gegenstand der politischen Willensbildung sein.[745] Die konkrete Form der Mitwirkung an der politischen Willensbildung gestaltet sich vielfältig; das gesamte politische Leben wird von Parteien inhaltlich und strukturell geprägt. Die einzelnen Funktionen von Parteien werden in § 1 II PartG aufgezählt.[746] Im Vordergrund stehen dabei die „Erfassung, Aggregation und Artikulation" von Meinungen in der Bevölkerung und die Formulierung dieser in konkrete politische Ziele.[747] Weiterhin kommt Parteien auch eine Transformationsfunktion zu, indem sie die politische Meinung der Bevölkerung zu verbindlichen staatlichen Entscheidungen führen.[748] Dies geschieht vor allem durch die Beteiligung an Wahlen. Parteien haben somit bei der Durchführung von Wahlen eine tragende Rolle, weshalb sie auch als „Wahlvorbereitungsorganisationen" bezeichnet werden.[749] Die Beteiligung an Wahlen ist ein notwendiges Element, um den Parteistatus zu erlangen. „*Wahlen waren und sind das Haupttätigkeitsfeld der Parteien*", auch wenn sie kein Monopol auf das Wahlvorschlagsrecht haben.[750] Durch die Auswahl von Kandidaten und die Beteiligung an Wahlen tragen Parteien den politischen Volkswillen verbindlich in den staatlichen Bereich; es findet eine institutionalisierte Willensbildung in die Regierung und das Parlament hinein statt. Parteien wirken aber auch im nicht-institutionalisierten Bereich der Willensbildung mit, der den Wahlen vorausgestellt ist. Dies ist der Bereich, in dem die öffentliche Auseinandersetzung stattfindet, in dem der politische Wille vorgeformt wird.[751] Dieser Prozess endet aber nicht mit den Wahlen; vielmehr findet er permanent statt und dient als Kontrollinstrument gegenüber der Politik. Da Parteien als „Organe der Einflussnahme auf das politische Geschehen"[752] ein Interesse an der größtmöglichen Beeinflussung der politischen Geschehen in ihrem Sinne haben, ist es „*[e]in charakteristisches Moment*

---

[745] *Streinz*, in: von Mangoldt/Klein/Starck, GG, Art. 21, Rn. 77 mit Verweis auf: *Kunig*, in: HStR III, § 40, Rn. 21.

[746] Kritisch zu diesem Katalog: *von Arnim*, DÖV 2007, 221 ff.

[747] *Morlok*, in: Dreier, GG, Art. 21, Rn. 21.

[748] *Morlok*, in: Dreier, GG, Art. 21, Rn. 21

[749] BVerfGE 91, 276, 285.

[750] *Streinz*, in: von Mangoldt/Klein/Starck, GG, Art. 21, Rn. 79.

[751] *Streinz*, in: von Mangoldt/Klein/Starck, GG, Art. 21, Rn. 81.

[752] Insgesamt dazu: *Morlok*, in: Dreier, GG, Art. 21, Rn. 21.

aller Parteitätigkeit" sich an der Öffentlichkeit zu orientieren, um die öffentliche Meinung beeinflussen zu können.[753]

d. Status der Parteien

Die Funktionserfüllung der Parteien erfordert gewisse Rechte und Pflichten, die in Art. 21 I GG festgeschrieben sind und deshalb auch als „Status politischer Parteien"[754] bezeichnet werden. Daraus leitet *Hesse* den dreigliedrigen Status der Freiheit, Gleichheit und Öffentlichkeit der Parteien ab;[755] *Morlok* ergänzt die innerparteiliche Demokratie als viertes Element des Parteienstatus.[756]

aa. Freiheit der Parteien

Art. 21 I 2 GG gewährleistet die Gründungsfreiheit von Parteien. In dogmatischer Hinsicht stellt es ein Individualgrundrecht[757] dar und umfasst neben der Freiheit der Gründung auch die Freiheit der Betätigung von Parteien, die durch die einschlägigen Grundrechte geschützt werden. Bei der Auslegung der Grundrechte sind die besonderen Ausprägungen des Art. 21 GG einzubeziehen.[758] Ohne die Gewährleistung der Betätigungsfreiheit würde die Gründungsfreiheit leerlaufen, denn mit dieser ist das Recht verbunden, sich betätigen zu dürfen.[759] Die Gründungsfreiheit gewährleistet die Gründung einer Partei ohne dass ein staatlicher Mitwirkungs- bzw. Zulassungsakt notwendig ist.[760] Von der allgemeinen Betätigungsfreiheit sind alle parteipolitische Betätigungen, die nicht durch andere Grundrechte geschützt werden, geschützt.[761] Sie kann zwar in die

---

753 *Morlok*, in: Dreier, GG, Art. 21, Rn. 21.

754 *Matz*, JöR 1 N.F. (1951), 202 ff.

755 *Hesse*, VVDStRL 17 (1959), 11, 27 ff.

756 *Morlok*, in: Dreier, GG, Art. 21, Rn. 46 f.

757 *Ipsen/Koch*, in: Sachs, GG, Art. 21, Rn. 29; *Streinz*, in: Mangoldt/Klein/Starck, GG, Art. 21, Rn. 99; *Seifert*, Die politische Parteien im Recht der Bundesrepublik Deutschland, 1975, S. 111; a. A. *Morlok*, in: Dreier, GG, Art. 21, Rn. 49, der in Art. 21 I eine objektivrechtliche Gewährleistung mit subjektiv-rechtlicher Anreicherung sieht.

758 *Kunig*, in: HStR III, § 40, Rn. 92.

759 *Volkmann*, in: Friauf/Höfling, GG, Art. 21, Rn. 40; *Frotscher*, DVBl. 1985, 917, 923; *Streinz*; von Mangoldt/Klein/Starck, GG, Art. 21, Rn. 107.

760 *Hillgruber*, in: HGR V, § 118, Rn. 32; *Kunig*, in: von Münch/Kunig I, Art. 21, Rn. 45.

761 *Grimm*, in: HdbVerfR, § 14, Rn. 33.

Programmfreiheit, Wettbewerbsfreiheit und Finanzierungsfreiheit kategorisiert werden, allerdings ist sie nicht auf diese Bereiche beschränkt. Sie umfasst jegliche Betätigungsformen, sofern sie eine Einflussnahme auf die politische Willensbildung bezweckt.[762] Da die Mitwirkung an der politischen Volkswillensbildung Aufgabe der Parteien ist, ist auch die „Freiheit der Willensbildung" geschützt.[763] Schranken für die Parteienfreiheit ergeben sich nur aus der Verfassung selbst.
Um die Funktionserfüllung der Parteien zu gewährleisten, sind den Parteien durch das Grundgesetz Verpflichtungen auferlegt: die Verpflichtung auf die innerparteiliche Demokratie nach Art. 21 I 3 GG und das Gebot zur öffentlichen Rechenschaftslegung nach Art. 21 I 4 GG. Neben diesen parteispezifischen Schranken ziehen auch allgemeine Schranken in Form verfassungsimmanenter Schranken und die besonderen Schranken des jeweiligen Grundrechts der Parteienfreiheit Grenzen; dabei sind die modifizierenden Auswirkungen des Art. 21 I GG im Sinne einer Grundrechtsverstärkung – insbesondere aber nicht nur bei Wahlkämpfen – zu berücksichtigen.[764]

bb. Gleichheit der Parteien

Aus der Gewährleistung der Gründungsfreiheit der Parteien ergibt sich die Möglichkeit, dass jederzeit neue Parteien gegründet werden und als Akteure die politische Bühne betreten (Mehrparteiensystem).[765] Der Wettbewerb um die besten politischen Konzepte mit dem Ziel, die meisten Wählerstimmen erhalten zu können, ist kennzeichnend für das grundgesetzliche Demokratiemodell. Dass Parteien miteinander konkurrieren, ist „verfassungsgewollt";[766] die Demokratie des Grundgesetzes ist auch eine „Wettbewerbsdemokratie". Um einen funktionsgerechten Wettbewerb gewährleisten zu können, bedarf es der Gleichheit der Wettbewerbsbedingungen; Gleichheit der Parteien meint also Gleichheit der

---

762 *Morlok*, in: Dreier, GG, Art. 21, Rn. 56.

763 *Jarass*, in: Jarass/Peiroth, GG, Art. 21, Rn. 18.

764 Insgesamt dazu: *Morlo*k, in: Dreier, GG, Art. 21, Rn. 66; *Streinz*, in: von Mangoldt/Klein/Starck, GG, Art. 21, Rn. 118.

765 *Laude*, Automatisierte Meinungsbeeinflussung, 2021, S. 232.

766 *Schröder*, in: HGR V, 2013, § 119, Rn. 14 ff., 48 ff.

Chancen[767]– sie ist eine „Startgleichheit“ und keine Ergebnisgleichheit.[768] Dieser Grundsatz gehört zur „demokratisch egalitären Grundlage unserer Verfassungsordnung“.[769]

So anerkannt die Chancengleichheit in Rechtsprechung und Literatur ist, so umstritten ist ihre dogmatische Herleitung.[770] Das BVerfG hat die Chancengleichheit im Einzelfall unterschiedlich begründet und in einen Komplex aus Mehrparteiensystem, Gründungsfreiheit, allgemeinem Gleichheitssatz und Wahlgleichheit, eingeordnet.[771] Die Chancengleichheit der Parteien ist ein objektiv-rechtliches Prinzip, das subjektiv-rechtlich ausgeformt ist und i. V. m. Art. 3 I GG ein Grundrecht darstellt. Dadurch soll die Freiheit und Offenheit des demokratischen Willensbildungsprozesses gewährleistet werden; jeder Bürger soll die gleiche Möglichkeit der Einflussnahme auf politische Entscheidungen haben.[772] Die Chancengleichheit „gewährleistet also ein gleiches Maß an Selbstbestimmung durch Teilhabe am politischen Prozess.“[773] Dabei ist der Gleichheitssatz streng und formal anzuwenden;[774] die Strenge bezieht sich auf die Höhe der Rechtfertigungen bei Ungleichbehandlungen und die Formalität bezieht sich auf die Irrelevanz der politischen Inhalte.[775] Inhaltlich erschöpft sich der Anwendungsbereich nicht auf Wahlen und deren Vorbereitungen, sondern erstreckt sich auf den gesamten Prozess

---

767 *Schröder*, in: HGR V, § 119, Rn. 58 ff.; *Kersten*, in: Kersten/Rixen, PartG, § 1, Rn. 62; *Tsatsos/Morlok*, Parteienrecht, 1982, S. 85 ff.; BVerfGE 111, 382, 403 f.

768 *Schoch*, DVBl. 1988, 863, 880; *Schwerdtner*, DÖV 1990, 14, 16.

769 BVerfGE 8, 51, 64 f.; siehe auch: BVerfGE 120, 82, 104: „Das Recht auf Chancengleichheit der Parteien versteht sich deshalb als Bestandteil der demokratischen Grundordnung von selbst.“

770 Siehe für einen Überblick: *Kißlinger*, Das Recht auf politische Chancengleichheit, 1998, S. 17 ff.

771 *Lee*, Chancengleichheit der politischen Parteien, 1994, S. 9; die Begründungsansätze in der Literatur sind vielfältiger: Art. 21 GG eo ipso; Art. 21 I 1, 2 GG i. V. m. dem Demokratieprinzip gemäß Art. 20 I GG und Art. 28 I 1 GG; Wahlgleichheit gemäß Art. 38 I 1 GG und Art. 28 I 2 GG; Gründungsfreiheit aus Art. 21 I 2 GG im engen Zusammenhang mit Mehrparteiensystem und Wahlgleichheit gemäß Art. 3 I GG i. V. m. Art. 21 I 1, 2 GG, siehe: *Streinz*, in: von Mangoldt/Klein/Starck, GG, Art. 21, Rn. 119 m. w. N.

772 Insgesamt dazu: *Kißlinger*, Das Recht auf politische Chancengleichheit, 1998, S. 75 ff.; *Morlok*, in: Dreier, GG, Art. 21, Rn. 81.

773 *Morlok*, in: Dreier, GG, Art. 21, Rn. 81.

774 BVerfGE 6, 273, 280; 44, 125, 146; 111, 382, 398 ff.

775 *Morlok*, in: Dreier, GG, Art. 21, Rn. 82.

der politischen Willensbildung, also auch auf die wettbewerbsorientierte politische Kommunikation.[776]

cc. Öffentlichkeit der Parteien

Art. 21 I 4 GG verpflichtet die Parteien, über die Herkunft und Verwendung ihrer Mittel sowie ihr Vermögen öffentlich Rechenschaft abzulegen. Die Verpflichtungen, die sich aus dem Status der Öffentlichkeit ergeben, erschöpfen sich nicht auf das Publizitätsgebot in Finanzfragen; aus der Pflicht zur öffentlichen Rechenschaftslegung wird ein allgemeines Publizitätsgebot abgeleitet, wonach auch die Satzung, das Programm und periodische Tätigkeitsberichte veröffentlicht werden müssen.[777] Diese Ableitung erscheint mit Blick auf die Aufgabe der Parteien, an der politischen Willensbildung mitzuwirken, nur konsequent. Das Demokratieprinzip im Grundgesetzt setzt Öffentlichkeit voraus; Öffentlichkeit ist ein Wesensmerkmal des grundgesetzlichen Meinungsbildungsprozesses.[778] Dieser Ansatz rührt daher, dass die Öffentlichkeit ein wichtiger Bestandteil des Demokratieprinzips ist und über Art. 21 I 3 GG auch für die innere Ordnung der Parteien gilt.[779] Für seine Entscheidungsbildung soll sich der Bürger als „elementare politische Bestimmungsmacht in der Demokratie“ selbst über die Faktoren in Kenntnis setzen, die die Politik in einer Partei bestimmen.[780] Vor diesem Hintergrund legt § 6 III PartG fest, dass das Programm, die Satzung einer Partei und die Namen der Vorstandsmitglieder dem Bundeswahlleiter mitzuteilen sind. Darüber hinaus sind Parteitage als wichtigste Veranstaltungen grundsätzlich öffentlich zu veranstalten; nur ausnahmsweise kann die Öffentlichkeit ausgeschlossen werden.[781] Aus der Bestimmung in Art. 21 I 3 GG, dass die innere Ordnung von Parteien demokratischen Grundsätzen entsprechen muss, ist zu

776 *Lipphardt*, Die Gleichheit der politischen Parteien vor der öffentlichen Verwaltung, 1975, S. 693.

777 *Hesse*, VVDStRL 17 (1959), 11, 27 ff., 44 ff.; *Klafki*, in: von Münch/Kunig I, GG, Art. 21, Rn. 89.

778 BVerfGE 70, 324, 358.

779 *Klein*, in: Dürig/Herzog/Scholz, GG, Art. 21, Rn. 319; siehe für die Öffentlichkeit von Parteitagen, Parteischiedsgerichten und Kandidatenaufstellungen jüngst: *Jürgensen*, Politische Parteien und Öffentlichkeit, 2022, S. 214 ff.

780 *Morlok*, in: Dreier, GG, Art. 21, Rn. 111.

781 *Morlok*, in: Dreier, GG, Art. 21, Rn. 120.

entnehmen, dass das Öffentlichkeitsgebot auch innerparteilich gelten muss.[782] Die genaue Ausgestaltung der internen Publizität ist den Parteien überlassen.[783] § 9 V PartG schreibt allerdings vor, dass mindestens alle zwei Jahre ein Tätigkeitsbericht vorzulegen ist.

5. Zwischenergebnis: Freie, gleichberechtigte und öffentliche politische Willensbildung

Anders als der grundrechtliche Rahmen geben die staatsorganisationsrechtlichen Bestimmungen einen systemischen Rahmen für den öffentlichen Meinungsbildungsprozess vor, in dem nicht die Kommunikation als Regelungsgestand im Vordergrund steht. Das Demokratieprinzip beinhaltet zunächst die Vorgabe, dass staatliches Handeln öffentlich sein muss. Dies ist für den Meinungsbildungsprozess bedeutsam, weil der öffentlichen Meinung auch eine Kontrollfunktion gegenüber politischen Entscheidungsträgern zukommt. Eine kritische öffentliche Meinung kann sich nur dann bilden, wenn sie über das staatliche Handeln informiert ist. Weiterhin ist dem Demokratieprinzip ein Wahrheitsgebot zu entnehmen, denn Kerngegenstand der Demokratie ist die Selbstbestimmung eines Volkes, die unter realen, also wahren Gegebenheiten existiert, weshalb auch der politische Wettbewerb um die Wählerstimmen wahrheitsgemäß stattfinden muss. Zuletzt kann das Demokratieprinzip durch die theoretische Anreicherung der Diskurstheorie für den Meinungsbildungsprozess fruchtbar gemacht werden.

Neben dem Demokratieprinzip entfalten die Wahlgrundsätzen der Freiheit, Gleichheit und Öffentlichkeit eine Relevanz für den Meinungsbildungsprozess, indem sie sich nicht auf den Akt der Stimmabgabe beschränken, sondern auch auf das Vorfeld ausstrahlen. Die Freiheit der Wahl wirkt sich auf den Meinungsbildungsprozess dahingehend aus, dass der Wähler in einem freien Prozess seine Meinung und seinen Wahlwillen entwickeln können soll. Meinungsbeeinflussung durch Parteien und Private ist in diesem Prozess vorgesehen; ihre Grenze findet sie, wenn die Beeinflussung eine Zwangswirkung entfaltet. Der Wahlgrundsatz der Gleichheit gewährleistet im Meinungsbildungsprozess einen chancenglei-

---

[782] *von Daniels*, Das Recht auf Auskunft und Gehör in politischen Parteien, 2007.

[783] *Streinz*, in: von Mangoldt/Klein/Starck, GG, Art. 21, Rn. 178.

chen politischen Wettbewerb. Die Öffentlichkeit der Wahl verlangt, dass die Meinungsbildungsphase vor der Stimmabgabe öffentlich sein muss, damit die Wähler die Äußerungen der Parteien überprüfen können.

Die einzige grundgesetzliche Bestimmung, die die Volkswillensbildung in ihrem Normtext aufweist – auch wenn nur als Aufgabenzuweisung für die Parteien – ist Art. 21 I 1 GG. Parteien gehören weder ausschließlich dem Bereich der Gesellschaft noch dem des Staates an; sie sind Mittler und Bindeglied zwischen beiden Bereichen. Auch wenn sie eine besondere Bedeutung bei der politischen Willensbildung haben, haben sie kein Monopol auf ebenjene; sie wirken (nur) mit. Dennoch wird das gesamte politische Leben von Parteien geprägt. Ihr Haupttätigkeitsfeld ist die Teilnahme an Wahlen. Um diese Aufgabe erfüllen zu können, schreibt Art. 21 I GG Rechte und Pflichten der Parteien fest. Dazu gehören Freiheit, Gleichheit und Öffentlichkeit der Parteien sowie deren innerparteiliche Demokratie. Die Freiheit der Parteien gewährleistet die Gründungs- und Betätigungsfreiheit von Parteien. Von der Betätigungsfreiheit ist jede parteipolitische Betätigung umfasst; die Gründungsfreiheit ermöglicht es, dass sich neue Parteien gründen – folglich sieht das Grundgesetz ein Mehrparteiensystem vor, in dem die Parteien miteinander konkurrieren. Um diesen Wettbewerb funktionsgerecht gestalten zu können bedarf es der Chancengleichheit. Dadurch soll der demokratische Willensbildungsprozesses offen für jeden Bürger sein; alle sollen die gleichen Startmöglichkeit bei der Einflussnahme auf politische Entscheidungen haben. Dieses Prinzip erstreckt sich auf den gesamten Prozess der politischen Willensbildung und somit auch auf die politische Meinungsbildung im Vorfeld der Wahl. Zuletzt verpflichtet der Status der Öffentlichkeit die Parteien, über Herkunft und Verwendung ihrer Mittel sowie über ihr Vermögen und darüber hinaus ihre Satzung sowie ihr Programm öffentlich zu machen. Wenn Parteien an der politischen Willensbildung mitwirken wollen, müssen sie ihre Tätigkeit in der Öffentlichkeit durchführen. Der Bürger soll für seine Meinungsbildung alle Faktoren kennen können, die die Politik in einer Partei bestimmen. Im Ergebnis lässt sich festhalten, dass die staatsorganisationsrechtlichen Bestimmungen einen systemischen Rahmen zeichnen, der im Unterschied zum grundrechtlichen Rahmen die politische Meinungs- und Willensbildung in den Fokus stellt. Dieser soll in einem freien, gleichberechtigten und öffentlichen Meinungsbildungsprozess entstehen und sich entwickeln.

C. Ergebnis: Die Charakteristika des Meinungsbildungsprozesses des Grundgesetzes

1. Bezeichnend für den grundgesetzlichen Meinungsbildungsprozess ist zunächst seine Nichtregelung. Er ist kein eigenständiger Regelungsgegenstand im Grundgesetz; vielmehr wird seine Existenz vorausgesetzt. Grundrechtliche und staatsorganisationsrechtliche Bestimmungen geben einen Regelungsrahmen vor, in dem die Meinungsbildung stattfinden soll.

2. Dieser Rahmen ist in erster Linie gekennzeichnet durch die Freiheit der Kommunikation. Sowohl in grundrechtlicher Hinsicht als auch in systemischer Hinsicht ist die freie Kommunikation der zentrale Leitgedanke. Seine Gedanken ohne Sorge vor Konsequenzen frei äußern zu können, ist für den Menschen als geistiges Wesen Lebensluft und für die Demokratie als eine Herrschaftsform, in der der Wille des Souveräns in den staatlichen Bereich gebracht werden soll, notwendige Voraussetzung.

3. Als Form der Kommunikation sieht das Grundgesetz die geistige Auseinandersetzung vor; diese soll durch den Austausch von Argumenten erfolgen. Der Gegenüber soll durch die Kraft des Argumentes überzeugt werden. Dies bedeutet gewiss nicht, dass keine besonderen kommunikative Mittel genutzt werden können; es ist legitim, das Instrument zu verwenden, von dem sich der Äußernde die maximale Wirkung verspricht, allerdings müssen sie der Vermittlung des Argumentes dienen. Die geistige Mühe für das inhaltlich stärkere Argument ist das zentrale Handwerkzeug der Diskussionskultur grundgesetzlicher Prägung.

4. Ein weiteres Charakteristikum des Meinungsbildungsprozesses im Grundgesetz ist das Prinzip der Chancengleichheit. Das Ringen um die inhaltlich besten Argumente ist ein kommunikativer Wettbewerb. Dieser Wettbewerb muss chancengleich gestaltet sein, wenn das Ziel der öffentlichen Meinungsbildung – ein gesellschaftlicher Konsens zu einem Thema – erreicht werden soll. Das Grundgesetz zeichnet folglich nicht das Bild einer öffentlichen Diskussion, in der bestimmte Kommunikatoren aufgrund eines bestimmten Status

per se eine kommunikative Besserstellung erleben als andere. Jeder, der sich an der öffentlichen Diskussion beteiligt, soll die Möglichkeit der chancengleichen Teilhabe haben. Der Grund einer stärkeren Position in der Kommunikation soll kommunikativer Natur sein.

5. Charakteristisch am grundgesetzlichen Meinungsbildungsprozess ist auch, dass er in der Öffentlichkeit stattfindet. Die Öffentlichkeit dient als Medium für die Meinungsbildung. Hier soll jeder, der möchte, zu jeder Angelegenheit sprechen können. Eine über den Einzelnen hinausgehende Bedeutung für die Demokratie erlangt die Öffentlichkeit als Ort, in dem die Politik und der Staat kritisiert und kontrolliert werden können. Um dieses Kontrollinstrument sinnvoll nutzen zu können, verlangt das Grundgesetz in staatsorganisationsrechtlicher Hinsicht die Öffentlichkeit des staatlichen Handelns, der Wahlen und der Parteien. Die Öffentlichkeit ist ergo eine notwendige Gelingensvoraussetzung für einen demokratischen Staat.

6. Ein weiteres kennzeichnendes Merkmal für den Meinungsbildungsprozess grundgesetzlicher Prägung ist die wahrheitsgemäß geführte Kommunikation. Die Freiheit der Kommunikation – die hier an oberster Stelle als Charakteristikum angeführt wird – gestattet nicht die Lüge. Dies verlangt, das Ziel der öffentlichen Meinungsbildung: Durch die öffentliche Diskussion sollen sich zu verschiedenen Themen Ergebnisse und Richtungsentscheidungen entwickeln, die durch Wahlen in den staatlichen Bereich geführt werden. Diese Funktion kann die öffentliche Meinungsbildung nur erfüllen, wenn sie wahrheitsgemäß und konstruktiv geführt wird. Das Merkmal der wahrheitsgemäßen Kommunikation beschränkt sich nicht auf den Inhalt der Äußerung, sie strahlt auf die Person des sich Äußernden aus. Im Grundsatz gilt: Wer sich öffentlich äußert, muss dabei seine eigene reale Identität offenbaren. Nur ausnahmsweise ist die Verwendung anonymer oder pseudonymer Äußerungen legitim; in diesen Fällen ist dann aber bekannt, dass es sich um anonyme oder pseudonyme Äußerungen handelt. Die Täuschung über die (menschliche) Identität entspricht folglich nicht dieser Vorgabe.

7. Ein weiteres Merkmal der grundgesetzlichen Meinungsbildung ist ihr Prozesscharakter. Die öffentliche Meinung, die sich zu einem Thema entwickelt, ist nur ein vorübergehendes Ergebnis. Die Diskussion über ein Thema ist nie abgeschlossen; zu einer späteren Zeit kann sich zum gleichen Thema eine andere öffentliche Meinung herausbilden. Folglich wäre es auch verfehlt, von einem bestimmten festen „Willen des Volkes“ auszugehen.

8. Der Meinungsbildungsprozess des Grundgesetzes ist – entsprechend seinem Menschenbild – sowohl auf die Kommunikation als Individuum als auch auf die Kommunikation in der Gemeinschaft ausgelegt. Dies zeigt sich etwa im besonderen Schutz der Kommunikation in der Gemeinschaft durch die Versammlungsfreiheit.

9. Der gesamtgesellschaftliche Meinungsbildungsprozess unterteilt sich in die Bereiche der Volkswillensbildung und Staatswillensbildung. Die Volkswillensbildung muss frei von staatlichem Einfluss entstehen und dann durch Wahlen verbindlich in die Staatswillensbildung übergehen. Nur ein frei vom staatlichen Einfluss entstandener Volkswille kann eine legitimatorische Kraft in der Staatswillensbildung entfalten. Dabei ist zu berücksichtigen, dass es nicht einen singulären, manifestierten Volkswillen gibt. Die demokratische Gesellschaft des Grundgesetzes ist eine plurale; in ihr existieren – geschützt durch die Grundrechte – so viele Willen und Meinungen, wie sie in der Gesellschaft tatsächlich existieren. Nur bei Wahlen nimmt dieses Willens- und Meinungsbündel eine vorübergehend verbindliche Form an; demgegenüber ist die Volkswillensbildung auch nach der Wahl dynamisch und plural. Folglich sind Aussagen, die exklusiv beanspruchen, den vermeintlich wahren Volkswillen zu repräsentieren, undemokratisch. Die Demokratie lebt vom Nebeneinander aller Meinungen im Volk, sofern sie sich im weit gezeichneten Rahmen der grundgesetzlichen Demokratie bewegen.

10. Das Grundgesetz sieht den Kompromiss als ein erstrebenswertes Ergebnis an. Im Idealfall soll die gesamte Bandbreite an Meinungen zu einem Thema vorgetragen werden. Durch den Austausch

dieser soll ein Ergebnis gefunden werden, mit dem sich nicht eine oder wenige Meinungen maximal durchsetzt bzw. durchsetzen, sondern dasjenige Ergebnis ermittelt wird, das durch den Austausch von Argumenten sich als den sachlich geeignetsten Kompromiss gezeigt hat. Von den Beteiligten verlangt dies die Bereitschaft zum Kompromiss. Die Offenheit, dass der Gegenüber möglicherweise auch ein gutes Argument, möglicherweise sogar ein besseres Argument einbringen könnte, ist dafür notwendig.[784]

[784] *Kube*, in: HStR I, 2023, § 15, Rn. 76 m. w. N.

Teil 4 – Anwendung des Maßstabs auf Social Bots

In den ersten beiden Teilen der Arbeit wurden die relevanten empirischen Grundlagen dargestellt. Im dritten Teil wurde der grundgesetzliche Meinungsbildungsprozess als verfassungsrechtlicher Maßstab herausgearbeitet. Im vierten Teil der Arbeit werden die Ergebnisse der vorherigen Teile zusammengeführt, um die leitenden Forschungsfrage zu beantworten. Dabei wird der Einsatz von Social Bots zunächst im Lichte der Kommunikationsfreiheiten (A.) und dann im Lichte der staatsorganisationrechtlichen Bestimmungen (B.) untersucht.

A. Social Bots im grundrechtlichen Rahmen der Kommunikationsfreiheiten

I. Der persönliche Schutzbereich beim Einsatz von Social Bots

Wie bereits dargestellt, ist der Kommunikationsvorgang durch Social Bots nicht nur menschlich, sondern auch technologisch geprägt. Social Bots agieren auf der Grundlage eines vorprogrammierten Algorithmus automatisiert, also ohne menschliches Zutun.[785] Das Grundrechtsverständnisses des Grundgesetzes ist jedoch individualzentriert. Die Schutzbereiche der Grundrechte sind nur für natürliche Personen und unter den Voraussetzungen des Art. 19 III GG für juristische Personen eröffnet.[786] Vor diesem Hintergrund stellt sich zunächst grundrechtsübergreifend die Frage, ob und inwiefern der Grundrechtsschutz in personeller Hinsicht für den Einsatz von Social Bots eröffnet ist.

1. Grundrechtsträgerschaft von Künstlicher Intelligenz

In diesem Zusammenhang stellt sich die Frage, ob Social Bots aufgrund des in ihrer Software implementierten Algorithmus selbst Träger von Grundrechten sein können.[787] Dieser Ansatz würde zur Folge haben, dass die Grundrechtsträgerschaft von jeglicher natürlicher oder juristischer

---

[785] Siehe: Teil 2, B.

[786] *Huber*, in: HGR II, § 49, Rn. 4.

[787] Siehe für umfassende Nachweise bei: *Iben*, Staatlicher Schutz vor Meinungsrobotern, 2021, S. 168 mit Verweis auf: *Massaro/Norton/Kaminski*, Minnes. L. Rev. 101 (2017), 2481, 2486 ff.

Person losgelöst wäre; das Benutzerkonto in den sozialen Medien, das den Bot trägt, wäre Grundrechtsträger.[788] Die Beantwortung dieser auch rechtsphilosophischen Frage würden den Rahmen dieser Arbeit sprengen;[789] jedenfalls überzeugt die Ausweitung des persönlichen Schutzbereiches der Grundrechte auf nicht-menschliche Einheiten aus grundgesetzlicher Sicht nicht.[790] Bezugspunkt der Grundrechte ist der Mensch;[791] Ausnahmen von diesem Grundsatz können nur für die Freiheitsausübung natürlicher Personen gemacht werden, wie beim Grundrechtsschutz juristischer Personen; auch hier ist der Mensch Bezugspunkt.[792]

2. Zurechnung der Bot-Aktivität zum Bot-Betreiber

Vor diesem Hintergrund kommt der Bot-Betreiber – der eine natürliche Person ist und somit Grundrechtsschutz genießt – als Anknüpfungspunkt für die Eröffnung des personellen Schutzbereichs der Kommunikationsfreiheiten in Betracht. Die Frage, die sich in diesem Zusammenhang stellt, lautet: Kann die automatisierte Bot-Aktivität dem Bot-Betreiber zugerechnet werden?[793]

In einer noch jungen Debatte um die Beschränkung und Regulierung von Suchmaschinen war u. a. eine ähnliche Fragestellung, nämlich ob Ergebnisse von Suchvorgängen den Suchmaschinenbetreibern zugerechnet werden können, Gegenstand juristischer Diskussionen.[794] Aufgrund der identischen Ausgangslage der Bot- und Suchmaschinenbetreiber zu den jeweiligen „Endprodukten“ ihrer Programmierung[795] können die Gedan-

---

788 *Laude*, Automatisierte Meinungsbeeinflussung, S. 147.

789 Siehe jüngst dazu: *Rossipaul*, Künstliche Intelligenz in Kommunikation und Kunst, 2023, S. 115 ff.; *Neuhöfer*, Grundrechtsfähigkeit Künstlicher Intelligenz, 2023, S. 69 ff.

790 Siehe ausführlich dazu: *Laude*, Automatisierte Meinungsbeeinflussung, 2021, S. 147 ff.

791 *Huber*, in: HGR II, § 49, Rn. 4; *Rüfner*, in: HStR IX, § 196, Rn. 2 f.

792 *Krebs*, in: von Münch/Kunig I, GG, Art. 19, Rn. 44.

793 *Semizoğlu*, in: Hetmank/Rechenberg (Hrsg.), Kommunikation, Kreation und Innovation, 2019, S. 79, 84; *Milker*, InTeR 2017, 199, 201; *Iben*, Staatlicher Schutz vor Meinungsrobotern, 2021, S. 167.

794 *Dörr/Schuster*, in: Stark/Dörr/Aufenanger (Hrsg.), Die Googleisierung der Informationssuche, 2014, S. 262; *Goldman*, Yale Journal of Law & Technology 2006, 188; *Volokh/Falk*, First Amendment Protection for Search Engine Results, 2012.

795 Beide programmieren einen Algorithmus, auf dessen Grundlage automatisierte Vorgänge im Internet erzeugt werden.

ken und Ausführungen der damaligen Debatte hierbei herangezogen werden.

Gegen eine solche Zurechnung wird angeführt, dass es im Gegensatz zu manuell erstellten Vorgängen an einer willentlich gesteuerten Handlung des Betreibers im konkreten Fall mangele.[796] Es handele sich um einen komplett automatisierten Vorgang, eine nicht-menschliche Leistung.[797] Zutreffend wird dagegen aber vorgebracht, dass die menschliche Leistung gerade nicht vollständig in den Hintergrund tretet. Durch die Programmierung des entsprechenden Algorithmus bestimmt der Betreiber die Parameter der späteren automatisiert generierten Vorgänge; der menschliche Entscheidungsprozess bzgl. Inhalt, Zeitpunkt und Stil der Äußerung wird zeitlich vorverlagert.[798] Die durch den Bot getätigte Äußerung ist nach den Grundsätzen der automatisierten Willenserklärung dem Betreiber des Bots zuzurechnen.[799] Demnach ist der Bot-Betreiber so zu stellen, als hätte er in dem konkreten Moment die jeweilige Äußerung selbst und unmittelbar getätigt.[800] Auch die zeitliche Zäsur zwischen Programmierung des Algorithmus und der konkreten Bot-Aktivität verhindert eine Zurechnung nicht, denn eine solche zeitliche Zäsur findet auch in der analogen Meinungskundgabe, etwa beim Herstellen und Verteilen von Flyern, statt.[801]

Vor dem Hintergrund der schlechthin konstituierenden Bedeutung der Meinungsfreiheit für die freiheitlich-demokratische Grundordnung[802] und der zunehmenden Nutzung technischer Vermittlungsverfahren im kommunikativen Prozess wäre eine Einengung des sachlichen Schutzberei-

---

796 *Stadler*, Haftung für Informationen im Internet, 2005, S. 293; in diese Richtung wohl auch: *Hufen*, Staatsrecht II, 10. Auflage, 2023, § 25, Rn. 52.

797 OLG Hamburg, MMR 2007, 315, Rn. 10.

798 *Herberger*, NJW 2018, 2825, 2827: Algorithmen sind „Gebilde des menschlichen Geistes“.

799 Siehe für die Zurechnung von automatisch generierten Suchergebnissen: *Milstein/Lippold*, NVwZ 2013, 182, 184; siehe für die Zurechnung von automatisierten Begriffsverbindungen bei Suchmaschinen: BGH, ZUM 2013, 550; die Zurechnung von Social Bot-Beiträgen bejahend: *Milker*, ZUM 2017, 216, 217; *Dankert/Dreyer*, K&R 2017, 73, 74; *Steinbach,* ZRP 2017, 101, 102.

800 *Milker*, ZUM 2017, 216, 217.

801 *Iben*, Staatlicher Schutz vor Meinungsrobotern, 2021, S. 172; *Schröder*, DVBl. 2018, 465, 467.

802 BVerfGE 7, 198, 208.

ches nach der ersten Ansicht nicht zeit- und sachgerecht. Gerade durch den Einsatz von Algorithmen und automatisierten Prozessen werden die Möglichkeiten der Beteiligung am Meinungsbildungsprozess stark erweitert.[803] Diesem Ansatz steht die Dogmatik des Art. 5 I 1 Fall 1 GG auch nicht entgegen – im Gegenteil: Die Meinungsfreiheit schützt nicht nur den Inhalt der Äußerung, sondern auch das Verbreiten – und dies in unterschiedlichen Modalitäten. Die Aufzählung „Wort, Schrift und Bild“ in Art. 5 I 1 Fall 1 GG ist nicht abschließend.[804] Das Grundrecht ist „entwicklungsoffen“.[805] Diesem Ansatz würde es aber widersprechen, wenn die Möglichkeit, die konkrete Meinungsäußerung mittels moderner Computerprogramme zeitlich verzögert oder wirkungsvoller zu tätigen, gerade nicht vom grundrechtlichen Schutz der Meinungsfreiheit umfasst wäre. Deshalb ist die Programmierung eines Algorithmus auf dessen Grundlage später eine automatisierte Äußerung erstellt wird, als ein von der Meinungsfreiheit geschütztes Verhalten zu betrachten.[806] Folglich handelt es sich bei der Äußerung des Bots um die Äußerung dessen Betreibers; der Bot-Betreiber spricht quasi durch den Bot.

Etwas Anderes könnte gelten, wenn Algorithmen durch *Deep-Learning*[807] selbstständig lernen, sich weiterentwickeln und im Ergebnis von den

---

[803] So auch: *Milker*, ZUM 2017, 216, 218.

[804] *Degenhart,* in: BK, GG, Art. 5, Rn. 142; *Jarass,* in: Jarass/Pieroth, GG, Art. 5 Rn. 12; *Schmidt-Jortzig* in: HStR VII, § 162 Rn. 25; *von Münch/Mager*, Staatsrecht II, 7. Auflage, 2018, S. 223.

[805] *Voßkuhle*, AöR 119 (1994), 53; *Bethge*, in: Sachs, GG, Art. 5, Rn. 44.

[806] *Brings-Wiesen*, Meinungskampf mit allen Mitteln und ohne Regeln?, JuWiss-Blog, Nr. 93/2016 (zuletzt abgerufen am: 21.12.2023); *Dankert/Dreyer*, K&R 2017, 73, 74; *Hostacna*, Ad Legendum 2018, 1, 4; *Jürlicher/Röttgen*, InTeR 2018, 15, 16; *Milker*, InTeR 2017, 199, 201; *Milker*, ZUM 2017, 216, 217 f.; *Lewke*, InTeR 2017, 207, 211; *Steinbach*, ZRP 2017, 101, 102; *Iben*, Staatlicher Schutz vor Meinungsrobotern, 2021, S. 173.

[807] Beim *Deep Learning* handelt es sich um eine Disziplin datenbasierter Systeme. Dabei kommen als Algorithmen neuronale Netzwerke zur Anwendung, die in ihrer Funktionsweise dem menschlichen Gehirn nachempfunden und speziell für die Verarbeitung unstrukturierter Daten geeignet sind. Der Algorithmus wird anhand von Daten trainiert, woraus Entscheidungsmodelle abgeleitet werden, siehe dazu: *Krug*, beck.digitax 2020, 74, 75 m. w. N.

Anweisungen des Urhebers losgelöst sind.[808] Wobei an dieser Stelle zu berücksichtigen wäre, dass auch der Lernprozess des Algorithmus durch menschliches Programmieren vorgegeben ist, was für eine Zurechnung sprechen würde.[809] Da jedenfalls die gegenwärtig eingesetzten Social Bots mit einer schwachen KI ausgestattet sind, ist dieser Aspekt für die Arbeit weniger relevant.

II. Meinungsfreiheit

Als zentraler Bezugspunkt aller Kommunikationsfreiheiten stellt die Meinungsfreiheit den wesentlichen Maßstab für die grundrechtliche Bewertung des Einsatzes von Social Bots dar. Im Rahmen des sachlichen Schutzbereiches stellen sich Fragen einer möglichen Schutzbereichsausnahme hinsichtlich des Inhalts eines Bot-Beitrages, der Identitätstäuschung, der Verzerrung der öffentlichen Meinung und der von Social Bots ausgehenden Druckwirkung.

1. Schutzbereich

a. Der Inhalt des Social Bot-Beitrages

aa. Falschnachrichten (Fake News)

Hinsichtlich des Schutzes des Inhalts eines Bot-Beitrages gelten die bewährten und bereits dargestellten Vorgaben der Meinungsfreiheit; der Umstand, dass es sich um eine im Internet getätigte oder durch den Einsatz von Social Bots generierte Äußerung handelt, ändert hieran nichts.[810] Vor diesem Hintergrund kann mit Blick auf den sachlichen Schutzbereich für Bot-Beiträge festgehalten werden: Diese sind in ihrem Inhalt insofern geschützt, dass sie Meinungen oder meinungsbezogene Tatsachen darstellen. Erwiesen oder bewusst unwahre Tatsachenäußerungen hingegen

---

[808] *Iben*, Staatlicher Schutz vor Meinungsrobotern, 2021, S. 172; *Rossipaul*, Künstliche Intelligenz in Kommunikation und Kunst, 2023, S. 204.

[809] *Laude*, Automatisierte Meinungsbeeinflussung, 2021, S. 161; *Schröder*, DVBl. 2018, 465, 467; wohl auch: *Lewke*, InTeR 2017, 207, 211.

[810] *Laude*, Automatisierte Meinungsbeeinflussung, 2021, S. 171 m. w. N.

sind nicht geschützt.[811] Für den Einsatz von Social Bots ist dieser Befund insoweit interessant, als dass die Verbreitung von Falschnachrichten („Fake News") ein wichtiges Instrument zur Beeinflussung der Meinungsbildung ist;[812] durch Social Bots können Falschnachrichten mit geringem Aufwand massenhaft verbreitet werden.[813]

Sofern es sich dabei und erwiesen oder bewusst unwahre Nachrichten handelt, greift der Schutzbereich der Meinungsfreiheit nicht.[814] Anders verhält es sich, wenn ihrem Inhalt nach wahre Nachrichten nicht vollständig oder dekontextualisiert wiedergegeben werden. Auch wenn hierdurch eine manipulative Wirkung entfaltet wird, die unter bestimmten Bedingungen sogar höher als bei unwahren Nachrichten sein kann, handelt es sich im Ergebnis um einen wahren Inhalt, der den Schutz der Meinungsfreiheit genießt. Etwas anderes ergibt sich auch nicht bei Social Bots, die mit einer lernfähigen Software ausgestattet sind. An dieser Stelle könnte daran gedacht werden, dass vom Hersteller der Software nicht beabsichtigt war, dass dieser im Laufe seiner Entwicklung auch unwahre Inhalte verbreiten werde. Allerdings ist ebenjener Umstand, dass die Software sich in die eine oder andere Richtung entwickeln kann, dem Entwickler wohl bewusst, weil ebendieser Aspekt gerade die Lernfähigkeit der Software darstellt. Das menschliche Verhalten, dem die Bot-Aktivität zugerechnet wird, liegt in der Entscheidung für den Einsatz einer lernfähigen Software und ihrer Programmierung.[815]

bb. Non-verbale Kommunikation

Eine weitere Frage, die sich in diesem Zusammenhang stellt, ist, wie sich die Beeinflussung quantitativer Kenngrößen (z.B. *Liken*, *Followen*, *Retweeten*) in den sozialen Medien einordnen lässt, da diese Art der Beeinflussung ein wesentliches Beeinflussungsmittel im Einsatz von Social Bots ist. Diese netzwerkspezifischen Handlungen sind als non-verbale

---

[811] *Semizoğlu*, in: Hetmank/Rechenberg (Hrsg.), Kommunikation, Kreation und Innovation, 2019, S. 79, 85.

[812] Siehe: Teil 2, C, I.

[813] *Dankert/Dreyer*, K&R 2017, 73, 74 f.

[814] *Schemmer*, in: BeckOK, GG, Art. 5, Rn. 6.

[815] So auch: *Laude*, Automatisierte Meinungsbeeinflussung, 2021, S. 171, 172.

Kommunikation zu bewerten.[816] Das Liken eines Beitrages stellt eine Zustimmung zum Inhalt und somit eine non-verbale Meinung dar, die vom Schutzbereich der Meinungsfreiheit geschützt ist. Zu differenzieren ist bei den Handlungen des Folgens und Abonnierens, denn hier kann damit zum einen zum Ausdruck gebracht werden, dass man über die Aktivitäten des Accounts lediglich informiert sein möchte, was keine geschützte Meinung darstellen würde; zum anderen könnte damit aber auch eine insgesamt positive Zustimmung Account-Betreiber selbst ausgedrückt werden wollen, was eine Meinung darstellt, die somit grundrechtlichen Schutz genießen würde.[817]

cc. Beleidigungen und Hate Speech

Ein anderer Ansatz zur Beeinflussung der Meinungsbildung durch Social Bots sind Beleidigungen. Diskussionsteilnehmer werden direkt durch beleidigende und verunglimpfende Nachrichten angegriffen, um ihre Glaubwürdigkeit zu reduzieren und sie aus der öffentlichen Diskussion zu verdrängen.[818] Im Zuge der Digitalisierung der Kommunikation hat sich eine besondere, über den rein beleidigenden Charakter hinausgehende Form, von Inhalten entwickelt: *Hate Speech* (Hassrede).[819] Dabei handelt es sich um die bewusste Herabsetzung und Bedrohung von bestimmten Personen, insbesondere auf der Grundlage bestimmter Diskriminierungsmerkmale.[820] Auch an dieser Stelle gelten die bewährten Grundsätze in der Dogmatik der Meinungsfreiheit: Grundrechtlich geschützt sind auch Äußerungen ehrschmälenden Gehalts; polemische oder verletzend formulierte Äußerungen fallen nicht von vornherein aus dem Schutzbereich der Meinungsfreiheit heraus. Auch die Schmähkritik, Formalbeleidigungen oder Äußerungen, die die Menschenwürde treffen, sind zu-

---

816 Siehe: Teil 2, C, I.

817 *Iben*, Staatlicher Schutz vor Meinungsrobotern, 2021, S. 177 m. w. N.

818 *Kind* et al., Social Bots, 2017, S. 33.

819 Siehe statt vieler: *Hong*, RW 2022, 127, 128 ff.

820 Committee of Ministers (Council of Europe), Recommendation No. R (97) 20; siehe auch die Definition des UN-Ausschusses für die Beseitigung der Rassendiskriminierung (CERD), General Recommendation No. 35, Rn. 10: „Äußerungen, die menschenrechtliche Kernprinzipien wie die Menschenwürde und Gleichheit verachten und den Zweck verfolgen, Individuen und Gruppen zu degradieren und in ihrem gesellschaftlichen Ansehen zu schädigen"; *Struth*, Hassrede und Freiheit der Meinungsäußerung, 2019.

nächst vom Schutzbereich erfasst und treten dann im Rahmen der Rechtfertigung vor dem Persönlichkeitsschutz zurück. Für den Einsatz von Social Bots bedeutet dies, dass der vom Social Bot geteilte, eine Person beleidigende Beitrag zunächst vom Schutzbereich der Meinungsfreiheit erfasst ist, allerdings je nach konkretem Inhalt auf der Ebene der Rechtfertigung zurücktritt.[821]

b. Die Modalität der „Person" des Social Bot-Beitrages – Vortäuschen menschlicher Identität

Ist die Bewertung der Beiträge von Social Bots mit Blick auf den Inhalt aus Sicht der Meinungsfreiheit eher wenig komplex – bis auf unwahre Tatsachenbehauptungen sind grundsätzlich alle Aussagen vom Schutzbereich erfasst; beleidigende Aussagen können unter gewissen Voraussetzungen im Rahmen der Rechtfertigung gegenüber dem Persönlichkeitsschutz zurücktreten – bietet die Modalität der Person des Social Bot-Beitrages Anlass, um über Schutzbereichsausnahmen für Social Bots nachzudenken.[822]

Wesentlich für die manipulative Wirkung von Social Bots ist die Täuschung über die menschliche Identität der Person, die hinter dem vom Bot gesteuerten Account steht.[823] Die Täuschung bezieht sich auf zwei Aspekte:[824] Einerseits wird über die Identität der Person getäuscht, wenn für den Einsatz von Social Bots die Identität einer realen aber in dem jeweiligen sozialen Netzwerk inaktiven Person übernommen wird – zwar trägt diese Art der Identitätstäuschung auch zur Manipulation der Meinungsbildung bei, allerdings ist sie kein Spezifikum für Social Bots – Täuschung über die Identität einer real existierenden Person geschieht andererseits auch im manuellen Bereich. Die Besonderheit bei Social Bots ist vielmehr, dass durch sie über die menschliche Identität, über die

---

821 So auch: *Laude*, Automatisierte Meinungsbeeinflussung, 2021, S. 198; siehe für leitende Kriterien im Zusammenhang mit Hate Speech, um die Rechtweite des Schutzes zu bestimmen: *Eifert/Wienfort*, JZ 2023, 270, 273 ff.

822 *Iben*, Staatlicher Schutz vor Meinungsrobotern, 2021, S. 180 m. w. N.

823 Siehe: Teil 2, A, II.

824 *Laude*, Automatisierte Meinungsbeeinflussung, 2021, S. 174: „doppelte Identitätstäuschung".

„Eigenschaft Mensch“ getäuscht wird.[825] Dadurch, dass die automatisierte Steuerung des Accounts nicht kenntlich gemacht wird, gehen echte Nutzer in den sozialen Medien davon aus, dass hinter dem Bot-Account eine reale Person existiert, weshalb sie die von diesem Account verbreiteten Äußerungen als von jener realen Person stammend betrachten.[826] Vor dem Hintergrund, dass hier im Rahmen der Meinungsäußerung bewusst ein unwahrer Begleitumstand genutzt wird und unwahre Informationen mit Blick auf die Meinungsfreiheit prinzipiell weniger geschützt sind,[827] kann deshalb über eine Schutzbereichsausnahme für den Einsatz von Social Bots nachgedacht werden.[828]

aa. Vergleich zur Schutzbereichsausnahme bei unwahren Tatsachenbehauptungen

Dogmatischer Anknüpfungspunkt für eine mögliche Schutzbereichsausnahme aufgrund der Identitätstäuschung ist jene für bewusst oder erwiesen unwahre Tatsachenbehauptungen. Sinn und Zweck des Ausschlusses unwahrer Tatsachenbehauptungen ist die Annahme, dass *„unrichtige Informationen der verfassungsrechtlich vorausgesetzten Aufgabe zutreffender Meinungsbildung nicht dienen*“ können.[829] Da diese Ausnahme den Meinungsäußerungs*inhalt* betrifft, stellt sich die Frage, ob dieser Ansatz auch für eine Meinungsäußerungs*modalität*, in diesem Fall für die Person des sich Äußernden, gilt; dafür ist die kommunikative Bedeutung des Meinungsäußerungs*inhalts* mit der der Meinungsäußerungs*modalität* zu vergleichen.

Die Frage, wer sich äußert, ist für den grundrechtlichen Kommunikationsprozess von wesentlicher Bedeutung. Das BVerfG beschreibt die Bedeutung des Namens einer Äußerung wie folgt: *„Im Namen des Urhebers stellt sich die Verbindung zwischen Person und Äußerung erkennbar her. Fügt der sich Äußernde seiner Aussage den eigenen Namen bei, so bringt er damit zum Ausdruck, daß er die Äußerungen als seine persönliche Auf-*

[825] *Milker*, ZUM 2017, 216, 218.

[826] *Laude*, Automatisierte Meinungsbeeinflussung, 2021, S. 174.

[827] Siehe Teil 3, sonst auch: BVerfGE 90, 241, 247.

[828] *Hostacna*, Ad Legendum 2018, 1, 4.

[829] BVerfGE 12, 113, 130.

fassung oder Schilderung kundtun will und bereit ist, für sie einzustehen und im Fall einer Tatsachenbehauptung mit seiner Person für ihre Wahrheit zu bürgen. Gerade bei Äußerungen, mit denen der Sprecher sich in hohem Maß identifiziert oder sein eigenes Schicksal darstellt, gehört die Namensnennung daher zu den Voraussetzungen der Vermittlung des Äußerungssinns."[830] Das BVerfGE betont an dieser Stelle die starke „Subjekt-Bindung"[831] zwischen Person und Äußerung, die im Schutzgut der Meinungsfreiheit – die individuelle Selbstbestimmung in und durch Kommunikation – begründet ist.[832] Auch aus der Perspektive des Empfängers ist die Kenntnis über die Person des sich Äußernden bedeutsam, denn die Wirkung einer Äußerung hängt auch mit der subjektiven Einschätzung des Empfängers von der Person des sich Äußernden ab. Die Wirkung einer inhaltlich gleichen Äußerung kann je nachdem von wem sie stammt variieren.[833] Das volle Verständnis für eine andere Ansicht kann nur unter der Kenntnis der Person und der einzelnen Begleitumstände erfolgen.[834] Folglich erschöpft sich die Meinungsäußerung nicht allein in ihrem Inhalt; die Identität des sich Äußernden ist für den Kommunikationsprozess ebenfalls von erheblicher Bedeutung.[835] Gleiches gilt auch für die Kommunikation im Internet; gerade in den sozialen Netzwerken ist die Authentizität eines Profils wichtiges Kriterium für dessen Reichweite.[836]

Aufgrund der hohen Bedeutung der Person für den Kommunikationsprozess könnte für „bewusst unwahre Meinungsäußerungs*modalitäten*"[837]

---

[830] BVerfGE 97, 391, 398.

[831] *Jeastedt*, in: HGR, § 102, Rn. 8.

[832] Siehe: Teil 3, B, I, 1, a.

[833] *Laude*, Automatisierte Meinungsbeeinflussung, 2021, S. 180; *v. Ungern-Sternberg*, RW 2022, 94, 99.

[834] *Hostacna*, Social Bots, 2017, S. 4.

[835] Auch das BVerfG zieht bei der Auslegung von Äußerungen die für die Rezipienten erkennbaren Begleitumstände hinzu, da ansonsten eine isolierte Betrachtung einer umstrittenen Äußerung nicht zu einem zuverlässigen Erfassen des Sinngehalts führen kann, siehe: BVerfGE 93, 266, 295 f.; 82, 43, 52.

[836] *Laude*, Automatisierte Meinungsbeeinflussung, 2021, S. 181.

[837] *Brings-Wiesen*, Meinungskampf mit allen Mitteln und ohne Regeln?, JuWiss-Blog, Beitrag vom 30.11.2016, abrufbar unter: https://www.juwiss.de/93-2016/ (zuletzt abgerufen am: 18.05.2019).

eine Schutzbereichsausnahme gelten, jedoch bezieht sich die Rechtsprechung des BVerfG bzgl. Schutzbereichsausnahmen nur auf den *Inhalt* der Äußerung, nicht auf die Begleitumstände. Deshalb ist der sachliche Schutzbereich der Meinungsfreiheit auch für den Einsatz von Social Bots eröffnet. Der Aspekt der Täuschung kann im Rahmen einer Verhältnismäßigkeitsprüfung berücksichtigt werden.[838] Des Weiteren ist von der Meinungsfreiheit auch die freie Wahl der Äußerungsmodalität gewährleistet; der Grundrechtsträger kann diejenige Modalität für seine Äußerung nutzen, mit der er sich die größtmögliche Wirkung verspricht. Die Entscheidung zur Nutzung von Social Bots ist insofern Teil der Modalitätsfreiheit.[839]
Gegen eine Schutzbereichsausnahme spricht zudem, dass die Tragweite des Schutzbereiches der Meinungsfreiheit dann von den technischen Begleitumständen einer Äußerung abhinge, obgleich gerade Art. 5 I 1 Fall 1 GG gerade technologieneutral[840] ist. Die Nutzung technologischer Hilfsmittel darf nicht zur Verneinung des Schutzbereichs führen.[841]

bb. Besonders hohe Bedeutung der Person für das Kommunikationsziel

In diesem Kontext lässt sich an Situationen denken, in denen die Begleitumstände einer Äußerung eine ähnlich gewichtige Relevanz wie ihr Inhalt haben können. Folgendes Beispiel soll dafür herangezogen werden: Im US-Präsidentschaftswahlkampf 2016 sollen Social Bots mit spanisch klingenden Namen, die bei Twitter positive Beiträge über den damaligen Kandidaten der Republikanischen Partei Donald Trump äußerten, eingesetzt worden sein, um die schlechten Umfragewerte desselben bei Wählern lateinamerikanischer Herkunft zu verbessern.[842] In diesem Zusammenhang ist die Identität des Profils genauso relevant wie der Inhalt der Äußerung, denn das Kommunikationsziel könnte sonst nicht – bzw. nicht im gleichen Umfang – erreicht werden. Wenn also in gewissen Situatio-

---

838 *Milker*, ZUM 2017, 216, 218.

839 *Steinbach*, ZRP 2017, 101, 102.

840 Siehe allgemein dazu: *Starck/Paulus*, in: v. Mangoldt/Klein/Starck, GG, Art. 5, Rn. 86.

841 *Dankert/Dreyer*, K&R 2017, 73, 75; *Steinbach*, ZRP 2017, 101, 103.

842 *Lobe*, Erzwitschere dir deine Wahl!, FAZ Online, Beitrag vom 30.09.2016, abrufbar unter: https://www.faz.net/aktuell/feuilleton/debatten/twitter-bots-von-donald-trump-greifen-in-us-wahlkampf-ein-14455894.html (zuletzt abgerufen am: 08.09.2023).

nen die Angabe über die Person des sich Äußernden ähnlich bedeutsam wie der Inhalt einer Äußerung sein kann, stellt sich die Frage, warum nicht beim Einsatz bewusst unwahrer Meinungsäußerungsmodalitäten der Schutzbereich verschlossen bleiben sollte, wie dies bei bewusst unwahren Tatsachenbehauptungen ebenfalls der Fall ist.[843]
Diesen Ansatz kritisiert *Iben*, indem er auf den Schutzzweck der Meinungsfreiheit abstellt. Er argumentiert dahingehend, dass eine Schutzbereichsausnahme für solche Fälle ausblenden würden, dass eine derartige Konstellation auch für dem Schutzzweck der Meinungsfreiheit dienlichen Ziele eingesetzt werden können – etwa Verschwörungstheoretiker im Zuge der Covid-19-Pandemie mit richtigen Fakten zu konfrontieren, wofür Profile mit vergleichbaren Interessen erstellt werden, um diese Zielgruppe gezielt zu adressieren. Somit liege zwar eine unwahre Angabe über die Person mit einer hohen kommunikativen Bedeutung vor, allerdings könne ja nicht von einer Gefährdung des Schutzzwecks der Meinungsfreiheit, sondern vielmehr von seiner Förderung ausgegangen werden.[844] Auch wenn diese Argumentation mit Blick auf einen faktenbasierten Meinungsbildungsprozess nachvollziehbar erscheint, erweckt sie den Eindruck, dass für die Erreichung des rechtmäßigen Ziels der Einsatz jedenfalls fraglicher Mittel legitim sei. Der Meinungsbildungsprozess des Grundgesetzes ist ein demokratischer; als solcher orientiert er sich am demokratischen Wahrheitsgebot[845] und darf sich folglich nicht *bewusst* unwahrer Elemente bedienen. Die Annahme, durch die Verwendung unwahrer Elemente würde ein wahrheitsgemäßer Meinungsbildungsprozess gefördert werden, erscheint paradox.

Vielmehr spricht ein anderes Argument gegen eine Schutzbereichsausnahme in dieser Konstellation: Die Schutzbereichsausnahme bei unwahren Tatsachenbehauptungen wird sehr restriktiv gehandhabt, indem an die Evidenz der Unwahrheit einer Tatsache keine allzu großen Maßstäbe gesetzt werden.[846] Mit diesem eher vorsichtigen Ansatz wäre es schwer ver-

---

843 *Semizoğlu*, in: Hetmank/Rechenberg (Hrsg.), Kommunikation, Kreation und Innovation, 2017, S. 79, 90 f.

844 *Iben*, Staatlicher Schutz vor Meinungsrobotern, 2021, S. 185.

845 Siehe: Teil 3, B, II, 1, e.

846 Die Evidenz muss auf der Hand liegen; nicht „jede unüberlegte, gutgläubig geäußerte oder nachlässig recherchierte“ unwahre Tatsachenäußerung fällt aus dem Schutzbereich,

einbar, wenn die Verwendung unwahrer Personenangaben, trotzt hoher kommunikativer Bedeutung, von vornherein vom Schutzbereich ausgeschlossen wären.[847]

cc. Identitätsmissbrauch

Eine andere Bewertung könnte sich dort ergeben, wo für den Einsatz von Social Bots nicht eine neue Identität kreiert, sondern die Identität einer real existierenden Person missbräuchlich genutzt wird; in diesem Fall wird von Identitätsmissbrauch[848] gesprochen. Hier wird nicht nur über die menschliche Identität des Accounts, sondern über die Identität einer real existierenden Person getäuscht.[849] Dieser Umstand stellt gegenüber der Täuschung über die menschliche Identität eine Steigerung der unwahren Modalität einer Äußerung dar, weil zusätzlich darüber gelogen wird, dass eine bestimmte Person etwas gesagt habe; die „numerische Identität"[850] einer realen Person wird „fremdverwendet".[851] Hierin ist eine der bewusst unwahren Tatsachenbehauptung ähnliche Qualität zu sehen.[852]
Für diesen Standpunkt spricht auch die Bedeutung der Personalisierung in den sozialen Medien. Mit einem personalisierten Profil sind kommunikative Zugänge in Form quantitativer Kenngrößen verbunden, die die Reichweite dieses Profils bestimmen. Zudem verstärkt ein hohes Maß an Personalisierung das Maß der Glaubwürdigkeit.[853] Folglich wird durch die Verbindung einer Aussage mit einer realen Person die Aussage mit

---

siehe: *Laude*, Automatisierte Meinungsbeeinflussung, 2021, S. 179 mit Zitat von: *Grabenwarter*, in: Dürig/Herzog/Scholz, GG, Art. 5, Rn. 49; BVerfGE 99, 185, 179.

[847] Anders noch: *Semizoğlu*, in: Hetmank/Rechenberg (Hrsg.), Kommunikation, Kreation und Innovation, 2017, S. 79, 91.

[848] Siehe zum Begriff: *Meyer*, Identität und virtuelle Identität natürlicher Personen im Internet, 2011, S. 38 ff.

[849] *Laude*, Automatisierte Meinungsbeeinflussung, 2021, S. 190.

[850] Unter der numerischen Identität ist die erkennbare Übereinstimmung von Daten mir einer einzigen natürlichen Person zu verstehen; siehe: *Meyer*, Identität und virtuelle Identität natürlicher Personen im Internet, 2011, S. 23 ff.

[851] *Laude*, Automatisierte Meinungsbeeinflussung, 2021, S. 191 mit Verweis auf: *Meyer*, Identität und virtuelle Identität natürlicher Personen im Internet, 2011, S. 23 ff.

[852] *Laude*, Automatisierte Meinungsbeeinflussung, 2021, S. 191 mit Verweis auf: Dankert/Dreyer, K&R 2017, 73, 75; *Heilmann*, Anonymität für User-Generated Content?, 2013, S. 109.

[853] *Laude*, Automatisierte Meinungsbeeinflussung, 2021, S. 190.

einem „*sozialen Gewicht aufgeladen*".[854] Aussagen, die von einer prominenten Person zu stammen scheinen, genießen verständlicherweise eine höhere Wirkung. Zudem erzeugt dies einen gewissen sozialen Druck zur Wahrnehmung einer Äußerung, was zur Beeinträchtigung der inneren Entscheidungsfreiheit des Rezipienten führen kann.[855]

dd. Vergleich zum Schutz anonymer und pseudonymer Äußerungen

Einen weiteren dogmatischen Anknüpfungspunkt für eine Schutzbereichsausnahme könnte der Umgang des BVerfG mit anonymen und pseudonymen Meinungsäußerungen bieten. Geht man davon aus, dass es durchaus Situationen geben kann, in denen der Einzelne sich aus Furcht vor negativen Auswirkungen dahingehend entscheidet, seine Meinung doch nicht zu äußern, wäre die Forderung nach einer Klarnamenpflicht mit Art. 5 I 1 Fall 1 GG nicht vereinbar.[856] Dieser Umstand würde vor allem Minderheitenmeinungen schwächen.[857] Vor diesem Hintergrund schützt die Meinungsfreiheit auch anonyme oder pseudonyme Äußerungen.[858] Für die Diskussion der Forschungsfrage ist dies insoweit interessant, als dass jede anonyme oder pseudonyme Äußerung auch eine inhärente Täuschung über die Person hinter der Äußerung mit sich bringt,[859] wodurch sich Frage stellt, warum die Täuschung mittels Social Bots anders bewertet werden soll.[860]

---

[854] *Laude*, Automatisierte Meinungsbeeinflussung, 2021, S. 191.

[855] *Laude*, Automatisierte Meinungsbeeinflussung, 2021, S. 191.

[856] BGH NJW 2009, 2888, 2892, Rn. 38; OLG Hamm ZD 2011, 179.

[857] *Iben* weist zutreffend darauf hin, dass dieses Phänomen ohnehin aufgrund der Schweigespirale existiert und durch die Versagung des Schutzes von anonymen oder pseudonymen Äußerungen verstärkt werden würde, siehe: *Iben*, Staatlicher Schutz vor Meinungsrobotern, 2021, S. 182.

[858] BVerfG NJW 2012, 3712 ff.; *Grabenwarter*, in: Dürig/Herzog/Scholz, GG, Art. 5, Rn. 86; *Kersten*, JuS 2017, 193, 196; *Heckmann*, NJW 2012, 2631, 2632.

[859] *Dankert/Dreyer*, K&R 2017, 73; *Steinbach*, ZRP 2017, 102 f.; *Milker*, InTeR 2017, 199, 202; *Zumkeller-Quast*, Die Nutzung von Socialbots als Identitätstäuschung?, JuWiss-Blog, Beitrag vom 5.01.2017, abrufbar unter: https://www.juwiss.de/2-2017/ (zuletzt abgerufen am: 25.06.2018).

[860] So *Rossipaul*, Künstliche Intelligenz in Kommunikation und Kunst, 2023, S. 200, die als zusätzliches Argument für diesen Standpunkt den Schutz der Modalität der Äußerung durch die Meinungsfreiheit aufführt.

Stellt man aber den Sinn und Zweck des Schutzes pseudonymer oder anonymer Äußerungen – die Vorbeugung der Selbstzensur – in den Vordergrund, ist festzustellen, dass dies in der hier diskutierten Nutzungsweise von Social Bots nicht erkennbar ist. Die Identitätstäuschung rührt vielmehr aus der Absicht, die eigene Einzelmeinung künstlich zu vervielfachen und sie als in der Gesellschaft breit vertreten darzustellen;[861] Zweck der Täuschung ist also die Beeinflussung der öffentlichen Meinungsbildung.[862] Die Täuschung anonymen oder pseudonymen Äußerungen dient vielmehr dem Identitätsschutz; sie ist Ausdruck des Rechts auf informationelle Selbstbestimmung nach Art. 2 I GG i. V. m. Art. 1 I GG.[863] *Iben* formuliert diesen Aspekt zutreffend wie folgt: „*Die Täuschungswirkung ist also notwendige Begleiterscheinung, aber nicht Hauptzweck des Pseudonym.*"[864] Folglich besteht ein strukturell erheblicher Unterschied zwischen diesen beiden Umständen.[865]

c. Die Wirkung des Social Bot-Einsatzes

Weiterhin können mit Blick auf die Wirkung des Social Bot-Einsatzes wegen der bewussten Verzerrung des gesellschaftlichen Meinungsbilds und der kommunikativen Druckwirkung in der Kommunikation Anknüpfungspunkte für eine Schutzbereichsausnahme existieren.

aa. Verzerrung des gesellschaftlichen Meinungsbilds

Eine Schutzbereichsausnahme für den Einsatz von Social Bots wird nicht nur wegen der Identitätstäuschung, sondern auch wegen der Verzerrung des gesellschaftlichen Meinungsbilds diskutiert.[866] All jene Strategien, die beim Einsatz von Social Bots verfolgt werden, dienen im Kern dazu, eine bestimmte Meinung als in der Gesellschaft verbreitet darzustellen; es

---

861 *Milker*, InTeR 2017, 199, 202.

862 *von Ungern-Sternberg*, in: Unger/v. Ungern-Sternberg (Hrsg.), Demokratie und künstliche Intelligenz, 2019, S. 3, 18 f.

863 *Iben*, Staatlicher Schutz vor Meinungsrobotern, 2021, S. 182 m. w. N.

864 *Iben*, Staatlicher Schutz vor Meinungsrobotern, 2021, S. 182.

865 *Iben*, Staatlicher Schutz vor Meinungsrobotern, 2021, S. 183; *von Ungern-Sternberg*, in: Unger/v. Ungern-Sternberg (Hrsg.), Demokratie und künstliche Intelligenz, 2019, S. 3, 18 f.

866 Siehe: Teil 2, C.

wird versucht, eine „quantitative Legitimität" zu erzeugen.[867] Allein durch die schiere Masse der eingesetzten Bots kann das gesellschaftliche Meinungsbildung verfälscht werden. Dieser Aspekt kann mit Blick auf die Theorie der Schweigespirale Auswirkungen auf das Meinungsäußerungsverhalten Dritter haben.[868] Vor diesem Hintergrund und mit Blick auf die grundlegende Bedeutung der freien Meinungsbildung für den freiheitlichen demokratischen Staat kann sich die Frage nach der „*Schutzwürdigkeit zielgerichteter Verzerrungen von Meinungsbildern*" stellen.[869]

Andererseits ist die Verzerrung des gesellschaftlichen Meinungsbilds kein Phänomen der digitalen Welt. Die Vermittlung eines fehlerhaften Eindrucks über den Rückhalt einer Meinung in der Gesellschaft ist seit dem Beginn der schriftlichen Meinungsäußerung möglich.[870]Auch traditionelle Medien, die durch die medienpolitischen Einstellungen ihres Verlags sowie redaktionelle Leitlinien geprägt sind, tragen zu einer Verzerrung des Meinungsbilds bei. Ohnehin kann eine vollständig zutreffende Darstellung des gegenwärtigen gesellschaftlichen Meinungsbilds wohl kaum erfolgen. Auch ist zu berücksichtigen, dass gerade die Meinungsfreiheit zulässt, dass der Äußernde dasjenige Mittel verwenden darf, mit dem er seine Meinung maximal verbreiten kann. Ein Vergleich von Social Bots kann beispielsweise zu Lautsprechern gezogen werden.[871] Der wesentliche Unterschied zu Social Bots liegt darin, dass der Einsatz des Lautsprechers und eine mögliche politische Prägung bei den Medien bekannt sind. Bei Social Bots hingegen wird die fehlende menschliche Identität verdeckt, weshalb die Beeinflussung der Rezipienten durch Social

---

867 *Zumkeller-Quast*, Die Nutzung von Socialbots als Identitätstäuschung?, JuWiss-Blog, Beitrag vom 5.01.2017, abrufbar unter: https://www.juwiss.de/2-2017/ (zuletzt abgerufen am: 09.09.2023); *Schröder*, DVBl. 2018, 465, 468 spricht von der „Manipulation des Meinungsmarktes"; *Löber/Roßnagel*, MMR 2019, 493, 495.

868 Siehe: Teil 2, C, II, 1.

869 *Laude*, Automatisierte Meinungsbeeinflussung, 2021, S. 176.

870 *Zumkeller-Quast*, Die Nutzung von Socialbots als Identitätstäuschung?, JuWiss-Blog, Beitrag vom 5.01.2017, abrufbar unter: https://www.juwiss.de/2-2017/ (zuletzt abgerufen am: 09.09.2023).

871 *Laude*, Automatisierte Meinungsbeeinflussung, 2021, S. 176 mit Verweis auf *Schröder*, DVBl. 2018, 465, 468 und Zumkeller-Quast, Die Nutzung von Socialbots als Identitätstäuschung?, JuWiss-Blog, Beitrag vom 5.01.2017, abrufbar unter: https://www.juwiss.de/2-2017/ (zuletzt abgerufen am: 09.09.2023).

Bots subtiler funktioniert.[872] Dieser Umstand ist allerdings eine Frage der Identitätstäuschung.[873] Zudem ist zu berücksichtigen, dass trotzt der potenziell hohen Suggestivkraft von Social Bots die allgemeine gesellschaftliche Meinungsbildung nicht ausschließlich in den sozialen Medien stattfindet, auch wenn sie in den letzten Jahren stark an Bedeutung gewonnen hat. Inner- und außerhalb des Internets besteht gegenwärtig immer noch eine sehr plurale und differenzierte Medienlandschaft, in der *„die Vielfalt der bestehenden Meinungen* […] *in möglichster Breite und Vollständigkeit Ausdruck finde*[t].“[874]

bb. Erzeugen von Zwangs- und Drucksituationen

Eine anderer in der Dogmatik der Meinungsfreiheit anerkannter Fall, der zu einer Schutzbereichsausnahme führt, ist der Einsatz von Druck- und Gewaltmitteln in der Kommunikation.[875] Von einem solchen Fall ist auszugehen, wenn dem Adressaten einer Äußerung *„die Möglichkeit* [genommen wird], [seine] *Entscheidung in voller innerer Freiheit* […] *zu treffen.*“[876] Für eine solche Annahme bedarf es eines *„erhebliche*[n] *Gewicht*[s] *der eingesetzten Mittel.*“[877] Dies ist beim Einsatz von subtiler psychischer Mittel nicht immer gegeben, da zu jedem Diskurs auch eine gewisse Suggestivität gehören kann. Vielmehr bedarf es eines zwanghaften Moments, der die *„kommunikative Selbstbestimmung erheblich beeinträchtigt oder gar unmöglich*“ macht.[878] Dies kann etwa bei *„Androhung oder Ankündigung schwerer Nachteile und Ausnutzung sozialer oder wirtschaftlicher Abhängigkeit*“[879] oder etwa im Bedrängen von Passanten der Fall sein.[880] Beim Einsatz von Social Bots kann weder in der Identitätstäuschung noch in der Verzerrung des gesellschaftlichen Meinungs-

---

872 *Iben*, Staatlicher Schutz vor Meinungsrobotern, 2021, S. 188; *Laude*, Automatisierte Meinungsbeeinflussung, 2021, S. 176.

873 Siehe: Teil 4, A, II, 1, b, aa.

874 BVerfGE 57, 295, 320.

875 Siehe dazu: Teil 3, B, I, 1, d, aa, bbb.

876 BVerfGE 25, 256, 265.

877 *Laude*, Automatisierte Meinungsbeeinflussung, 2021, S. 185.

878 *Laude*, Automatisierte Meinungsbeeinflussung, 2021, S. 186.

879 BVerfGE 25, 256, 265.

880 OLG Köln NVwZ 2000, 350, 351.

bildes ein solches Zwangselement gesehen werden. Zwar befindet sich der Bot-Betreiber durch seine technischen Möglichkeiten gegenüber den einfachen Kommunikationsteilnehmern in einer gewissen Machtstellung, allerdings mangelt es bei diesen Auswirkungen im Allgemeinen an einem Zwangselement.
Im Einzelnen können jedoch folgende Fälle entstehen: Durch das Erstellen massenhafter Spam-Beiträge beispielweise kann ein bestimmter Diskussionskanal in den sozialen Medien gänzlich lahmgelegt werden, wodurch bereits getätigte Meinungsäußerungen Dritter vollständig untergehen und die Äußerung neuer Meinungen gehindert werden.[881] Nutzer sozialer Medien werden somit an der Äußerung und Verbreitung ihrer Meinung faktisch gehindert. Auch wenn darin ein dem Maßstab der Meinungsfreiheit vergleichbares Zwangselement gesehen werden kann, erscheint es aus rein praktischen Gründen schwierig, eine Schutzbereichsausnahme für solche Fälle vorzusehen. Gerade die Diskussionen in den sozialen Medien sind von Schnelllebigkeit und hoher Reaktionsfreudigkeit geprägt; eine nachträgliche Ermittlung der konkreten Beeinflussung einzelner Diskussionskanäle erscheint recht unpraktikabel, weshalb sich eine allgemein festgelegte Grenzlinie zum Schutzbereich kaum ziehen lässt.[882]

d. Zusammenfassung

Beiträge von Social Bots sind mit Blick auf ihren Inhalt zunächst prinzipiell vom Schutzbereich der Meinungsfreiheit erfasst, sofern sie Meinungen oder meinungsbezogene Tatsachen darstellen. Nicht geschützt ist die Verbreitung von Falschnachrichten, sofern es sich um bewusst oder erwiesen unwahre Tatsachenbehauptungen handelt; dies ist aber kein Spezifikum für den Einsatz von Social Bots. Geschützt ist auch die Beeinflussung quantitativer Kenngrößen (z.B. *Liken*, *Followen*, *Retweeten*), wenn damit eine Zustimmung zum Inhalt des jeweiligen Beitrags ausgedrückt wird, was eine non-verbale Meinung darstellt. Auch sind beleidi-

[881] *Milker*, InTeR 2017, 199, 203: „unter Ausübung ‚digitaler Gewalt‘ oder ‚digitalen Drucks‘“; *Steinbach*, ZRP 2017, 101, 103: nur bei „Situationen faktischer Knappheit (z.B. eine limitierte Darstellung individueller Meinungen im Internet)“.
[882] *Laude*, Automatisierte Meinungsbeeinflussung, 2021, S. 189.

gende Inhalte zunächst geschützt, jedoch können sie im Rahmen der Rechtfertigung vor dem Persönlichkeitsschutz zurücktreten.

Anlass zu möglichen Schutzbereichsausnahmen geben die Täuschung über die menschliche Identität, die Verzerrung des gesellschaftlichen Meinungsbilds und die mögliche Druckwirkung durch Social Bots. Mit Blick auf die Identitätstäuschung hat sich herausgestellt, dass weder der Vergleich mit der Schutzbereichsausnahme bei unwahren Tatsachenbehauptungen noch der Vergleich mit dem Schutz anonymer und pseudonymer Äußerungen eine Beschränkung des Schutzbereichs rechtfertigen; und zwar auch dann nicht, wenn dem Begleitumstand der Person einer Äußerung eine ähnliche kommunikative Bedeutung zukommt wie dem Inhalt einer Äußerung. Eine andere Bewertung ist im Fall eines Identitätsmissbrauchs vorzunehmen. Da hierbei mit dem Profil einer real existierenden Person getäuscht wird und die Person des sich Äußernden in den sozialen Medien eine hohe kommunikative Bedeutung besitzt, ist in diesem Fall eine ähnliche Qualität wie bei der bewusst oder erwiesen unwahren Tatsachenbehauptung zu sehen, weshalb von einer Schutzbereichsausnahme auszugehen ist. Auch die Verzerrung des gesellschaftlichen Meinungsbildes führt nicht zu einer Schutzbereichsausnahme, denn die Beeinflussung der öffentlichen Meinung im eigenen Sinne ist das Ziel aller Kommunikationsteilnehmer und kein Phänomen der digitalen Welt. Eine Grenze ist erreicht, wenn in der Kommunikation Druck- oder Gewaltmittel eingesetzt werden, wodurch die innere kommunikative Freiheit des Empfängers eingeschränkt wird. Auch wenn es beim Einsatz von Social Bots zu einzelnen Situationen kommen kann, in denen die Möglichkeit der Meinungsäußerung Anderer verhindert wird – etwa beim Lahmlegen eines Diskussionskanals durch massenhafte Spambeiträge – spricht doch die fehlende Praktikabilität der Ermittlung solcher Fälle gegen eine allgemeine Schutzbereichsausnahme. Im Ergebnis ist zu konstatieren, dass die Verwendung von Social Bots grundsätzlich vom Schutzbereich der Meinungsfreiheit erfasst ist, außer wenn bewusst und erwiesen unwahre Tatsachenbehauptungen verbreitet oder die Identität einer existierenden Person missbraucht werden.

2. Eingriff durch staatliche Regulierung

Die bisherige Untersuchung hat ergeben, dass die Verwendung von Social Bots grundsätzlich vom Schutzbereich der Meinungsfreiheit erfasst ist.

Einen Eingriff in diesen könnte eine gesetzliche Regulierungsmaßnahme darstellen. *De lege lata* existiert nach § 18 III MStV bereits eine solche Maßnahme, wonach Anbieter von Telemedien in sozialen Netzwerken verpflichtet werden, bei mittels eines Computerprogramms automatisiert erstellten Inhalten oder Mitteilungen den Umstand der Automatisierung kenntlich zu machen, sofern das hierfür verwandte Nutzerkonto seinem äußeren Erscheinungsbildung nach für die Nutzung durch natürliche Personen bereitgestellt wurde. Der Gesetzgeber hat diese Regelung gezielt gegen Social Bots erlassen.[883] Ein solcher oder anderweitiger Eingriff ist nicht *per se* verfassungswidrig; nur ein nicht gerechtfertigter Eingriff würde eine Verletzung der Meinungsfreiheit darstellen. Im Folgenden soll herausgearbeitet werden, in welchem Rahmen eine gesetzliche Regulierungsmaßnahme mit der Meinungsfreiheit des Bot-Betreibers kompatibel wäre.

3. Rechtfertigung

Der Schutz der Meinungsfreiheit ist nicht schrankenlos gewährleistet. Zum einen gilt die Schrankentrias des Art. 5 II GG, wonach die Meinungsfreiheit und die anderen Grundrechte in Abs. 1 ihre Schranken in den allgemeinen Gesetzen, den Jugendschutzgesetzen und im Recht der persönlichen Ehre finden. Zum anderen gelten neben diesen ausdrücklich geregelten Schranken die verfassungsimmanenten Schranken. Gesetzlichen Eingriffe in die Meinungsfreiheit können – sofern sie sich im Rahmen dieser Schranken bewegen – gerechtfertigt werden.

a. Schrankentrias des Art. 5 II GG

aa. Allgemeine Gesetze

Die bedeutsamste Schranke des Art. 5 II GG ist jene der allgemeinen Gesetze.[884] Unter Gesetze sind *„alle Erscheinungsformen staatlicher (Au-*

---

[883] LT-Drs. NRW 17/9052, S. 134; siehe eingehend dazu: *Lent*, in: BeckOK Informations- und Medienrecht, MStV, § 18, Rn. 13 ff.

[884] *Kingreen/Poscher*, Grundrechte, Staatsrecht II, 39. Auflage, 2023, Rn. 794; aufgrund der geringen Relevanz der Schranke der gesetzlichen Bestimmungen für den Schutz der Jugend für die Untersuchung wird auf weiterführende Literatur verwiesen: *Kloepfer*, Verfassungsrecht II, 2010, § 61, Rn. 138.

ßen-)Rechtsetzung im formellen und materiellen Sinn zu verstehen."[885] Viel schwieriger gestaltet sich die Beschreibung der Voraussetzung des „Allgemeinen", weshalb sie auch den Schwerpunkt der wissenschaftlichen Auseinandersetzung in diesem Kontext darstellt.[886] Außer Frage steht, dass darunter mehr als das Erfordernis der abstrakt-generellen Formulierung von Gesetzen zu verstehen ist, da dies schon durch das Verbot des Einzelfallgesetzes in Art. 19 I 1 GG geregelt ist. Vor diesem Hintergrund muss der Formulierung eine darüber hinaus gehende Bedeutung zukommen.[887] Einigkeit besteht darin, dass mit dem Begriff eine bestimmte inhaltliche Qualität gemeint ist.[888]

Um die genaue Bestimmung dieser Qualität wird jedoch gestritten. Im Wesentlichen stehen sich zwei Ansätze gegenüber: die Abwägungstheorie und die Sonderrechtstheorie. Nach der ersterer ist ein Gesetz nur dann allgemein, wenn es dazu bestimmt ist, im konkreten Fall einem Rechtsgut zu dienen, dass gewichtiger ist als die verursachte Einschränkung der jeweiligen Freiheiten.[889] Demgegenüber zielt die Sonderrechtstheorie auf Sinn und Zweck des Art. 5 II GG ab und bewertet Gesetze als nicht allgemein sofern sie „*eine an sich erlaubte Handlung allein wegen ihrer geistigen Zielrichtung und der dadurch hervorgerufenen schädlichen geistigen Wirkung verbieten oder beschränken.*"[890] Im Lüth-Urteil hat sich das BVerfG zum ersten Mal mit dem Begriff des allgemeinen Gesetzes befassen müssen. Es hat dabei beide Theorien kombiniert, wonach Gesetze dann allgemein sind, wenn sie sich nicht gegen eine Meinung als solche richten, sondern „*vielmehr dem Schutz eines schlechthin ohne Rücksicht auf eine bestimmte Meinung zu schützenden Rechtsguts dienen.*"[891] Das BVerfG betont mit der Aufrechterhaltung der Sonderrechtstheorie die Meinungsneutralität der Gesetze; damit ist gemeint, dass ein

---

885 *Kaiser*, in: Dreier, GG, Art. 5, Rn. 126 unter Verweis auf *Degenhart*, in: BK, GG, Art. 5 I, II, Rn. 65 b.

886 *Kaiser*, in: Dreier, GG, Art. 5 I, II Rn. 126.

887 *Kloepfer*, Verfassungsrecht II, 2010, § 61, Rn. 129.

888 *Grabenwarter*, in: Dürig/Herzog/Scholz, GG, Art. 5, Rn. 982 ff.; *Starck/Paulus,* in: v. Mangoldt/Klein/Starck, GG, Art. 5 Abs. 1, 2, Rn. 276 f.

889 *Smend*, VVDStRL 4 (1928), 44, 51 ff.

890 *Häntzschel*, in: HdbDStR II, 1932, S. 651, 659 f.

891 Ständige Rechtsprechung seit BVerfGE 7, 198, 209; 62, 230, 243; 71, 162, 175; 124, 300, 326 f.

Gesetz nicht für bestimmte Meinungsinhalte werben oder von ihnen abbringen darf (Verbot der Meinungsmissionierung) und eine mögliche Beschränkung nicht von der vermeintlichen Wertlosigkeit einer Meinung abhängig machen darf (Verbot der Meinungsdiskriminierung).[892]

Von dem Erfordernis der Allgemeinheit der Gesetze macht das BVerfG eine ungeschriebene Ausnahme, wenn sie sich gegen Meinungsäußerungen richten, *„die eine positive Bewertung des nationalsozialistischen Regimes in seiner geschichtlichen Realität zum Gegenstand haben.“*[893] Das BVerfG stuft solche Gesetze als Sonderrecht ein, lässt sie aber dennoch als einschränkendes Gesetz zu. Derlei Meinungsäußerungen seien mit Blick auf die nationalsozialistische Vergangenheit *„mit anderen Meinungsäußerungen nicht vergleichbar“*,[894] weil das *„historisch zentrale Anliegen aller an der Entstehung wie Inkraftsetzung des Grundgesetzes beteiligten Kräfte es verlange.“*[895]

Die Anforderung der Allgemeinheit nach Art. 5 II GG gilt auch für ein mögliches den Einsatz von Social Bots regulierendes Gesetz. Dieses darf sich demnach nicht gegen eine bestimmte Meinung als solche richten, sondern muss dem Schutz eines Rechtsguts dienen. Eine Besonderheit hinsichtlich der Inhalte von Bot-Beiträgen in dem Sinne, dass sie nur festgelegte Meinungen verbreiten würden, ist nicht gegeben. Je nach Einsatzziel teilen Social Bots Beiträge mit bestimmten politischen Themen und Meinungen. Darüber hinaus zeigt sich eine Auffälligkeit hinsichtlich der Inhalte von Bot-Beiträgen in der Verbreitung von Fake News und Beleidigungen; allerdings existieren auch hier keine auf bestimmte Inhalte festgelegten Beiträge. Das schützenswerte Rechtsgut könnte in den Kommunikationsfreiheiten der anderen Nutzer sozialer Medien liegen.[896]

bb. Recht der persönlichen Ehre

Die Schranke des Rechts der persönlichen Ehre ist für die Bewertung von Social Bots deshalb relevant, weil einer der gegenwärtigen Einsatzgebiete

---

[892] Siehe dazu insgesamt: *Kingreen/Poscher*, Grundrechte, 39. Auflage, 2023, Rn. 801.

[893] BVerfGE 124, 300, 303.

[894] BVerfGE 124, 300, 329.

[895] BVerfGE 124, 300, 328.

[896] Siehe: Teil 4, A, II, 3, b.

derselben im Bereich des Cybermobbings liegt; Einzelpersonen werden persönlich beleidigt und belästigt, um sie aus dem Meinungsbildungsprozess zu drängen.[897]

In dogmatischer Hinsicht wird die persönliche Ehre, auch wenn sie schon im Rahmen des allgemeinen Persönlichkeitsrechts nach Art. 2 I GG i. V. m. Art. 1 I GG geschützt ist, als gesonderte Schranke in Art. 5 II GG erwähnt.[898] Allerdings ist das Verhältnis der Schranken untereinander praktisch bedeutungslos geworden, weil allgemeine Gesetze dem Schutz eines schlechthin zu schützenden Rechtsgutes dienen müssen und der Jugendschutz sowie die persönliche Ehre solche Rechtsgüter darstellen, weshalb Gesetze zum Schutze derselben regelmäßig auch allgemeine Gesetze darstellen.[899]

Herabsetzende Äußerungen und die Frage nach dem Schutz dieser durch die Meinungsfreiheit ist regelmäßig Gegenstand verfassungsrechtlicher Rechtsprechung, weshalb sich hierzu eine umfangreiche Kasuistik des BVerfG entwickelt hat. Erst jüngst hat das BVerfG eine Reihe von Verfahren zum Anlass genommen,[900] um seine Dogmatik in diesem Themenfeld zu strukturieren und hat dies sogar mit einer – für das BVerfG eher unüblichen – gesonderten Pressemitteilung klargestellt.[901] Im Spannungsfeld zwischen der Meinungsfreiheit und dem Ehrenschutz gilt bei Meinungsäußerungen, die eine öffentliche Angelegenheit betreffen, die „Vermutung für die Zulässigkeit der freien Rede.“[902] Nach der Ermittlung des Sinns der infrage stehenden Äußerung[903] erfolgt eine Abwägung mit Blick auf die Gewichtung der Beeinträchtigung der persönlichen Ehre auf der einen und der Meinungsfreiheit auf der anderen Seite.[904] Eine Abwä-

---

897 *Kind* u. a., Social Bots, 2017, S. 34.

898 *Starck/Paulus*, in: v. Mangoldt/Klein/Starck, GG, Art. 5, Rn. 302.

899 BVerfGE 124, 300, 326; bzgl. Ehrenschutz schon: BVerfGE 11, 234, 238.

900 Beschlüsse vom 19. Mai 2020 – 1 BvR 2459/19, 1 BvR 2397/19, 1 BvR 1094/19, 1 BvR 362/18; siehe dazu: *Hufen*, in: FS Dörr, 2022, S. 473, 476.

901 Bundesverfassungsgericht, Klarstellung verfassungsrechtlicher Maßgaben für strafrechtliche Verurteilungen wegen ehrbeeinträchtigender Äußerungen, Pressemitteilung Nr. 49/2020 vom 19. Juni 2020.

902 BVerfGE 93, 266, 294.

903 BVerfGE 93, 266, 295; jüngst: BVerfG – 1 BvR 362/18 -, Rn. 14.

904 StRspr. seit BVerfGE 7, 198, 212; 85, 1, 16; 93, 266, 293; jüngst: BVerfG – 1 BvR 362/18 -, Rn. 14.

gung findet ausnahmsweise dann nicht statt, wenn die Äußerung die Menschenwürde eines anderen antastet oder es sich um eine Formalbeleidigung oder Schmähkritik handelt; in diesen Fällen tritt der Ehrenschutz von vornherein hinter der Meinungsfreiheit zurück.[905]

Um Schmähkritik handelt es sich nicht schon bei einer überzogenen, völlig unverhältnismäßigen oder sogar ausfälligen Kritik.[906] Diese liegt erst dann vor, „*wenn nicht mehr die Auseinandersetzung in der Sache, sondern die Diffamierung der Person im Vordergrund steht.*“[907] Eine Formalbeleidigung hingegen ist gegeben, wenn „*es sich etwa bei mit Vorbedacht und nicht nur in der Hitze einer Auseinandersetzung verwendeten, nach allgemeiner Auffassung besonders krassen, aus sich heraus herabwürdigenden Schimpfwörtern – etwa aus der Fäkalsprache – handelt.*“[908] Die Strafbarkeit liegt in diesen Fällen in der spezifischen Form der Äußerung, die sich an einer „*kontextunabhängig*[en] *gesellschaftlich absolut missbilligte*[n] *und tabuisierte[n] Begrifflichkeit*“ zeigt.[909] Mit Blick auf die Grenzen der Meinungsfreiheit bei Verletzungen der Menschenwürde ist zu beachten, dass dies nur in Betracht kommt, „*wenn sich eine Äußerung nicht lediglich gegen einzelne Persönlichkeitsrechte richtet, sondern einer konkreten Person den ihre menschliche Würde ausmachenden Kern der Persönlichkeit abspricht.*“[910] Allerdings ist zu berücksichtigen, dass aus dem Nichtvorliegen dieser Fälle noch keine Vorfestlegung für den generellen Vorrang der Meinungsfreiheit vor dem Ehrenschutz folgt. Vielmehr bedarf es einer Abwägung nach den oben genannten Kriterien, dessen Ausgang offen ist.[911]

---

[905] StRspr. 82, 43, 51; 85, 1, 16; 90, 241, 248; 93, 266, 293 f.; 99, 185, 196; jüngst: BVerfG – 1 BvR 362/18 -, Rn. 14.

[906] BVerfGE 82, 272, 283.

[907] BVerfGE 82, 272, 283 f.; 85, 1, 16; 93, 266, 294, 303; BVerfG, Beschluss der 2. Kammer des Ersten Senats vom 14. Juni 2019 – 1 BvR 2433/17 -, Rn. 18

[908] BVerfG – 1 BvR 362/18 -, Rn. 20.

[909] BVerfG – 1 BvR 362/18 -, Rn. 20.

[910] BVerfG – 1 BvR 362/18 -, Rn. 21.

[911] Siehe insgesamt hierzu und für das Zitat: BVerfG – 1 BvR 362/18 -, Rn. 14.

b. Verfassungsimmanente Schranken

Die Schranken für die Freiheiten in Art. 5 I GG erschöpfen sich nicht in der Regelung des Absatzes 2. Gesetze, die Grundrechte Dritter und andere Verfassungsrechtsgüter schützen, können als verfassungsimmanente Schranken ebenfalls die Kommunikationsfreiheiten in Art. 5 I GG einschränken.[912] Wie dargestellt, betrifft der Einsatz von Social Bots den Meinungsbildungsprozess, der grundrechtliche umfassend geschützt ist;[913] deshalb kommen als einschränkende Güter vor allem die Kommunikationsfreiheiten Dritter in Betracht.[914] Dass Grundrechte an dieser Stelle als Rechtfertigungsinstrument zwischen Privaten fungieren, darf nicht irritieren. Auch wenn Grundrechten primär eine abwehrrechtliche Funktion des Privaten gegenüber dem Staat zukommt, dienen sie auch zur Begründung möglicher Schutzpflichten des Staates vor ungerechtfertigten Grundrechtseinschränkungen zwischen Privaten.[915] Wenn der Staat die Grundrechte selbst nicht einschränkt, aber nichts dagegen unternimmt, dass diese durch Private eingeschränkt werden, liefe der grundrechtliche Schutz ins Leere.[916]

aa. Meinungsfreiheit

aaa. Physische Beeinträchtigung der Meinungskundgabe und -verbreitung

Wie dargelegt, gewährleistet die Meinungsfreiheit bis auf wenige Ausnahmen einen umfassenden Schutz der Meinungsäußerung hinsichtlich ihres Inhalts, ihrer Kundgabe und Verbreitung.[917] Deshalb ist die Meinungsfreiheit immer dann relevant, wenn die Kundgabe und Verbreitung einer Äußerung faktisch erschwert oder gänzlich verhindert werden.[918] In physischer Hinsicht hindert der Einsatz von Social Bots niemanden an

[912] *Degenhart,* in: BK, GG, Art. 5, Rn. 98 m. w. N.; a. A. *Kaiser*, in: Dreier, GG, Art. 5, Rn. 138.

[913] Siehe. Teil 3, B, I, 3.

[914] So auch: *Laude*, Automatisierte Meinungsbeeinflussung, 2021, S. 194.

[915] BVerfGE 39, 1, 41 ff.; 88, 203, 254; siehe hinsichtlich der mittelbaren Drittwirkung der Meinungsfreiheit in sozialen Medien: *Heldt*, Intensivere Drittwirkung, 2023.

[916] *Laude*, Automatisierte Meinungsbeeinflussung, 2021, S. 195.

[917] Siehe: Teil 4, A, II, 1, d.

[918] *Iben*, Staatlicher Schutz vor Meinungsrobotern, 2021, S. 121, 122; *Laude*, Automatisierte Meinungsbeeinflussung, 2021, S. 196; *Grabenwarter*, in: Dürig, GG, Art. 5, Rn. 101 f.

der Kundgabe seiner Meinung; Social Bots können keine physisch-faktische Wirkung auf das Nutzerverhalten entfalten. Anders könnte es sich bei der physischen Wirkung auf die *Verbreitung* der Äußerung verhalten.[919]

Eine Strategie, die beim Einsatz von Social Bots verwendet wird, ist das sog. „*Smoke Screening*" (Einnebelung). Um die Wirkung dieser Strategie auf die Verbreitung von Beiträgen echter Nutzer zu verdeutlichen, ist zunächst die enorme kommunikative Funktion von *Hashtags* in der Kommunikation in den sozialen Medien hervorzuheben. Werden Beiträge mit einem bestimmten *Hashtag* ergänzt, können andere Nutzer durch die Suche mittels dieses *Hashtags* alle Beiträge, die diesen enthalten, finden. An oberster und somit sichtbarster Stelle im Newsfeed stehen jene Beiträge, die der algorithmusbasierten Relevanzermittlung am meisten entsprechen. Werden nun massenhaft mit dem Thema eines *Hashtags* inhaltlich zusammenhangslose Beiträge mit dem Hashtag geteilt, werden die Beiträge der echten Nutzer nicht mehr gesehen – sie werden „eingenebelt", sie gehen schlicht unter. Dadurch wird zwar nicht die Kundgabe, jedoch die Verbreitung der Äußerung aktiv behindert.[920] Dieser Umstand ist umso gewichtiger, wenn man bedenkt, dass eine einzelne Person ohne große Mühe eine Vielzahl von Bots einsetzen und Spam-Beiträge erstellen kann, die bereits allein aufgrund ihrer Masse Äußerungen Dritter gänzlich untergehen lassen können.[921]

bbb. Psychische Beeinträchtigung der Meinungskundgabe und -verbreitung

Neben der physischen Beeinträchtigung kann die Verwendung von Social Bots insbesondere eine psychische Beeinträchtigung auf den Meinungsbildungsprozess entfalten – und zwar schon auf den Akt der Kundgabe einer Äußerung selbst.[922] Dass die psychische Störung eine ähnliche Zwangswirkung wie die physische Störung entfalten kann, beschreibt *Iben* treffend: „*Von der Wirkungsweise unterscheiden sich beide Methoden kaum. In beiden Fällen soll der Wille des Äußernden gebeugt werden.*

---

919 *Iben* beschränkt sich auf die rein psychische Zwangswirkung, siehe: *Iben*, Staatlicher Schutz vor Meinungsrobotern, 2021, S. 122.

920 Siehe auch: *Laude*, Automatisierte Meinungsbeeinflussung, 2021, S. 197.

921 Siehe: Teil 2, C, I, 1.

922 *Iben*, Staatlicher Schutz vor Meinungsrobotern, 2021, S. 122.

Zwar mögen Gewalt und Drohung illegitimer und unvereinbar mit den grundrechtlichen Wertevorstellungen sein. Gleichwohl sind in beiden Fällen wesentliche Wirkungsvoraussetzungen in der Außenwelt verbündet, die dann maßgeblich die Willensbetätigung beeinflussen.“[923]

Wie zuvor schon beschrieben, zielt der Einsatz von Social Bots darauf ab, das gesellschaftliche Meinungsbild in den sozialen Medien zugunsten des jeweiligen Bot-Betreibers zu verzerren. Dies geschieht vor allem durch das Erzeugen von Trends,[924] wodurch Themen oder Meinungen, die tatsächlich nur eine geringe Rückkopplung in der Gesellschaft genießen, so dargestellt werden, als würden sie von der gesellschaftlichen Mehrheit geteilt.[925] Allein durch die schiere Masse der eingesetzten Bots kann somit das gesellschaftliche Meinungsbildung verfälscht werden. Berücksichtigt man in diesem Zusammenhang nun auch die Erkenntnisse der Theorie der Schweigespirale[926], kann durch den gezielten Einsatz von Social Bots ein gewisser Teil der Bevölkerung zur Selbstzensur gebracht werden; sie werden von der Diskussion verdrängt.[927] Dieser Umstand gewinnt insbesondere dadurch an Dramatik, dass bereits eine geringe Anzahl von Social Bots zum Auslösen dieses Effekts genügen.[928] Folglich wird die Kundgabe einer Äußerung durch den Einsatz von Social Bots psychisch verhindert.[929] Die psychische Störungswirkung kann sich durch ein als bedrohlich wahrgenommenes Meinungsklima verstärken, zu dessen Entwicklung Social Bots beitragen, indem ausgewogene Meinungen aus der Debatte verdrängen und somit Raum für extreme Meinungen schaffen.[930]

bb. Informationsfreiheit

Mit Blick auf den Informationserhalt und dessen Verbreitung kommt den sozialen Medien eine immer wichtigere Rolle zu, denn sie werden ver-

---

[923] *Iben*, Staatlicher Schutz vor Meinungsrobotern, 2021, S. 122 m. w. N.
[924] Siehe: Teil 2, C, I, 2.
[925] Siehe: Teil 2, C, I, 2.
[926] Siehe: Teil 1, B, III, 1.
[927] *Iben*, Staatlicher Schutz vor Meinungsrobotern, 2021, S. 122.
[928] Siehe: Teil 2, C, II, 1.
[929] So auch: *Iben*, Staatlicher Schutz vor Meinungsrobotern, 2021, S. 122.
[930] Siehe: Teil 2, C, II.

stärkt auch als Nachrichtenquelle genutzt.[931] Auf den Plattformen existieren unterschiedliche Informationskanäle, die je nach Anbieter auch Nuancen aufweisen, aber sich insgesamt wie folgt unterteilen lassen: personalisierter Newsfeed,[932] Darstellung von Trend-Themen (z.B. „*trending topics*“ auf X (vormals Twitter)) und individuelle Suche in Suchmaschinen.[933]

Der Einsatz von Social Bots scheint die Informationsfreiheit realer Nutzer sozialer Medien gleich in mehrfacher Weise zu tangieren: Zunächst werden durch das massenhafte Teilen zusammenhangsloser Beiträge, die mit einem thematisch relevanten Hashtag ergänzt sind („*Smoke Screening*“), die Nutzer am Erhalt der gewünschten Informationen gehindert.[934] Mittels des Hashtags suchen sie nach relevanten Informationen, finden diese aber nicht, weil der Hashtag missbräuchlich verwendet wird.[935] Auch die bewusste Weiterleitung zu anderen als vom Nutzer gewollten Themen („*Misdirection*“) hindert den Nutzer am Zugang zu der gewünschten Information und schränkt seine Informationsfreiheit ein.[936] Des Weiteren können Nutzer zugleich in ihrer negativen Informationsfreiheit eingeschränkt werden, wenn ihr personalisierter Neewsfeed mit banalen Beiträgen überflutet wird und ihnen dadurch Informationen aufgezwungen werden, die sie gar nicht erhalten wollten.[937]

Iben sieht eine weitere Möglichkeit der Einschränkung der Informationsfreiheit durch Social Bots in folgendem Punkt: Im Newsfeed erscheinen solche Beiträge, die eine inhaltliche Ähnlichkeit zu den vom Nutzer oder von seinem Netzwerk geteilten Beiträgen aufweisen; die Auswahl eben-

---

931 *Laude*, Automatisierte Meinungsbeeinflussung, 2021, S. 195.

932 Siehe für die Bedeutung von Newsfeeds als Informationskanal: *Schmidt* et al., Zur Relevanz von Online-Intermediären für die Meinungsbildung, 2017, S. 20 ff; siehe für den Newsfeed als Beispiel algorithmusbasierter Personalisierung: *Iben*, Staatlicher Schutz vor Meinungsrobotern, 2021, S. 34 und *Kaiser/Reiling*, in: Unger/v. Ungern-Sternberg, Demokratie und künstliche Intelligenz, 2017, S. 85 (87 ff.).

933 Ähnlich: *Iben*, Staatlicher Schutz vor Meinungsrobotern, 2021, S. 134, 135.

934 Siehe: Teil 2, C, I, 1.

935 So auch: *Laude*, Automatisierte Meinungsbeeinflussung, 2021, S. 196.

936 Siehe: Teil 2, C, I, 1.

937 *Laude*, Automatisierte Meinungsbeeinflussung, 2021, S. 196.

dieser erfolgt durch einen Algorithmus.[938] Befinden sich im Netzwerk des Nutzers jedoch Social Bots, haben deren Aktivität Einfluss auf den Algorithmus, der für den Newsfeed des Nutzers Inhalte zusammenstellt. Folglich kann die Aktivität des Social Bots schon den Datenkorpus beeinflussen, auf dessen Grundlage sich Nutzer ihre Meinung bilden.[939] Nun ist es offensichtlich, dass sich bei der Beeinflussung der Informationsgrundlage selbst keine Zwangswirkung gegenüber dem Nutzer entfaltet. Der Umgang mit der jeweiligen Information ist – wie bei jedem anderen Informationsmedium auch – Aufgabe des Nutzers;[940] allerdings können durch Social Bots nutzerseitige Verzerrungsprozesse – wie etwa der *confirmation bias*[941] – gezielt ausgenutzt werden, weshalb von einer eher unbewussten und subtilen Beeinflussung der Nutzer ausgegangen werden kann.[942]

In diesen Kontext ist die wesentliche Bedeutung der Informationsaufnahme und -rezeption für die innere Meinungsbildung zu erwähnen.[943] Auch wenn Art. 5 I 1 GG kein Hinweis für den Schutz des inneren Meinungsbildungsprozesses zu entnehmen ist,[944] ist zu berücksichtigen, dass die offene und demokratische Meinungsbildung zentrales Schutzanliegen der Meinungs- und Informationsfreiheit ist.[945] Wäre gerade die innere Meinungsbildung ungeschützt, würde es sich um einen lückenhaften Schutz handeln.[946] Wie bei der Beeinflussung der Informationsgrundlage handelt es sich auch hier um einen inneren Prozess, für den die gleichen Manipulationsmechanismen gelten; deshalb ist auch hier von einem für die Informationsfreiheit relevanten Verhalten auszugehen.[947]

---

938 Siehe: Teil 1, B, 3, a.

939 *Iben*, Staatlicher Schutz vor Meinungsrobotern, 2021, S. 135 m. w. N.

940 BVerfGE 149, 22, 262.

941 Beim *comfirmation bias* (Bestätigungsfehler) handelt es sich um eine unbewusste Tendenz der Person, die Informationen wahrzunehmen, die mit der eigenen Sichtweise übereinstimmen, siehe: *Wason*, QJEP 1968, 273.

942 *Iben*, Staatlicher Schutz vor Meinungsrobotern, 2021, S. 136.

943 *Iben*, Staatlicher Schutz vor Meinungsrobotern, 2021, S. 136, 137.

944 *Starck*, in: v. Mangoldt/Klein/Starck, GG, Art. 5, Rn. 37.

945 Siehe: Teil 3, B, I, 3.

946 *Iben*, Staatlicher Schutz vor Meinungsrobotern, 2021, S. 137 mit Verweis auf: *Schmalenbach*, NVwZ 2005, 1357; *Schmidt-Jortzig*, in: HdStR VII, § 162, Fn. 35.

947 *Iben*, Staatlicher Schutz vor Meinungsrobotern, 2021, S. 137.

cc. Presse- und Rundfunkfreiheit

Der Meinungsfreiheit der Bot-Betreiber könnte auch die Presse- und Rundfunkfreiheit der Nutzer sozialer Medien entgegenstehen, wenn sie eigene Inhalte entwickeln und dabei medienspezifische Verhaltensweisen zum Ausdruck bringen.[948] Je nachdem ob der Inhalt einer Äußerung oder ihre medienspezifische Seite Gegenstand der Betrachtung ist, findet entweder die Meinungs- oder Presse- bzw. Rundfunkfreiheit Anwendung. Falls sowohl der Inhalt als auch die medienspezifische Ausprägung einer Äußerung relevant sein sollte, können Meinungs- und Presse- bzw. Rundfunkfreiheit gleichzeitig zur Anwendung kommen.[949]

dd. Integrität des öffentlichen Meinungsbildungsprozesses

Der Einsatz von Social Bots tangiert nicht nur die Grundrechtsausübung des Einzelnen, sondern auch den Meinungsbildungsprozess als solche. Wie dargestellt, ist die Identitätstäuschung ein wesentliches Merkmal von Social Bots; ohne die Täuschung über die menschliche Identität könnte sich die manipulative Wirkung auf den Meinungsbildungsprozess nicht entfalten. [950] Demgegenüber steht der Erwartungshorizont des durchschnittlichen Nutzers sozialer Medien, hinter den jeweiligen Profilen menschliche Nutzer anzunehmen;[951] dies gilt auch trotz der Tatsache anzunehmen, dass aufgrund vermehrter Berichterstattung über Social Bots und andere digitale Instrumente zur Manipulation der öffentlichen Meinungsbildung die Sensibilität und Fähigkeit der Nutzer von sozialen Medien für das Erkennen solcher Erscheinungen in jüngerer Zeit gestiegen sein könnte. Ein bzgl. seines Inhalts und seiner Begleitumstände wahrheitsgemäß geführter öffentlicher Meinungsbildungsprozess ist für das Vertrauen in die Integrität des öffentlichen Meinungsbildungsprozesses daher von erheblicher Bedeutung. Dieses Vertrauen kann aufgrund der massenhafte Identitätstäuschung durch Social Bots beschädigt werden, was zu einem kontinuierlichen Misstrauen der Kommunikationsteilnehmer untereinander führen kann. Eine Situation, in der Rezipienten jeden Beitrag mit dem Verdacht einer Täuschung aufnehmen, kann eine kom-

---

[948] *Laude*, Automatisierte Meinungsbeeinflussung, 2021, S. 122, 123 m. w. N.

[949] *Laude*, Automatisierte Meinungsbeeinflussung, 2021, S. 123.

[950] Siehe: Teil 2, A.

[951] *Milker*, ZUM 2017, 216, 218.

munikationshemmende Wirkung haben, die für den demokratischen Diskurs eine ernsthafte Bedrohung darstellen kann.[952]

ee. Kommunikative Chancengleichheit

Führt man sich vor Augen, dass die Verwender von Social Bots gegenüber anderen Kommunikationsteilnehmern eine deutlich stärkere Stellung hinsichtlich der Verbreitung ihrer Inhalte haben, stellt sich die Frage, ob dem Grundgesetz eine Regelung zum fairen Wettbewerb im Meinungsbildungsprozess zu entnehmen ist und inwieweit diese dem Einsatz von Social Bots entgegensteht.[953]

aaa. Begründung und Inhalt

Tatsächlich ist der Rechtsprechung des BVerfG schon recht früh eine gleichheitsrechtliche Dimension bzgl. des öffentlichen Meinungsbildungsprozess zu entnehmen; in seiner Lüth-Entscheidung stellt das BVerfG fest: „*Erst im Widerstreit der in gleicher Freiheit vorgetragenen Auffassungen kommt die öffentliche Meinung zustande, bilden sich die einzelnen angesprochenen Mitglieder der Gesellschaft ihre persönliche Ansicht.*“[954] An einer anderen Stelle weist das BVerfG explizit auf die Bedeutung der gleichberechtigten Teilhabe hin: „*Und nur wenn die Mehrheit aus einem freien, offenen, regelmäßige zu erneuernden Meinungsbildungsprozeß und Willensbildungsprozeß, an dem grundsätzlich alle wahlmündigen Bürger zu gleichen Rechten teilhaben können* […]“.[955]

Diese Perspektive findet sich im Begriff der Meinungsvielfalt in der rundfunkrechtlichen Rechtsprechung des BVerfG wieder.[956] Diese sei ge-

---

952 *Semizoğlu*, in: Hetmank/Rechenberg (Hrsg.), Kommunikation, Kreation und Innovation, 2017, S. 79, 93; hinsichtlich der Zerstörung des Diskursvertrauens siehe: *Kube*, in: HStR I, 2023, § 15, Rn. 79.

953 So auch: *Iben*, Staatlicher Schutz vor Meinungsrobotern, 2021, S. 128: „*…inwieweit nicht auch die Kommunikationsfreiheiten ein gewisses Maß an chancengleicher Teilhabe gewährleisten…*“.

954 BVerfGE 7, 198, 219.

955 BVerfGE 44, 125, 142; siehe auch BVerfGE 25, 256, 265: „*Gleichheit der Chancen beim Prozeß der Meinungsbildung*“.

956 Siehe nur: BVerfGE 57, 295, 320 – 3. Rundfunkentscheidung; BVerfGE 73, 118, 153 – 4. Rundfunkentscheidung.

geben, wenn „*bestehende Meinungen in möglichster Breite und Vollständigkeit*" zum Ausdruck kommen.[957] In der Literatur hingegen hat sich unter Verweis auf die Rechtsprechung der Gedanke der kommunikativen Chancengleichheit entwickelt.[958] Danach müsse der Kommunikationsprozess prinzipiell offen und privilegienfeindlich sein; jedoch muss nur die *Möglichkeit* der chancengleichen Teilhabe am Meinungsbildungsprozess gegeben sein, denn eine formale Chancengleichheit lässt sich nicht umsetzen.[959] Machtungleichheiten im Kommunikationsprozess dürfen nur kommunikativ begründet sein.[960] Die kommunikative Chancengleichheit ist als Vorbedingung der Meinungsvielfalt zu verstehen; nur in einem Rahmen gleicher Teilhabemöglichkeiten am Kommunikationsprozess kann eine Meinungsvielfalt entstehen.[961] Die „Synthese" beider Ansätze deckt sich im Kern auch mit der Rechtsprechung des BVerfG: Schützenswert aus Sicht des BVerfG ist ein freier und offener Prozess der Meinungsbildung; dieser soll vor der Vereinnahmung durch einzelne Akteure geschützt werden.[962] Existiert ein Rahmen, in der alle Teilnehmer eine chancengleiche Teilhabemöglichkeit am Kommunikationsprozess haben, so werden sich auch die „bestehenden Meinungen in möglichster Breite und Vollständigkeit" abbilden.[963] Für diesen Ansatz spricht zudem, dass ausgehend von der Wahlrechtsgleichheit in Art. 38 I 1 Alt. 4 GG und der Chancengleichheit der Parteien nach Art. 21 I GG i. V. m. Art. 38 I Alt. 4 GG die Chancengleichheit ein „*Kernprinzip des demokratischen Staates*" ist, dessen Wirkung sich nicht im Wahlakt erschöpft, sondern

---

957 BVerfGE 57, 295, 319 f.

958 Grundlegend dazu: *Hoffmann-Riem*, Kommunikationsfreiheiten, 2002, S. 74, 99, 177; *Schulz*, Gewährleistung kommunikativer Chancengleichheit als Freiheitsverwirklichung, 1998; siehe in diesem Zusammenhang mit Blick auf die staatliche Neutralitätspflicht des Staates: *Nellesen*, Äußerungsrechte staatlicher Funktionsträger, 2019, S. 53 ff.

959 *Iben*, Staatlicher Schutz vor Meinungsrobotern, 2021, S. 131; *Hindelang*, Freiheit und Kommunikation, 2019, S. 170; *Hartl*, Suchmaschinen, Algorithmen und Meinungsmacht, 2017, S. 32; *Knothe/Nowosadtko*, ZRP 2011, 33, 34.

960 *Hoffmann-Riem*, in: Hoffmann-Riem (Hrsg.), Offene Rechtswissenschaft, 2010, S. 668 ff.

961 *Schulz*, Gewährleistung kommunikativer Chancengleichheit als Freiheitsverwirklichung, 1998, S. 170; *Hartl*, Suchmaschinen, Algorithmen und Meinungsmacht, 2017, S. 35, 36.

962 Siehe: Teil 3, B, 3.

963 *Hartl*, Suchmaschinen, Algorithmen und Meinungsmacht, 2017, S. 36 m. w. N.

auch auf dessen Vorfeld – die Meinungsbildung – ausstrahlt.[964] Auch wenn dieser Gedanke ursprünglich nicht für den digitalen Raum gedacht waren, muss sich sein Anwendungsbereich nicht darauf beschränken;[965] die digitale Kommunikation ist nicht weniger anfällig für Störungen der chancengerechten Rahmenbedingungen als es der Rundfunk ist.[966]

bbb. Störung

Dass im öffentlichen Meinungsbildungsprozess manche Akteure eine stärkere Ausgangsposition haben als andere, ist ein Teil der Kommunikationsrealität – und zwar schon vor der Digitalisierung der Kommunikationsstrukturen.[967] Entscheidend in der rechtlichen Bewertung ist der Grund dieser Divergenz. Nach dem Prinzip der kommunikativen Chancengleichheit darf jener nur kommunikativer Art sein,[968] weil für den grundgesetzlichen Meinungsbildungsprozess das inhaltlich stärkere Argument das zentrale Überzeugungsmittel ist;[969] auch bei einer etwa wirtschaftlichen Machtstellung darf nur das Argument als solches zur Überzeugung eingesetzt werden.[970]

Die Stärke von Social Bots entsteht durch den Einsatz verschiedener manipulativer Strategien, die physische und psychische Zwangswirkungen entfalten können.[971] Der in diesem Zusammenhang relevante Punkt ist die massenhafte Identitätskreierung und die damit einhergehende Täuschung über die menschliche Identität der geschaffenen Profile. Die verschiedenen Strategien würden nicht ansatzweise eine ähnliche Wirkung entfalten, wenn sie nicht durch die Vielzahl künstlich geschaffener Identitäten ge-

---

964 *Iben*, Staatlicher Schutz vor Meinungsrobotern, 2021, S. 129 mit Verweis auf: *Kube*, in: HbStR IV, § 91, Rn. 27.

965 *Bortnikov*, Netzneutralität und Bedingungen kommunikativer Selbstbestimmung, 2013, S. 47, 50.

966 *Bock*, Die Übertragbarkeit der Kommunikationsfreiheiten des Art. 5 GG auf das Internet, 2018, S. 259 f.; *Hindelang*, Freiheit und Kommunikation, 2019, S. 71 f., 103, 158.

967 Siehe: Teil 3, A, II.

968 *Hartl*, Suchmaschinen, Algorithmen und Meinungsmacht, 2017, S. 32; *Knothe/Nowosadtko*, ZRP 2011, 33.

969 Siehe: Teil 3, B, I, 1, d, aa, bbb, (d).

970 BVerfGE 25, 256, 265.

971 Siehe: Teil 4, A, II, 3, b, aa.

tragen würden. Die Betreiber von Social Bots suggerieren damit, dass ihr Standpunkt von vielen geteilt wird, ohne dafür diese überzeugt haben zu müssen – sie erhöhen ihre Überzeugungskraft aus sich selbst heraus.[972] Der Unterschied zu anderen Akteuren, die etwa durch massenmediale Instrumente versuchen, ihre Meinung weitmöglichst zu verbreiten, liegt darin, dass sie als reale Person *selbst* für ihre Meinung werben und als solche wahrgenommen werden. Jede weitere Person, die diese Meinung teilt, ist *eine* weitere Person. Durch die Verwendung von Social Bots wird die Meinung einer realen Person als die Meinung vieler realer Personen wahrgenommen. Dieser Unterschied ist es, der die Möglichkeit der chancengleichen Teilhabe am Meinungsbildungsprozess stört; andere Akteure haben nicht die gleiche Teilhabemöglichkeit. Die Chancenverteilung wird durch Täuschung zugunsten der Bot-Betreiber verändert.[973]

ccc. Sonderfall: Zusammenwirken von Social Bots und Hate Speech

Der Einsatz von Social Bots kann auch in einer anderen Hinsicht die kommunikative Chancengleichheit tangieren. Wie bereits dargestellt, können durch Social Bots Beleidigungen und *Hate Speech* verbreitet werden.[974] Neben persönlichen (gesundheitlichen wie wirtschaftlichen) Folgen für die Betroffenen[975] bringt *Hate Speech* auch solche Folgen mit sich, die den demokratischen Meinungsbildungsprozess betreffen: Betroffene ziehen sich aus der öffentlichen Diskussion zurück („*silencing effect*"),[976] wodurch sich die Meinungsvielfalt verringert und die Wahr-

---

[972] *Iben*, Staatlicher Schutz vor Meinungsrobotern, 2021, S. 132, 133, der diesen Umstand auch als Bruch mit dem Prinzip „one man, one vote" beschreibt („one man, many votes").

[973] *Iben*, Staatlicher Schutz vor Meinungsrobotern, 2021, S. 133 mit Verweis auf: *Fehling/Leymann*, AfP 2020, 110, 118; *Habel*, Roboterjournalismus, 2019, S. 145; *Heilmann*, Anonymität für User-generated Content?, 2013, S. 163.

[974] Siehe: Teil 4, A, II, 1, cc.

[975] *Geschke* et al., Hass im Netz, eine bundesweite repräsentative Untersuchung, 2019, S. 27.

[976] *Frey*, Geschlecht und Gewalt im digitalen Raum, 2020; *Gelber/McNamara*, Social Identities 22 (2016), 324; 42 % der Befragten einer Studie gaben an, aus Angst vor Hassrede eigene Beiträge vorsichtiger zu formulieren oder gar nicht zu teilen, siehe: *Hoven/Forschungsgruppe g/d/p*, Hate Speech: Ergebnisse einer repräsentativen Umfrage, 9.7.2020, S. 7.

nehmung gesellschaftlicher Realitäten verschiebt.[977] Relevant mit Blick auf das Prinzip der kommunikativen Chancengleichheit ist der Umstand, dass *Hate Speech* nicht jeden gleich trifft.[978] Empirische Studien haben ergeben, dass vor allem Frauen[979] und gesellschaftliche Minderheiten von *Hate Speech* betroffen sind.[980] So sind in Deutschland Personen mit Migrationsgeschichte mehr als doppelt so viel von *Hate Speech* betroffen wie Personen ohne Migrationsgeschichte.[981] Führt man sich nun vor Augen, dass durch den Einsatz von Social Bots Beiträge mit *Hate Speech* ohne größeren finanziellen und technischen Aufwand massenhaft verbreitet werden können, lässt sich konstatieren: Der Einsatz von Social Bots befördert, dass sich Frauen und gesellschaftliche Minderheiten von der öffentlichen Diskussion zurückziehen; folglich haben sie im Vergleich zu Männern und der gesellschaftlichen Mehrheitsbevölkerung eine geringere Teilhabemöglichkeit am öffentlichen Meinungsbildungsprozess.

c. Wechselwirkungslehre als Schranken-Schranke

Neben dem Zensurverbot nach Art. 5 I 3 GG, das eine spezielle Schranken-Schranke für Art. 5 I, II GG darstellt, hat das BVerfG schon in seinem Lüth-Urteil festgelegt, dass Gesetzte, die die Kommunikationsfreiheiten einschränken, ihrerseits im Lichte der Bedeutung derselben auszulegen und somit ggf. selbst wieder einzuschränken sind.[982] Durch diesen auch als Wechselwirkungslehre bezeichneten Ansatz soll „*der besondere Wertgehalt dieses Rechts, der in der freiheitlichen Demokratie zu einer grundsätzlichen Vermutung für die Freiheit der Rede [...] führen muß,*

---

977 *Geschke* et al., Hass im Netz, eine bundesweite repräsentative Untersuchung, 2019, S. 27, 28 f.

978 Siehe für Vorschläge zur Behandlung dieses Problems innerhalb der Dogmatik der Meinungsfreiheit: *Völzmann*, MMR 2021, 619; *Bredler/Markard*, JZ 2021, 864.

979 Europäisches Parlament, Cyber violence and hate speech online against women, 2018, S. 31 f.; Eine Studie der Tageszeitung The Guardian hat ergeben, dass von den zehn am häufigsten durch Online-Kommentare beledigten Autorinnen und Autoren acht Frauen sind (vier nicht-weiß) und vier schwarze Männer, siehe: *Gardiner* et al., The dark side of Guardian comments, The Guardian, Beitrag vom 12.4.2016, abrufbar unter: https://www.theguardian.com/technology/2016/apr/12/the-dark-side-of-guardian-comments (zuletzt abgerufen am: 09.09.2023).

980 *Geschke* et al., Hass im Netz, 2019, S. 20, 24.

981 *Geschke* et al., Hass im Netz, 2019, S. 23.

982 BVerfGE 7, 198, 208.

auf jeden Fall gewahrt bleiben.“[983] Demnach soll keine einseitige Beschränkung der Grundrechte erfolgen.[984] Die Wechselwirkung erfolgt dergestalt, dass zunächst die eingeschränkten Grundrechte aus Art. 5 I GG dem durch das einschränkende Gesetz geschützten Rechtsgut zugeordnet werden;[985] im Weiteren muss die Einschränkung geeignet und erforderlich sein, um den durch das Gesetz angestrebten Erfolg zu erreichen. Zuletzt muss der Erfolg in einem angemessenen Verhältnis zu den Einschränkungen der Grundrechte stehen, was durch eine Einzelfallabwägung ermittelt wird.[986]

d. Praktische Konkordanz

Der Einsatz von Social Bots ist einerseits grundsätzlich vom Schutzbereich der Meinungsfreiheit erfasst; andererseits ist auch deutlich geworden, dass durch den Einsatz von Social Bots die Kommunikationsfreiheiten anderer Nutzer sozialer Medien, die Integrität des demokratischen Meinungsbildungsprozesses als solcher und die kommunikative Chancengleichheit eingeschränkt werden. Dieser Widerstreit verschiedener verfassungsrechtlicher Güter ist im Rahmen einer praktischen Konkordanz[987] auszugleichen; dabei ist die beschriebene Wechselwirkungslehre zu berücksichtigen. Die Frage, ob und unter welchen Bedingungen der vom Schutzbereich der Meinungsfreiheit erfasste Einsatz von Social Bots auf der Rechtfertigungsebene gegenüber den anderen Rechtsgütern zurücktreten muss, ist von den Umständen des Einzelfalls abhängig zu machen, sodass sich das Ergebnis des Abwägungsvorgangs nicht generell und abstrakt vorausbestimmen lässt.[988] Dennoch lassen sich aufgrund der bisherigen Untersuchungsergebnisse Leitlinien für die Abwägungen erstellen.[989]

---

983 BVerfGE 7, 198, 208.

984 BVerfGE 7, 198, 208.

985 *Kloepfer*, Verfassungsrecht II, 2010, § 61, Rn. 153.

986 BVerfGE 59, 231, 265; 71, 206, 214; 77, 65, 75; kritisch zur Einzelfallabwägung: *Scholz/Konrad*, AöR 123 (1998), 96.

987 *Hesse*, Grundzüge des Verfassungsrechts der Bundesrepublik Deutschland, 20. Auflage, 1995, Rn. 72.

988 *Laude*, Automatisierte Meinungsbeeinflussung, 2021, S. 201.

989 So auch: *Laude*, Automatisierte Meinungsbeeinflussung, 2021, S. 201.

aa. Meinungsfreiheit des Bot-Betreibers und deliberatives Potential sozialer Medien

Die Meinungsfreiheit hat eine besonders bedeutsame Rolle im Grundrechtsgefüge des Grundgesetzes.[990] Sie ist geprägt von dem Gedanken, dass die Kommunikation des Individuums elementar für seine Selbstentfaltung ist; sich eine Meinung zu bilden und diese gegenüber anderen zu äußern, ist ein Grundelement der menschlichen Persönlichkeit.[991] Deshalb ist von der Meinungsfreiheit nicht nur der Meinungsäußerungsinhalt, sondern auch die Entscheidung über das genutzte Mittel der Kundgabe geschützt.[992] Der sich Äußernde darf dasjenige Mittel nutzen, von dem er sich die größtmögliche Verbreitung seiner Meinung verspricht; dazu gehört gewiss auch die Nutzung neuer Kommunikationstechnologien.[993] Vor diesem Hintergrund handelt es sich bei der Verwendung von Social Bots um ein Verhalten von besondere grundrechtlicher Relevanz.[994]

Weiterhin ist festzuhalten, dass der Zugang und die Möglichkeiten der Beteiligung des Einzelnen am öffentlichen Meinungsbildungsprozess durch soziale Medien stark zugenommen haben. Wenn es vor den neuen Kommunikationstechnologien nur beschränkte Möglichkeiten der öffentlichen und breitenwirksamen Meinungsäußerung für den Einzelnen gab, ist es heute möglich, mit einem einzelnen Beitrag in den sozialen Medien eine große Zahl von Menschen zu erreichen.[995] Den sozialen Medien wohnt folglich ein deliberatives Potential inne, was aus demokratietheoretischer Sicht begrüßenswert ist,[996] doch auch aus grundrechtlicher Perspektive ist dieser Aspekt bedeutsam, da die Meinungsfreiheit neben ihrer menschenrechtlichen Komponente auch eine starke demokratiestaatliche Komponente beinhaltet.[997] Die Mitwirkung des Einzelnen an den politi-

---

[990] BVerfGE 7, 198, 208: „Grundlage jeder Freiheit überhaupt".

[991] Siehe: Teil 3, B, I, 1, a.

[992] Siehe: Teil 3, B, I, 1, d, aa, bbb, (c).

[993] *Dankert/Dreyer*, K&R 2017, 73, 74.

[994] Siehe: Teil 4, A, II, 1, c.

[995] Siehe: Teil 1, B, II, 3, c.

[996] Dafür, dass dem Grundgesetz Ansätze der deliberativen Demokratietheorie zu entnehmen ist, siehe: *Kaiser/Reiling*, in: Unger/von Ungern-Sternberg (Hrsg.), Demokratie und künstliche Intelligenz, 2017, S. 94; *Eifert*, Jura 2015, 356, 361.

[997] Siehe: Teil 3, B, I, 1, a.

schen Entscheidungen durch einen ständigen Prozess der öffentlichen Meinungsbildung ist wesentlich für das grundgesetzliche Demokratieverständnis.[998] Die Zahl der Personen, die sich an der öffentlichen Meinungsbildung beteiligen, kann als ein Indikator von mehreren[999] für eine i. S. d. Demokratie erfolgreiche öffentliche Meinungsbildung betrachtet werden.

bb. Störung der Kommunikationsfreiheiten anderer Nutzer sozialer Medien sowie der kommunikativen Chancengleichheit

Der Meinungsfreiheit des Bot-Betreibers stehen die Kommunikationsfreiheiten, insbesondere die Meinungs- und Informationsfreiheit, der anderen Nutzer sozialer Medien entgegen.[1000] In der bisherigen Untersuchung ist deutlich geworden, dass das Grundgesetz einen zwangsfreien Meinungsbildungsprozess vorsieht; geschützt ist die rein geistige Auseinandersetzung.[1001] Die Verwendungsstrategien von Social Bots jedoch sind darauf ausgelegt, eine solche nicht einzugehen. Ziel ist es, sie zu verunmöglichen; die Relevanz anderer Meinungen soll mittels manipulativer Strategien weitestgehend verkleinert werden.[1002] Diese Strategien entfalten physische und psychische Zwangswirkungen in der Meinungsäußerung und Informationsaufnahme anderer Nutzer sozialer Medien.[1003]

Auch wenn die Nutzung von sozialen Medien eine meinungsfreiheitsfördernde Wirkung für den Bot-Betreiber entfaltet, setzt er sie bewusst und gezielt für die Unterbindung einer freien und chancengleichen öffentlichen Meinungsbildung ein. Hinzu kommt, dass von diesen Auswirkungen vor allem Frauen und gesellschaftliche Minderheiten betroffen sind.[1004] Als Anknüpfungspunkte für die Einzelfallbewertung können die Anstrengungen des Bot-Betreibers für die Täuschung über die menschliche Iden-

[998] Siehe: Teil 3, B, II, 1, c, d.

[999] Dafür, dass eine demokratische öffentliche Meinungsbildung auch normative Anforderungen zu erfüllen hat, siehe: Teil 1, B, III, 2.

[1000] Siehe: Teil 4, A, II, 3, b, aa, bb.

[1001] Siehe: Teil 3, B, I, 3.

[1002] Siehe: Teil 2, C.

[1003] Siehe: Teil 4, A, II, 3, b, aa.

[1004] Siehe: Teil 4, A, II, 3, b, ee.

tität (besonders authentischer Account)[1005] und die Kombinationsbreite der Strategien verwendet werden. Je größer die Anstrengungen des Bot-Betreibers für die Identitätstäuschung[1006] und je höher die Zahl der verwendeten Manipulationsstrategien sind, desto stärker sind die Kommunikationsfreiheiten der anderen Nutzer gegenüber der Meinungsfreiheit des Bot-Betreibers zu gewichten.

e. Zusammenfassung

Die Untersuchung dieses Abschnitts hat ergeben, dass durch den Einsatz von Social Bots die Meinungsfreiheit der anderen Nutzer sozialer Medien in zweifacher Weise eingeschränkt werden kann: Zum einen kann sich eine physische Wirkung auf die Verbreitung der Äußerung ergeben, wenn durch massenhafte Bot-Beiträge die Sichtbarkeit der Beiträge anderer Nutzer reduziert wird. Zum anderen kann sich eine Störung der Meinungskundgabe und -verbreitung auf psychischer Ebene zeigen, da die Trenderzeugung durch Social Bots dazu führen kann, dass ein gewisser Teil der Bevölkerung zur Selbstzensur neigt.

Auch die Informationsfreiheit der anderen Nutzer wird gleich in mehrfacher Hinsicht eingeschränkt. Einerseits wird durch das massenhafte Teilen zusammenhangsloser Beiträge die Suche der Nutzer nach relevanten Inhalten erschwert; andererseits werden sie in ihrer negativen Informationsfreiheit eingeschränkt, wenn ihr *Newsfeed* mit irrelevanten Beiträgen gefüllt wird und ihnen somit ungewollte Informationen aufgezwungen werden. Ferner hat sich gezeigt, dass der Einsatz von Social Bots den Auswahlalgorithmus für den personalisierten *Newsfeed* beeinflusst, wodurch schon die Informationsgrundlage der Meinungsbildung beeinflusst werden kann. Somit können nutzerseitige Verzerrungsprozesse bewusst subtil beeinflusst werden.

Neben den Kommunikationsfreiheiten der anderen Nutzer tangiert der Einsatz von Social Bots auch die Integrität des Meinungsbildungsprozesses als solcher. Durch die Identitätstäuschung kann das Vertrauen der Nutzer in den wahrheitsgemäß zu führenden öffentlichen Meinungsbil-

---

1005 *Laude*, Automatisierte Meinungsbeeinflussung, 2021, S. 203.

1006 *Laude*, Automatisierte Meinungsbeeinflussung, 2021, S. 203.

dungsprozess geschädigt werden. Zuletzt ist deutlich geworden, dass die Verwendung von Social Bots die kommunikative Chancengleichheit verzerrt. Die Stärke von Social Bots liegt in der Täuschung über den tatsächlichen Rückhalt der verbreiteten Meinung in der Gesellschaft, das einem täuschungsfrei kommunizierenden Nutzern sozialer Medien nicht zur Verfügung steht. Dieser Unterschied verlagert täuschungsbedingt die Chancenverteilung zugunsten des Bot-Betreibers. Eine gleichheitsrechtliche Besonderheit ergibt sich durch das Zusammenwirken von Social Bots und *Hate Speech*, da von jener vor allem Frauen und Personen mit Migrationsgeschichte betroffen sind, die sich als Betroffene aus der öffentlichen Diskussion zurückziehen.

Im Rahmen der Einzelfallabwägung zwischen der Meinungsfreiheit des Bot-Betreibers und den Kommunikationsfreiheiten der anderen Nutzer sozialer Medien ist zunächst die hervorgehobene Bedeutung der Meinungsfreiheit im Grundrechtsgefüge des Grundgesetzes zugrunde zu legen. Weiterhin ist zu berücksichtigen, dass sich durch die Digitalisierung der Kommunikationstechnologien die Teilhabemöglichkeit des Einzelnen am Meinungsbildungsprozess stark vergrößert haben. Gegen den Einsatz von Social Bots spricht jedoch, dass der Anspruch des Grundgesetzes eine zwangsfreie Kommunikation vorsieht, wohingegen Social Bots darauf abzielen, die freie Kommunikation mit Zwangswirkung zu unterbinden.

III. Presse-, Rundfunk- und Filmfreiheit

Die Verwendung von Social Bots ist kommunikatives Handeln des Bot-Betreibers,[1007] weshalb neben der Meinungsfreiheit auch die Presse- und Rundfunkfreiheit als zu schützende Grundrechte in Betracht kommen. Mit Blick auf die Pressefreiheit ist festzuhalten, dass die Aktivitäten von Social Bots textdominiert sind, was für die Eröffnung des Schutzbereichs spricht. Zudem handelt es sich bei der Pressefreiheit um ein entwicklungsoffenes Grundrecht, weshalb der Einsatz in sozialen Medien kein Hindernis darstellt; es bedarf gerade keiner stofflichen Verkörperung des Presseprodukts.[1008] Weiterhin könnte im automatisierten Agieren von

---

[1007] Siehe: Teil 4, A, I, 2.

[1008] Siehe: Teil 3, B, I, 1, d, cc, ccc, (a).

Bots und in der massenhaften Verbreitung der Inhalte auch ein dem zur Massenherstellung geeignetes ähnliches Vervielfältigungsverfahren gesehen werden. Zudem sind Beiträge von Bots nicht nur für einen bestimmten Personenkreis bestimmt, weshalb von der Bestimmung für die Allgemeinheit der Beiträge ausgegangen werden kann.[1009] Allerdings fehlt es dem Einsatz von Social Bots am Pressebezug: Die Pressefreiheit ist immer dann einschlägig, wenn es *„um die einzelne Meinungsäußerung übersteigende Bedeutung der Presse für die individuelle und öffentliche Meinungsbildung*" geht.[1010] Auch wenn der Einsatz von Social Bots aus funktionaler Sicht bestimmte Anknüpfungspunkte zum Schutzbereich der Pressefreiheit mitbringt, existiert keinerlei Bezug zur journalistischen Arbeit; die Intention bei der Verwendung von Bots ist keine journalistische.

Für die Rundfunkfreiheit fehlt in der gegenwärtigen Verwendung von Social Bots mindestens das Erfordernis der Darbietung, da mittels derselben keine redaktionell verantworteten und programmlich aufbereiteten Inhalte geteilt werden.[1011] Auch der Schutzbereich der Filmfreiheit bleibt für das Instrument der Social Bots verschlossen, weil es sich bei ihnen um keine zur Projektion bestimmte Übermittlung von Gedankeninhalten durch Bilderreihen handelt.[1012] Folglich ist die Verwendung von Social Bots im Rahmen des Art. 5 I GG nur vom Schutzbereich der Meinungsfreiheit erfasst.

IV. Versammlungsfreiheit

Social Bots werden nicht nur vereinzelt, sondern auch innerhalb von groß angelegten Netzwerken eingesetzt, um ihre Schlagkraft zu erhöhen.[1013] Dabei ist es möglich, dass sie von mehr als einem Bot-Betreiber eingesetzt werden. Es überrascht daher nicht, dass dieser Aspekt in der jüngeren empirischen Bot-Forschung vermehrt in den Blick genommen

[1009] Siehe: Teil 3, B, I, 1, d, cc, bbb.
[1010] BVerfGE 85, 1, 12 f.
[1011] Siehe: Teil 3, B, I, 1, d, cc, bbb.
[1012] Siehe: Teil 3, B, I, 1, d, cc, bbb.
[1013] Siehe: Teil 2, C, I, 1.

wird.[1014] Vor diesem Hintergrund stellt sich die Frage, ob in diesem Fall das Handeln der Bot-Betreiber von der Versammlungsfreiheit nach Art. 8 I GG geschützt sein könnte.

1. Schutzbereich

a. Schutz digitaler Versammlungen

Die Digitalisierung der Kommunikationsstrukturen hat auch den Charakter von Versammlungen beeinflusst. Nicht erst seit Kurzem werden Elemente von Versammlungen oder die Versammlung selbst ins Internet verlagert und finden somit ohne physische Präsenz statt;[1015] die Einschränkungen während der Corona-Pandemie haben diesen Prozess sicherlich verstärkt.[1016] Dabei lassen sich digitale Versammlungen in hybride und (reine) Online-Versammlungen unterteilen.[1017] Erstere entstehen durch die Verbindung von Online-Kommunikationsmedien und der physisch präsenten Versammlung, letztere finden als vollständig digitalisierte Versammlungen statt, zum Beispiel in Chatrooms,[1018] als Video-Konferenzen oder in Form von *Dential-of-Service*-Angriffen (DoS-Angriffe) bzw. *Distributed Dential-of-Service*-Angriffen (DDoS-Angriffe).[1019] Für die Be-

---

[1014] *Bradshaw/Bailey/Howard*, Industrialized Disinformation, 2020, S. 17; das Unternehmen Meta (u. a. Facebook, Instagram und WhatsApp) berichtet seit 2018 öffentlich über "Coordinated Inauthentic Behavior" und ensprechende Sperrmaßnahmen auf seinen Plattformen, siehe dazu: https://about.fb.com/news/tag/coordinated-inauthentic-behavior/ (zuletzt abgerufen am: 01.11.2023).

[1015] *Welzel*, MMR 2021, 220 mit Verweis auf: OLG Frankfurt/M. MMR 2006, 547; *Bieber*, in: Holznagel/Grünwald/Hanßmann, Elektronische Demokratie, 2001, S. 124, 126; *Leggewie/Bieber*, APuZ 2000, 37, 41; *Medosch*, in: Schulzki-Haddouti, Bürgerrechte im Netz, 2003, S. 261 ff.; siehe für die Versammlungsorganisation: *Castells*, Networks of Outrage and Hope, 2. Auflage, 2015, S. 20 f.; siehe für die kollektive interne Entscheidungsfindung: *Tüfekci*, Journal of International Affairs 68 (2014), 1, 10 f.; siehe für die Öffentlichkeitsarbeit: Möhlen, *MMR* 2013, 221, 223.

[1016] *Welzel*, MMR 2021, 220.

[1017] *Sinder*, in: Greve et al., Der digitalisierte Staat, 2020, S. 223, 223 ff.; *Hebeler/Berg* schlagen eine Unterteilung in DoS-Angriffe und virtuelle Versammlungen vor, siehe dafür: *Hebeler/Berg*, JA 2021, 969, 972.

[1018] *Möhlen*, MMR 2013, 221, 222.

[1019] Hierbei handelt es sich um Überlastungsangriffe, bei denen mittels eines Computerprogramms eine derart große Anzahl von Kontaktaufnahmen an einen Server gesendet werden, so dass diese überlastet und blockiert werden; wenn diese Blockade über verschiedewertung der Schutzbereichsöffnung der Versammlungsfreiheit für die Verwendung von Social Bots ist zunächst zu prüfen, ob die Versammlungsfreiheit im digitalen Raum überhaupt anwendbar ist. Entscheidend dafür ist die Frage, ob die Versammlungsfreiheit die körperliche Anwesenheit der Versammlungsteilnehmer voraussetzt.

aa. Die herrschende Ansicht: Notwendigkeit der körperlichen Anwesenheit

Die derzeit h. M. bewertet die körperliche Anwesenheit als Voraussetzung für den grundrechtlichen Schutz durch die Versammlungsfreiheit und versagt deren Schutz somit für Versammlungen im digitalen Raum.[1020] Für das Erfordernis der körperlichen Anwesenheit wird zunächst mit dem Wortlaut argumentiert: Schon der Begriff „sich versammeln" zeige, dass Körperlichkeit vorausgesetzt werde.[1021] Zudem mache der Begriff „alle Deutsche" als Subjekt deutlich, dass sich Menschen versammeln müssen; bei Treffen im Internet kämen lediglich elektronische Signale zusammen.[1022] Daneben wird vorgebracht, dass die besondere Schutzwürdigkeit, die in Art. 8 I GG zum Ausdruck komme, gerade in der körperlichen Anwesenheit der Teilnehmer liege, denn die körperliche Präsenz der Teilnehmer („die Gewalt des Körpers")[1023] sei es, die sie besonders bedrohlich auf der einen Seite und besonders verwundbar auf der anderen Seite mache – besonders bedrohlich, weil physisch präsente Versammlungen auch immer das Potential des unkontrollierten Verlaufs und somit der Gefährdung anderer mit sich bringen würden, besonders verwundbar, weil Teilnehmer durch ihre körperliche Präsenz unmittelbaren Übergriffen ausgesetzt sind.[1024]

---

ne Systeme läuft, ist von einem DDoS-Angriff die Rede, siehe dazu: *Kersten*, Schwarmdemokratie, 2017, S. 218; *Möhlen*, MMR 2013, 221, 223.

1020 BVerfGE 128, 226, 250; *Depenheuer*, in: Dürig/Herzog/Scholz, GG, Art. 8, Rn. 45; *Dißmann*, Das virtuelle Sit-in als grundrechtlich geschützte Protestform?, 2017, S. 101; *Sinder*, NVwZ 2021, 103 f.

1021 Statt vieler: *Kniesel*, NJW 2000, 2857, 2860; *Seidel*, DÖV 2002, 283, 284.

1022 *Klutzny*, RDV 2006, 50, 51; *Depenheuer*, in: Dürig/Herzog/Scholz, GG, Art. 8, Rn. 45.

1023 *Depenheuer*, in: Dürig/Herzog/Scholz, GG, Art. 8, Rn. 3.

1024 *Klutzny*, RDV 2006, 50, 51; *Kniesel*, NJW 2000, 2857, 2860; *Luch/Schulz*, MMR 2013, 88, 90; *Kloepfer*, HStR III, § 164, Rn. 10; *Hoffmann-Riem*, HGR IV, § 106, Rn. 13; *Kitz*, ZUM 2006, 730, 737; *Sinder* unterscheidet das Verständnis der Versammlungsfreiheit aus

Das BVerfG betont in seinem Brokdorf-Beschluss[1025] die Komponente der Persönlichkeitsentfaltung, die in der körperlichen Teilnahme an einer Versammlung zum Ausdruck kommt: *„Indem der Demonstrant seine Meinung in physischer Präsenz, in voller Öffentlichkeit und ohne Zwischenschaltung von Medien kundgibt, entfaltet auch er seine Persönlichkeit in unmittelbarer Weise. In ihrer idealtypischen Ausformung sind Demonstrationen die gemeinsame körperliche Sichtbarmachung von Überzeugungen, wobei die Teilnehmer einerseits in der Gemeinschaft mit anderen eine Vergewisserung dieser Überzeugungen erfahren und andererseits nach außen – schon durch die bloße Anwesenheit, die Art des Auftretens und des Umgangs miteinander oder die Wahl des Ortes – im eigentlichen Sinne des Wortes Stellung nehmen und ihren Standpunkt bezeugen.“*[1026]

bb. Offener Versammlungsbegriff und die Förderung des Schutzzwecks

Die Beschränkung des Schutzbereiches der Versammlungsfreiheit auf körperliche Versammlungen überzeugt mit Blick auf den Wortlaut nicht. *Welzel* argumentiert zutreffend, dass die Gegenansicht dem Begriff „sich versammeln“ voreilig, ohne nähere Begründung die Voraussetzung der Körperlichkeit unterstellt.[1027] Auch wenn mit Blick auf die Entstehungsgeschichte des Begriffs nur körperliche Verhaltensweisen gemeint sein können – der Begriff existiert deutlich länger als das Internet –, ist zu berücksichtigen, dass sich Sprache wandelt. Dieser Wandel ist bei der Auslegung von grundrechtlichen Normen mit zu berücksichtigen.
Mittlerweile werden mit dem Begriff „versammeln“ gewiss auch digitale Zusammenkünfte verstanden, die eine räumliche Konnotation assoziieren.[1028] Diese Entwicklung hat insbesondere in der Corona-Pandemie an

---

einer historischen Perspektive in ein republikanisches und liberales und stuft die Körperlichkeit für das republikanische Verständnis als akzidentiell und für das liberale Verständnis als essentiell ein, siehe dazu: *Sinder*, in: Greve et al., Der digitalisierte Staat, 2020, S. 231, 235 ff.

1025 Siehe zum Brokdorf-Beschluss: *Doering-Manteuffel/Greiner/Lepsius*, Der Brokdorf-Beschluss des Bundesverfassungsgerichts 1985, 2015.

1026 BVerfGE 69, 315, 345.

1027 *Welzel*, MMR 2021, 220, 221; so auch *Hartmann*, in: BK, GG, Art. 8, Rn. 200.

1028 Siehe *Welzel*, MMR 2021, 220, 221; *Vogelsang*, Kommunikationsformen des Internetzeitalters im Lichte der Kommunikationsfreiheiten des Grundgesetzes, 2017, S. 116.

Fahrt aufgenommen und die Gesetzgebung nicht unberührt gelassen. Durch das Corona-Folgenabmilderungsgesetz (C19-MaßnG)[1029] wurden wesentliche Änderungen im Gesellschafts-, Vereins-, Stiftungs- und Wohnungseigentumsrecht vorgenommen. § 118 II AktG etwa ermöglicht die Durchführung der Aktionärsversammlung „ohne physische Präsenz".[1030] Auch das Argument, das Subjekt „alle Deutsche" impliziere eine körperliche Anwesenheit, vermag aus grundrechtsdogmatischer Sicht nicht zu überzeugen. Von der Beschränkung des persönlichen Schutzbereichs kann nicht auf eine Beschränkung des sachlichen Schutzbereichs geschlossen werden.[1031] Ohnehin sind stets Menschen Grundrechtsträger,[1032] unabhängig davon, ob im Wortlaut darauf besonders Bezug genommen wird oder nicht und ohne dass damit eine Verpflichtung zur körperlichen Verhaltensweise einherginge;[1033] wie bereits gezeigt, schützt beispielsweise die Meinungsfreiheit auch Äußerungen im Internet.[1034] Auch überzeugt das Argument, dass die besondere Schutzwürdigkeit von Versammlungen gerade in der körperlichen Anwesenheit liege und deshalb virtuelle Versammlungen nicht geschützt seien, nicht. Dieser Ansatz würde den Schutz von Versammlungen von seiner Größe und der damit einhergehenden Gefährlichkeit abhängig machen; Versammlungen mit einer geringeren Teilnehmerzahl wären somit weniger schutzwürdig.[1035] Vielmehr spricht die teleologische Sicht für den Schutz von virtuellen Versammlungen: In der *gemeinsamen* Meinungsbildung und -kundgabe liegt der besonderer Moment der Versammlungsfreiheit.[1036] Für das Entstehen des gemeinsamen Moments ist eine gegenseitige Wahrnehmung der Teilnehmer nötig, die bei einer gleichzeitigen Anwesenheit und Wahrnehmbarkeit derselben gegeben ist.[1037] Der dabei entstehende gruppenpsychologischer Effekt beschränkt sich nicht auf rein körperliche

---

[1029] BGBl. 2020 Teil I Nr. 14, 570.

[1030] *Welzel*, MMR 2021, 220, 222.

[1031] *Vogelsang*, Kommunikationsformen des Internetzeitalters im Lichte der Kommunikationsfreiheiten des Grundgesetzes, 2017, S. 120.

[1032] Siehe: Teil 4, A, I.

[1033] *Welzel*, MMR 2021, 220, 221.

[1034] Siehe: Teil 4, A, II, 1.

[1035] *Welzel,* MMR 2021, 220, 223.

[1036] Siehe: Teil 3, B, I, 2.

[1037] *Peuker*, Verfassungswandel durch Digitalisierung, 2020, S. 306.

Anwesenheit und Wahrnehmbarkeit – dieser kann genauso gut auch bei digitalen Versammlung entstehen.[1038] Vielmehr fördert die Möglichkeit der digitalen Versammlung die Zweckerfüllung, weil trotz physischer Abwesenheit Personen gleichzeitig und gemeinsam ihre Meinung bilden und diese äußern können.[1039]
Zuletzt ist auf die Notwendigkeit der Entwicklungsoffenheit der Grundrechte hinzuweisen. Wenn kollektive Meinungsäußerungen mittlerweile vermehrt im Internet stattfinden, muss sich die Auslegung der Versammlungsfreiheit entsprechend anpassen,[1040] wie es bei anderen Grundrechten auch der Fall ist.[1041] Beim grundrechtlichen Versammlungsbegriff handelt es sich folglich um einen gegenüber der Art und Form der Versammlung offenen Begriff.[1042] Die körperliche Anwesenheit ist keine Voraussetzung für den Schutz der Versammlungsfreiheit.

b. Teilnehmerzahl und gemeinsamer Zweck

Notwendig für den Schutz durch die Versammlungsfreiheit ist, dass an der Versammlung mehr als eine Person teilnimmt. Da beim Einsatz von Social Bots die Bot-Betreiber die Grundrechtsträger sind, ist für die Ermittlung der notwendigen Teilnehmerzahl auf sie abzustellen. Laut empirischen Studien ist die Verwendung von Bot-Netzwerken, durch die ein koordiniertes Verhalten mehrerer Accounts, die von mehr als einer Person koordiniert werden, ermöglicht wird, ein (regelmäßig) genutztes Mit-

---

[1038] *Vogelsang*, Kommunikationsformen des Internetzeitalters im Lichte der Kommunikationsfreiheiten des Grundgesetzes, 2017, S. 133 f.; *Welzel*, MMR 2021, 220, 224.

[1039] *Peuker*, Verfassungswandel durch Digitalisierung, 2020, S. 306; *Welzel*, MMR 2021, 220, 224.

[1040] *Welzel*, MMR 2021, 220, 223.

[1041] *Pötters/Werkmeister*, JURA 2013, 5, 9; *Seidel*, DÖV 2002, 283, 285; *Möhlen*, MMR 2013, 221, 228; siehe schon BVerfGE 46, 120, 144 für das Fernmeldegeheimnis: Das Fernmeldegeheimnis ist „entwicklungsoffen und umfasst nicht nur die bei der Entstehung des Gesetzes bekannten Arten der Nachrichtenübertragung, sondern auch neuartige Übertragungstechniken"; siehe für das informationelle Selbstbestimmungsrecht: BVerfGE 65, 1, 41 f.; siehe für das Grundrecht auf Gewährleistung der Vertraulichkeit und Integrität informationstechnischer Systeme: BVerfG MMR 2008, 315.

[1042] *Kersten*, Schwarmdemokratie, 2017, S. 225 unter Verweis auf BVerfGE 69, 315, 343 und BVerfGE 104, 92, 104; die Offenheit des Begriffs wird zum Teil auch von der anderen Ansicht anerkannt, siehe: *Klutzny*, RDV 2006, 50, 51.

tel, um die Schlagkraft der Bots durch ihre schiere Masse zu erhöhen.[1043] In diesen Fällen wäre die notwendige Teilnehmerzahl gegeben. Anders verhielte, wenn ein Bot-Betreiber allein ein Bot-Netzwerk einsetzen würde.
Weiterhin verfolgen die Bot-Betreiber das Ziel, die öffentliche Meinungsbildung in ihrem Sinne manipulativ zu beeinflussen, weshalb sie auch einen gemeinsamen Zweck verfolgen. Dieser Aspekt ist ein wesentliches Definitionsmerkmal manipulativer Social Bots, wodurch sie von unterstützenden Social Bots abgegrenzt werden.[1044] Der Gegenstand der Beeinflussung sind politische und somit öffentliche Angelegenheiten.[1045] Social Bots haben somit mehr als nur einen hinreichenden funktionalen Zusammenhang zum Versammlungszweck; ihre Verwendung lässt den Versammlungszweck erst entstehen.

c. Social Bots als versammlungsspezifische Verhaltensweise

Die Versammlungsfreiheit gewährleistet, dass die Versammlungsteilnehmer den größtmöglichen Beachtungserfolgs anstreben dürfen.[1046] Deshalb ist nicht nur die Versammlung als solche, sondern sind auch alle versammlungsspezifischen Verhaltensweisen geschützt.[1047] Vorausgesetz ist dabei, dass die Verhaltensweisen „*aus Sicht eines verständigen Betrachters funktional oder symbolisch einen hinreichenden Zusammenhang mit dem Versammlungszweck aufweisen*“ müssen.[1048]

Für die Bewertung des Einsatzes von Social Bots kann der Vergleich zu analogen Versammlungen helfen: Das Verwenden von Lautsprechern auf

[1043] Siehe: Teil 1, C, I, 1.

[1044] Siehe: Teil 2, A, II.

[1045] Folglich erfüllt die Verwendung von Social Bots sogar die restriktiven Anforderungen hinsichtlich des gemeinsamen Zwecks (Teilhabe an der öffentlichen Meinungsbildung als gemeinsamer Zweck), siehe dafür: Teil 3, B, I, 2, b, bb.

[1046] *Dörr*, VerwArch 93 (2002), 485, 486; BVerfGE 11, 298, 304: jeweils ein den „Vorstellungen“ des Veranstalters entsprechender „Beachtungserfolg“.

[1047] *Jarass*, in: Jarass/Pieroth, GG, Art. 8, Rn. 6; *Barczak*, DVBl. 2014, 761; *Hong*, in: Peters/Janz (Hrsg.), Handbuch Versammlungsrecht, Rn. B 126; *Ullrich*, Demonstrationsrecht, 2015, S. 237; *Hartmann*, BK, GG, Art. 8, Rn. 182.

[1048] *Ernst*, in: von Münch/Kunig I, GG, Art. 8, Rn. 79.

Versammlungen ist von der Versammlungsfreiheit geschützt.[1049] Von der Funktionsweise her ähneln Social Bots diesen dergestalt, dass durch einen Lautsprecher das gesprochene Wort in weitere Entfernung verständlich transportiert wird. Im Ergebnis kann der Sprecher dadurch Personen, die von ihm weiter entfernt sind, mit seiner Äußerung erreichen. Ähnlich verhält es sich mit Social Bots: Durch sie wird die Reichweite von Äußerungen im digitalen Raum stark erhöht; Social Bots werden als eine Art digitaler Lautsprecher eingesetzt. Auch wenn die technischen Bedingungen andere sind, ist das Ziel beider Instrumente gleich. Vor diesem Hintergrund und unter Berücksichtigung dessen, dass die Versammlungsfreiheit ein für die digitale Entwicklung offenes Grundrecht ist,[1050] ist der Einsatz von Social Bots als geschützte Verhaltensweise zu bewerten.

Weiterhin spricht für diese Auffassung, dass der Schutz der Versammlungsfreiheit nicht auf eine bestimmte Art von Versammlung beschränkt ist.[1051] Wenn sogar die Meinungsfreiheit, die nach ihrem Wortlaut nur die Kundgabeformen „Wort, Schrift und Bild" schützt, keiner Einschränkung in dieser Hinsicht unterliegt, dann kann die Versammlungsfreiheit, die nach ihrem Wortlaut keine Form vorgibt, erst recht keiner Beschränkung unterliegen.[1052] Folglich gibt es keinen „numerus clausus" der Versammlungstypen;[1053] die Versammlungsteilnehmer sind berechtigt, Art und Inhalt der Versammlung selbst zu bestimmen.[1054] Deshalb sind in der analogen Welt neben den klassischen Versammlungen[1055] auch andere Versammlungsformen, wie etwa Lichter- und Menschenketten, [1056] Flashmobs,[1057] geschützt. Wenn – wie hier – der Schutz digitaler Ver-

---

[1049] BVerfG NVwZ 2014, 1453, Rn. 11.

[1050] Siehe: Teil 4, IV, 1, a, bb.

[1051] *Kloepfer*, in: HStR VII, § 164, Rn. 33.

[1052] *Benda*, in: BK, GG, Art. 8, Rn. 31.

[1053] *Hartmann*, BK, GG, Art. 8, Rn. 179 m. w. N.; *Dahm/Peters*, LKV 2012, 443 spricht von der „Typenfreiheit der Versammlungen".

[1054] BVerfG 128, 226, 251; für das Schrifttum statt vieler: *Benda*, in: BK, GG, Art. 8, Rn. 93; *Geis*, in: Frieauf/Höfling, GG, Art, 8, Rn. 29.

[1055] *Hartmann*, in: BK, GG, Art. 8, Rn. 178 nennt als Beispiel für klassische Versammlungen die Versammlungen von Martin Luther King in der Washington Mall oder die Montagsdemonstrationen in der DDR.

[1056] *Geis*, in: Frieauf/Höfling, GG, Art. 8, Rn. 30.

[1057] *Hartmann/Zanger*, JuS 2014, 832.

sammlungen bejaht wird, dann erscheint es nur konsequent, die Maßstäbe bzgl. jener Versammlungsformen auch zu übernehmen.

d. (Un-)Friedlichkeit und Waffenlosigkeit bei Social Bot-Versammlungen

Der Schutz der Versammlungsfreiheit unterliegt den Bedingungen der Friedlichkeit und Waffenlosigkeit.[1058] Social Bots sind keine physischen Gegenstände[1059], weshalb sie nicht als Waffen im Sinne des Art. 8 I GG zu qualifizieren sind. Weiterhin spricht gegen ihre Einstufung als unfriedlich, dass bei digitalen Versammlungen – anders als bei körperlichen Versammlungen – kein unmittelbares Gefährdungspotential für Personen oder Sachen besteht. Bei einer Versammlung im digitalen Raum kann eine spezifische Gruppendynamik („Druck der Straße") gerade nicht unmittelbar in Gewalt umschlagen.[1060] Vielmehr bedarf es dafür eines weiteren Schrittes, etwa, dass Teilnehmer einer digitalen Versammlung zur Gewalt im analogen Raum aufrufen. Dies wäre der Fall, wenn durch Social Bots Beiträge mit Gewaltaufrufen geteilt würden. Im Übrigen können Social Bots rein kommunikative Zwangswirkungen entfalten; die Kommunikation anderer Nutzer sozialer Medien wird in psychischer und/oder in physischer Hinsicht erschwert bzw. gehindert; eine körperliche Auswirkung findet nicht statt.[1061]

Anders kann es sich verhalten, wenn Botnetze für den gezielten Angriff auf kritische Infrastruktur (z.B. Energieversorgung oder Verkehrsnetze) eingesetzt werden.[1062] In diesem Fall ist unter „Bot" nicht der Social Bot in den sozialen Medien, sondern eine Schadsoftware, die auf Rechner übertragen wird und diesen für einen DDoS-Angriff benutzt, zu verstehen. Die mit einem Bot infiltrierten Rechner stellen das Botnetz dar. Es wird vertreten, dass aufgrund der Funktionsweise von DDoS-Angriffen als Blockadeinstrument[1063] für die Bewertung ihrer Friedlichkeit auf die Be-

---

[1058] Siehe: Teil 3, B, I, 2, b, cc.

[1059] Siehe für die Voraussetzung der physischen Beschaffenheit: *Hartmann*, in: BK, GG, Art. 8, Rn. 207 ff.

[1060] *Möhlen*, MMR 2013, 221, 229.

[1061] Siehe: Teil 4, A, II, b.

[1062] *Möhlen*, MMR 2013, 221, 229.

[1063] Siehe: Teil 4, A, IV, 1, a.

wertungskriterien von Sitzblockaden abgestellt werden kann,[1064] wonach passive Sitzblockaden friedlich sind, sofern die Teilnehmer nur präsent sind und keinen aktiven Widerstand leisten.[1065] Diese Situation könne mit DDoS-Angriffe verglichen werden, weil von DDoS-Angriffen keine Gewalt ausgehe, sondern vielmehr die Erreichbarkeit des Servers eingeschränkt werde.[1066] Diese Auffassung verkennt, dass Sitzblocken ein kommunikatives Element innewohnt; die Teilnehmer wollen Aufmerksamkeit für ihr Anliegen herstellen. Bei DDoS-Angriffen hingegen steht die Verhinderung im Vordergrund; es erscheint zweifelhaft, ob die Betreiber überhaupt einem schützenswerten Versammlungszweck nachgehen.[1067]

2. Eingriff durch staatliche Regulierung

Die Verwendung von Social Bots durch mindestens zwei Personen kann also vom Schutzbereich der Versammlungsfreiheit umfasst sein. Wie bei der Meinungsfreiheit kann auch dieser Schutz durch eine staatliche Regulierungsmaßnahme eingeschränkt werden;[1068] dieser Eingriff könnte gerechtfertigt sein. Ausgangspunkt für die Prüfung ist die Schrankenregelung des Art. 8 II GG.

3. Rechtfertigung

a. Unterscheidung nach Art. 8 II GG: Versammlungen unter freiem Himmel oder im geschlossenen Raum

In seiner Schrankensystematik unterscheidet Art. 8 II GG zwischen Versammlungen „unter freiem Himmel" und solchen in geschlossenen Räumen; nur für erstere sieht es einen Gesetzesvorbehalt vor. Versammlungen in geschlossenen Räumen können ihre Grenzen demnach nur in kollidierenden Grundrechten anderer oder sonstiger Verfassungsrechtsgüter finden.[1069] Der Grund der Unterscheidung liegt auf der einen Seite im erhöhten Gefahrenpotential von Versammlungen unter freiem Himmel;

[1064] *Klutzny*, RDV 2006, 50, 52; *Kraft/Meister*, MMR 2003, 366, 368.

[1065] BVerfGE 87, 399, 406; 104, 92, 104 f.

[1066] *Möhlen*, MMR 2013, 221, 226.

[1067] Ebenfalls verneinend: *Klutzny*, RDV 2006, 50, 52 f.

[1068] Siehe Teil: Teil 4, II, 2.

[1069] *Hufen*, Staatsrecht II, 10. Auflage, 2023, § 30, Rn. 21; BVerfGE 143, 161, 180.

größere Menschenmassen und der allgemeine Publikumsverkehr bringen ein erhöhtes Spannungs- und Konfliktpotential mit sich, das Versammlungen störanfälliger macht, weshalb ihre Einschränkung einfacher erfolgen muss.[1070] Auf der anderen Seite wird mit der Unterscheidung auch der Privatsphäre des Einzelnen Rechnung getragen, wenn Versammlungen in geschlossenen Räumen der verfassungsimmanenten Schranke unterliegen.[1071] Folglich kommt der Unterscheidung zwischen diesen beiden Versammlungssituationen eine erhebliche Bedeutung für die Bewertung der Rechtfertigung zu.

Auf der Grundlage des Gesetzesvorbehaltes des Art. 8 II GG regeln die Versammlungsgesetze die wesentlichen[1072] Begrenzungen. Danach hat der Gesetzgeber bei allen die Versammlungsfreiheit einschränkenden Regelungen die „*in Art. 8 GG verkörperte verfassungsrechtliche Grundentscheidung zu beachten; er darf die Ausübung der Versammlungsfreiheit nur zum Schutz gleichwertiger anderer Rechtsgüter unter strikter Wahrung des Grundsatzes der Verhältnismäßigkeit begrenzen.*“[1073]

Der Einsatz von Social Bots findet nicht unter freiem Himmel im Sinne des Art. 8 II GG statt. Dies ist offensichtlich, wenn man auf den digitalen Raum, in dem die Social Bots agieren, abstellt. Stellt man auf den Ort der Grundrechtsträger ab, die an einem digitalen Endgerät sitzen, wird dieser aufgrund der Notwendigkeiten der technischen Infrastruktur und des verdeckten Agierens in der Regel in einem geschlossenen Raum sein. Auch wenn der Grundrechtsträger mit seinem digitalen Endgerät im Freien sitzen würde, entspräche dies nicht dem grundrechtlichen Begriff „unter freiem Himmel“. In dieser Situation ist kein erhöhtes Gefahrenpotential aufgrund präsenter Menschenmassen gegeben. Die Versammlungshandlungen, die den Zweck der Versammlung – hier ist es die Beeinflussung der Meinungsbildung – erfüllen sollen, finden bei der Verwendung von Social Bots im digitalen Raum statt. Somit können Versammlungen mit-

---

1070 *Kingreen/Poscher*, Grundrechte, 39. Auflage, 2023, Rn. 950.

1071 *Kaiser*, in: Dreier, GG, Art. 8, Rn. 53.

1072 Weitere Einschränkungen enthalten die Polizei- und Ordnungsgesetze, Bannmeilengesetze, Sonn- und Feiertagsgesetze, Straßen- und Wegegesetze und das Straßenverkehrsrecht, siehe dazu: *Kingreen/Poscher*, Grundrechte, 39. Auflage, 2023, Rn. 956.

1073 BVerfGE 69, 315, 348.

tels der Verwendung von Social Bots nur durch verfassungsimmanente Schranken eingeschränkt werden.

b. Verfassungsimmanente Schranken

Als verfassungsimmanente Schranken kommen – wie in der Untersuchung zur Meinungsfreiheit – die Kommunikationsfreiheiten der anderen Nutzer sozialer Medien – insbesondere die Meinungsfreiheit, die Integrität des öffentlichen Meinungsbildungsprozesses und die kommunikative Chancengleichheit – in Betracht. Zwischen ihnen und der Versammlungsfreiheit des Bot-Betreibers ist im Einzelfall eine praktische Konkordanz herzustellen.

c. Identitätstäuschung als „Vermummung“

Laut § 17 a II Nr. 1 VersG ist es verboten, bei öffentlichen Veranstaltungen unter freiem Himmel in einer Aufmachung, die geeignet und den Umständen nach darauf gerichtet ist, die Feststellung der Identität zu verhindern, teilzunehmen oder den Weg zu derartigen Veranstaltungen in einer solchen Aufmachung zurückzulegen. Der Verstoß gegen diese als Vermummungsverbot bezeichnete Bestimmung ist nach § 27 II Nr. 2 VersG sogar strafbewährt. Wenn in der analogen Welt bei Versammlungen unter freiem Himmel ein Vermummungsverbot gilt, stellt sich die Frage, ob ein derartiges Verbot auch bei Versammlungen im digitalen Raum anwendbar ist.[1074]

Im Kontext von Social Bots drängt sich diese Frage insbesondere deshalb auf, da der Einsatz von Bots mit der Verhinderung der Identitätsfeststellung verbunden ist; sie ist deren besonderes Wesensmerkmal. Jedoch führt der Vergleich der Vermummung bei körperlichen Versammlungen zur Identitätstäuschung bei Social Bots ins Leere. Die Vermummung von Personen bei körperlichen Versammlungen hat die Verhinderung der Identitätsfeststellung einer real existierenden Person zum Ziel. Es ist jedoch klar und wahrnehmbar, dass eine reale Person hinter der Vermummung existiert. Bei der Verwendung von Social Bots ist gerade dies nicht der Fall: Mit dem Einsatz von Social Bots wird über die menschliche

---

[1074] Siehe für die Forderung einer Klarnamenpflicht aufgrund einer Analogie zum Vermummungsverbot und warum sie nicht überzeugt: *Schwander*, ZRP 2019, 207.

Identität eines Accounts getäuscht. Hinter dem jeweiligen Account existiert keine reale Person, deren Identitätsfeststellung verhindert werden soll. Aus diesem Grunde wäre eine Anwendung des Vermummungsverbots auf den Einsatz von Social Bots abzulehnen. Indes stellt sich die Frage: Wenn schon die Vermummung einer real existierenden Person verboten ist, weshalb sollte die Täuschung über die Existenz einer Person – was ein qualitatives Mehr als eine Maßnahme zur Verhinderung der Identitätsfeststellung darstellt – legitim sein (*argumentum a fortiori*)?

Die durch die Vermummung herbeigeführte Anonymität kann die Hemmschwelle zur Begehung von Gewalttaten reduzieren; zudem kann das vermummte Auftreten – ebenso wie das uniformierte[1075] – zur Einschüchterung der Allgemeinheit führen. Diesen Tendenzen soll durch das Vermummungsverbot entgegengewirkt werden.[1076] Die Anonymität des Bot-Betreibers ist gewiss Voraussetzung seines Handelns; durch den Einsatz von Social Bots wird der Öffentlichkeit nicht nur suggeriert, dass es für eine bestimmte Meinung eine bestimmte Mehrheit in der Gesellschaft gäbe, sondern es wird auch die Identität der Person verschleiert, deren Absicht die gesellschaftliche Meinungsverzerrung in seinem Sinne ist. Ohne die mit dem Einsatz von Social Bots einhergehende Anonymität des Bot-Betreibers wäre dieses Vorgehen sinnlos. Gerade diese Anonymität ermöglicht den Betreibern Social Bots einzusetzen. Vor diesem Hintergrund kann darin eine Reduzierung einer Hemmschwelle gesehen werden, die sich aber auf die Täuschung der Meinungsbildung bezieht. Das Gegenargument, dass mit dem Vermummungsverbot die Reduzierung der Hemmschwelle zur *körperlicher* Gewaltausübung entgegengewirkt werden soll, und von der Verwendung von Social Bots gerade keine unmittelbare Gewaltausübung ausgehen, lässt unberücksichtigt, dass nach hiesiger Auffassung die körperliche Anwesenheit keine Voraussetzung für den Schutz durch die Versammlungsfreiheit ist.[1077] Es wäre inkonsequent, nur die grundrechtliche Schutzgewähr und nicht auch ihre Schran-

---

[1075] § 3 I VersG verbietet das uninformierte Auftreten (Uniformverbot); *Höfling*, in: Sachs, GG, Art. 8, Rn. 71 hält diese Regelung für verfassungswidrig.

[1076] *Deppenheuer*, in: Dürig/Herzog/Scholz, GG, Art. 8, Rn. 152, siehe zur Diskussion über die Verfassungsmäßigkeit des Vermummungsverbots: *Meyn*, Die sogenannte Vermummung und passive Bewaffnung, 1988; *Jahn*, JZ 1988, 545 ff.

[1077] Siehe: Teil 4, A, IV, 1, a, bb.

ken auf die digitale Kommunikation zu übertragen. Derjenige, der von den Vorzügen der digitalen Kommunikation in grundrechtlicher Sicht profitieren möchte, muss sich auch an die Grenzen halten, die für die analoge Kommunikation gelten.

4. Zusammenfassung

Aufgrund des offenen Versammlungsbegriffs in Art. 8 I GG und der Förderung des Schutzzwecks der Versammlungsfreiheit sind Versammlungen im digitalen Raum und somit der Einsatz von Social Bots geschützt, sofern mindestens zwei Bot-Betreiber beteiligt sind. Mit der Beeinflussung der öffentlichen Meinungsbildung in politischen Angelegenheiten liegt ein gemeinsamer Zweck vor, der sogar den engsten der vertretenen Ansätze erfüllt. Der Einsatz von Social Bots ist als waffenlos zu bewerten. Überdies geht von ihnen grundsätzlich keine unmittelbare Gewaltausübung aus, weshalb ihre Verwendung als friedlich einzustufen ist. Eine Ausnahme besteht hingegen, wenn durch Social Bots Beiträge mit Gewaltaufrufen geteilt werden oder wenn Botnetze für den gezielten Angriff auf kritische Infrastruktur eingesetzt werden, etwa in Form eines DDoS-Angriffes. In diesem Fall ist unter „Bot" die Schadsoftware zu verstehen.

Es handelt sich beim Einsatz von Social Bots weiterhin nicht um eine Versammlung unter freiem Himmel im Sinne des Art. 8 II GG, weshalb die Versammlungsfreiheit nur durch verfassungsimmanente Schranken eingeschränkt werden kann; die Kommunikationsfreiheiten der anderen Nutzer sozialer Medien, die Integrität des öffentlichen Meinungsbildungsprozesses und die kommunikative Chancengleichheit werden der Versammlungsfreiheit des Bot-Betreibers in der Regel entgegenstehen und einen Eingriff durch eine staatliche Regulierungsmaßnahme rechtfertigen. Ferner ist die Täuschung über die menschliche Identität als „Vermummung" einzustufen. Zwar sollen Vermummungsverbote der Reduzierung der Hemmschwelle der körperlichen Gewaltausübung entgegenwirken, allerdings ist die körperliche Anwesenheit nach hiesiger Auffassung keine Voraussetzung für den Schutz der Versammlungsfreiheit. Es erscheint nur konsequent, nicht nur den Schutz der Grundrechte auf die digitale Kommunikation zu übertragen, sondern auch ihre Grenzen.

B. Social Bots im systemischen Rahmen staatsorganisationsrechtlicher Bestimmungen

I. Social Bots im demokratischen Meinungsbildungsprozess

Die grundgesetzlichen Bestimmungen zur Demokratie sind für die Bewertung der Verwendung von Social Bots auf den ersten Blick wenig gehaltvoll; sowohl das Prinzip der Volkssouveränität in Art. 20 II 1 GG als auch das Prinzip der repräsentativen Demokratie in Art. 20 II 2 GG bieten für die Bewertung dieses Themas wenig Anknüpfungspunkte.[1078] Der Einsatz von Social Bots tangiert weder das Volk als „Träger der Staatsgewalt",[1079] noch die Maßgabe, dass das Volk die Staatsgewalt in Wahlen ausübt. Allerdings enthält das Demokratieprinzip des Grundgesetzes „anspruchsvolle[n] Voraussetzungen" des demokratischen Meinungsbildungsprozesses unterlaufen, die durch die Verwendung von Social Bots unterlaufen werden können.[1080]

1. Identitätstäuschung als Einschränkung des demokratischen Wahrheitsgebotes

Ein wesentliches Merkmal von Social Bots ist die Täuschung über die menschliche Identität,[1081] deren Verwendung die Kundgabe eines bewusst unwahren Begleitumstandes einer Äußerung, nämlich die der Person, darstellt.[1082] Die demokratische Öffentlichkeit setzt hingegen ein Mindestmaß an objektiver Wahrheit voraus, damit sie ihre Funktion der Findung einer demokratischen Richtungsentscheidung im politischen Wettbewerb erfüllen kann.[1083] Dies mag in erster Linie für den Inhalt einer Äußerung gelten, weil es um die Entscheidung in der Sache geht. Jedoch ist die Herkunft einer Aussage für die demokratische Öffentlichkeit nicht

---

[1078] *Krüper*, in: Unger/Ungern-Sternberg (Hrsg.), Demokratie und künstliche Intelligenz, 2019, S. 80.

[1079] *Sachs*, in: Sachs, GG, Art. 20, Rn. 27.

[1080] *Krüper*, in: Unger/Ungern-Sternberg (Hrsg.), Demokratie und künstliche Intelligenz, 2019, S. 80.

[1081] Siehe: Teil 2, A, I.

[1082] Siehe: Teil 4, A, II, 1, b, aa.

[1083] Siehe: Teil 3, B, II, 1, e.

weniger bedeutsam.[1084] Die demokratische Öffentlichkeit setzt voraus, dass die Akteure sich gegenseitig als Freie und Gleiche anerkennen.[1085] Diese Anerkennung impliziert, dass es sich beim Gegenüber um ein Individuum, also um einen Menschen, handelt. Bei der Verwendung von Social Bot wird gerade über diesen Punkt getäuscht. Das menschliche Gegenüber kommuniziert mit einem Algorithmus, obwohl es einen Menschen als Kommunikationsteilnehmer anerkennt. Eine Anerkennung als freie und gleiche Individuen in der Kommunikation kann gar nicht erfolgen, wenn einer Seite nicht bekannt ist, dass sie nicht mit einem Menschen kommuniziert.

2. Verzerrung des öffentlichen Meinungsbilds

Die Verwendung von Social Bots kann dazu führen, dass eine vermeintliche öffentliche Minderheitenmeinung in der Öffentlichkeit so wirkt, als wäre sie tatsächlich die öffentliche Mehrheitsmeinung.[1086] Dies kann dazu führen, dass Personen, die der öffentlichen Mehrheitsmeinung nahe stehen, sich aus der öffentlichen Diskussion zurückziehen.[1087] Dass sich Personen dem öffentlichen Diskurs entziehen, ist aus demokratischer Sicht gewiss problematisch, allerdings beschränkt sich dieser sozialpsychologische Mechanismus nicht auf bestimmte Meinungen, weshalb auch Personen, die der Minderheitenmeinung nahe stehen, davon betroffen sind. Für die rechtliche Bewertung ist es irrelevant, in welchem Maß eine Meinung in der Gesellschaft geteilt wird. Der Meinungsbildungsprozess des Grundgesetzes orientiert sich nicht an Mehrheitsverhältnissen der öffentlichen Meinung, sondern an normativen Bestimmungen. Vor diesem Hintergrund wäre es jedenfalls zweifelhaft, ein demokratierechtliches Problem darin zu sehen, dass Mehrheitsmeinungen an Sichtbarkeit verlieren.

[1084] *Gasser/Kraatz*, Social Bots: Wegebereiter der Maschinokratie, Verfassungsblog, Beitrag vom 16.01.2017, abrufbar unter: https://verfassungsblog.de/social-bots-wegbereiter-der-maschinokratie/ (zuletzt abgerufen am: 09.09.2023).

[1085] Siehe: Teil 1, B, III, 2.

[1086] Siehe: Teil 2, A, II.

[1087] Siehe: Teil 1, B, III, 1.

Im Gegenteil: Die Erhöhung der Sichtbarkeit von Minderheitsmeinungen erscheint aus demokratischer Sicht eher begrüßenswert.[1088] Auch die Verwendung eines neueren kommunikationstechnologischen Instrumentes, um die eigene, gesellschaftliche Minderheitsmeinung so breit wie möglich zu verbreiten, ist per se nicht verwerflich, sogar grundrechtlich geschützt.[1089] Aber die Verwendung von Social Bots zielt nicht darauf ab, Minderheitsmeinungen mehr Öffentlichkeit zu verschaffen, sondern vielmehr auf die zum Teil zwangsweise und manipulative Durchsetzung der Interessen Einzelner. Mit Blick auf gesellschaftliche Minderheiten erscheinen die Konsequenzen insofern gravierender, als dass durch Social Bots die Verbreitung von *Hate Speech* verstärkt werden kann, wovon vor allem gesellschaftliche Minderheiten betroffen sind. Eine Folge von *Hate Speech* ist, dass sich die Betroffenen aus der öffentlichen Diskussion zurückziehen. Dieser Umstand ist mithin nicht nur individualrechtlich wegen der kommunikativen Chancengleichheit und des allgemeinen Persönlichkeitsrechts der Betroffenen relevant,[1090] sondern auch aus demokratisch-systemischer Sicht.

3. Verhinderung der konstruktiven Diskussion

Social Bots sind in ihrer gesamten Wirkungsweise darauf angelegt, die konstruktive Diskussion zu verhindern. Dies geschieht zum einen durch ihre operativen Strategien, indem die Sichtbarkeit der Meinungen der Anderen reduziert und ein unzutreffendes gesellschaftliches Meinungsbild suggeriert werden soll. Dafür werden zum einen bewusst relevante Diskussionen gestört („*Smoke Screening*“), die Diskussionsteilnehmer thematisch irregeführt („*Misdirection*“) und quantitative Kenngrößen manipuliert.[1091] Zum anderen können Social Bots durch ihren Beitragsinhalt zur Verstärkung von extremen und fremdenfeindlichen Einstellungen

[1088] In diese Richtung: *Krüper*, in: Unger/Ungern-Sternberg (Hrsg.), Demokratie und künstliche Intelligenz, 2019, S. 80: „partizipative Kehrseite“.

[1089] Siehe: Teil 3, B, I, 1, d, aa, bbb, (c).

[1090] Siehe: Teil 4, A, II, 3, b, ee, ccc.

[1091] Siehe: Teil 2, B, C, I.

führen.[1092] Dadurch verstärken Social Bots das ohnehin existierende bedrohliche Meinungsklima.[1093]
Für die demokratische Meinungsbildung ist dies insofern relevant, weil sie gerade auf den konstruktiven Austausch abzielt.[1094] „[D]*emokratische Diskurse* [sind] *im Kern kooperative Unternehmungen".*[1095] Unabhängig von den Diskussionsinhalten im Einzelnen sind öffentliche Diskussionen geleitet vom Gemeinwohlgedanken; die Frage danach, welche politische Richtungsentscheidung für die Gesellschaft die beste ist, ist Kerngegenstand der öffentlichen Diskussion in Demokratien.[1096] Dies setzt aber voraus, dass ein Mindestmaß an „*Kooperationsbereitschaft und* (…) *kognitiver Offenheit für die Argumente der Gegenseite*" besteht.[1097] Social Bots stehen diesem Ansatz diametral entgegen.

II. Social Bots als Wahlkampfinstrumente politischer Parteien

Social Bots werden für die Beeinflussung politischer Themen eingesetzt. In diesem Zusammenhang spielen politische Richtungsentscheidungen, insbesondere Wahlen, eine erhebliche Rolle, weil durch diese die unverbindliche Volkswillensbildung in verbindliche Staatswillensbildung übertragen wird.[1098] Die Phase, in der Social Bots ihre manipulative Wirkung auf Wahlen entfalten können, ist jene der Meinungsbildung vor dem Wahlakt, also der Wahlkampf. Auch wenn nach gegenwärtigen empirischen Erkenntnissen politische Parteien Social Bots nicht aktiv nutzen, nutzen sie sie passiv, indem sie ihre quantitativen Kenngrößen erhöhen, welchen in den sozialen Medien eine erhebliche Relevanz zukommt.[1099]Bei Kulminationspunkten können Social Bots sogar wahlentscheidenden Einfluss haben.[1100] In einer für die demokratische Willens-

[1092] *Kind* et al., Social Bots, 2017, S. 41, 57.
[1093] *Jung/Kempf*, APuZ 43-45/2023, 4 ff.
[1094] Siehe: Teil 3, C.
[1095] *Magen*, VVDStRL 77, 2018, 77, 86.
[1096] Siehe: Teil 3, B, II, 1, d.
[1097] *Magen*, VVDStRL 77, 2018, 77, 86.
[1098] Siehe: Teil 3, B, II, 1, d.
[1099] Siehe: Teil 2, C, II, 2; Parteien nutzen auch andere Instrumente des digitalen Wahlkampfes, siehe dafür: Fuchs/Motzkau (Hrsg.), Digitale Wahlkämpfe, 2023.
[1100] Siehe: Teil 2, C, II, 2.

bildung so sensiblen Phase wie der des Wahlkampfes stellt sich die Frage nach der Verfassungsmäßigkeit der Verwendung von Social Bots durch Parteien.

1. Die Freiheit der Parteien als Ausgangspunkt

Der Ausgangspunkt für diese Bewertung ist der Status der Parteienfreiheit nach Art. 21 I 2 GG. Dieser Status gewährleistet den Parteien eine allgemeine Betätigungsfreiheit, wovon alle parteitypischen Tätigkeiten geschützt sind.[1101] Wenn Parteien ihrem Selbstverständnis nach ein großes Interesse an Gewinn der Wählermajorität im Parteienwettbewerb haben, müssen sie verständlicherweise für ihre Inhalte und Tätigkeiten nach außen sichtbar werben, weshalb Wahlkampfaktivitäten in den Schutzbereich der Parteienfreiheit fallen.[1102] Da die Betätigungsfreiheit nicht auf bestimmte Betätigungsformen beschränkt ist, erscheint die Verwendung von Social Bots nicht per se als ein für Parteien unzulässiges Wahlkampfinstrument; die Grenze dieser Aktivitäten zieht der Wahlrechtsgrundsatz der Freiheit in Art. 38 I 1 GG.

2. Der Wahlrechtsgrundsatz der Freiheit als Grenze

Der Grundsatz der Freiheit der Wahl schützt den Wähler vor „*Beeinflussungen, die geeignet sind, seine Entscheidungsfindung und Wahlentscheidung in unzulässiger Weise ernsthaft zu beeinträchtigen.*“[1103] Deshalb ist dieser Grundsatz nur dann gewährleistet, wenn die Wähler ihr Wahlrecht „ohne Zwang oder sonstige unzulässige Beeinflussung“ ausüben können.[1104] Dies gilt für alle Verfahrensstadien, sowohl für den Akt der Stimmabgabe als auch für den Meinungsbildungsprozess davor.[1105] Die Freiheit des Meinungsbildungsprozesses impliziert nicht, dass keinerlei Beeinflussung stattfinden darf; der *parteien*demokratische Meinungsbildungsprozess ist darauf angelegt, dass Parteien für ihre Programme werben und in diesem Sinne die Wähler „beeinflussen“. Eine Grenze ist

---

1101 Siehe: Teil 3, B, II, 3, d, aa.

1102 *Morlok*, in: Dreier, GG, Art. 21, Rn. 60.

1103 *Strelen,* in: Schreiber, BWahlG, § 1, Rn. 20.

1104 BVerfGE 95, 335, 350.

1105 Siehe: Teil 3, B, II, 2, b, aa.

zu ziehen, wenn die Beeinflussung eine Zwangswirkung entfaltet, ohne dass den Wähler eine hinreichende Möglichkeit der Abwehr gegeben ist.[1106]

Die Wirkung von Social Bots auf die Meinungsbildung entfaltet sich eher subtil und nicht mittels unmittelbaren Zwanges oder Drucks.[1107] Es ist durchaus möglich, dass die Meinung und Wahlentscheidung eines Wählers u. a. durch das Zutun von Social Bots mitgeprägt wurden. Dies kann in einer konkreten Diskussionssituation auch durch ein gewisses Zwangselement entstehen, etwa wenn ein bestimmter Diskussionskanals durch massenhafte Spam-Beiträge lahmgelegt wird; der Wähler könnte an der Erlangung einer für seine Wahlentscheidung final relevanten Information gehindert worden sein oder er könnte mit einer Falschnachrichten in Berührung kommen, die ebenfalls Einfluss auf seine Wahlentscheidung haben könnte.[1108] Allerdings erscheint es eher unwahrscheinlich, eine unmittelbare oder auch mittelbare Korrelation zwischen dem konkreten Einsatz des Social Bots und der finalen Wahlentscheidung eines Wählers nachzuweisen. Die individuelle Meinungsbildung erfolgt nicht immer rational, sondern basiert auch auf der heuristischen Informationsverarbeitung, die auf kognitiven Abkürzungen beruht,[1109] was die Erbringung eines solchen Nachweises zusätzlich erschwert.

Hinzukommt, dass das BVerfG verlangt, dass keine „hinreichende Möglichkeit der Abwehr" besteht. Das BVerfG nennt beispielhaft die Justiz, Polizei oder den Wahlwettbewerb als Möglichkeiten der Abwehr einer zwangsweisen Einwirkung auf die Wählerwillensbildung. Ob im Einzelfall einer möglichen Zwangswirkung durch Social Bots mittels der Justiz und Polizei entgegengewirkt werden kann, erscheint aufgrund der Dynamik und Geschwindigkeit der sozialen Medien eher zweifelhaft, denn die Zwangswirkung müsste in der konkreten Situation behoben werden. In

---

[1106] Siehe: Teil 3, B, II, b, aa.

[1107] Siehe mit Blick auf die physische und psychische Störung der Meinungskundgabe und -verbreitung im Rahmen der Meinungsfreiheit: Teil 4, A, II, 1, 3, b, aa; siehe mit Blick auf die eher zurückhaltende Bewertung der Unfriedlichkeit im Rahmen der Versammlungsfreiheit: Teil 4, A, IV, 1, d.

[1108] Siehe: Teil 2, C, I, 1, 3.

[1109] Siehe: Teil 1, C, I.

Deutschland existiert ein nach demokratischen Grundsätzen funktionierender Wahlwettbewerb sowie eine mit Blick auf Formate und Inhalte äußerst plurale, vielfältige und große Medienlandschaft inner- und außerhalb des Internets,[1110] die mit Blick auf die Informationserlangung eine ausreichende Ausweismöglichkeit für die Wähler bildet und eine differenzierte Meinungsbildung ermöglicht.

3. Die demokratische Bedeutung von Parteien als Grundrechtsverstärkung und -begrenzung

Parteien sind eine zwischen Staat und Gesellschaft liegende Institution, die sich aufgrund ihrer Funktion zwar in einer besonderen Nähe zum Staat befinden, aber desselben nicht Teil sind.[1111] Sie sind Grundrechtsträger und Adressat eines Verfassungsauftrages; diese Dualität stellt eher eine verfassungsrechtliche Ausnahme dar.[1112] Aus dieser verfassungsrechtlichen Mittlerrolle können sich Konkretisierungen sowohl für die Parteienfreiheit als auch für ihre Begrenzung ergeben. Auf der einen Seite führt der Auftrag, an der politischen Willensbildung des Volkes mitzuwirken, zu einer Grundrechtsverstärkung bei Betätigungen, die diesen Auftragsinhalt zum Gegenstand haben, was vor allem bei Wahlkämpfen einschlägig sein kann. Auf der anderen Seite führt dieser Auftrag zu einer besonderen Funktion von Parteien in der grundgesetzlichen Demokratie, die eine gewisse demokratische Verantwortung verlangt.[1113] Dies kann zu einer Grundrechtsbeschränkung von Parteien führen; für sie gelten zum Beispiel bei Tatsachenäußerungen im Vergleich zu anderen Grundrechtsträgern erhöhte Sorgfaltspflichten.[1114]

Hinsichtlich der Verwendung von Social Bots scheint eine Beschränkung aufgrund der Identitätstäuschung gerechtfertigt zu sein, denn Parteien

---

[1110] Siehe ausführlich zu den Anteilen der Medienangebote und -konzerne am Meinungsmarkt der Medien in Deutschland: die medienanstalten, Medienvielfaltsmonitor 2023.

[1111] Siehe: Teil 3, B, II, 3, b.

[1112] *Laude*, Automatisierte Meinungsbeeinflussung, 2021, S. 247 mit Verweis auf *Jürgensen/Laude*, JA 2019, 672 hinsichtlich Art. 6 Abs. 2 GG, der den Eltern die Pflege und Erziehung der Kinder als Grundpflicht zuweist.

[1113] *Laude*, Automatisierte Meinungsbeeinflussung, 2021, S. 248.

[1114] *Laude*, Automatisierte Meinungsbeeinflussung, 2021, S. 248.

fungieren als Mittler zwischen Staat und Gesellschaft. Diese Funktion können sie nur erfolgreich wahrnehmen, wenn sie als Parteien und somit als Mittler wahrgenommen werden. In diesem Fall könnten sie ihren Auftrag – an der Willensbildung des Volkes mitzuwirken – nicht erfüllen, weil für die Bürger die Mitwirkung der Parteien erkennbar sein muss. Parteien können sich demnach nicht auf den grundrechtlichen Schutz für die Verwendung von Social Bots berufen.[1115]

III. Zusammenfassung

Die Verwendung von Social Bots verletzt in mehreren Punkten die Merkmale des demokratischen Meinungsbildungsprozesses: Das Vortäuschen einer menschlichen Identität ist mit dem demokratischen Wahrheitsgebot nicht vereinbar. Social Bots dienen auch nicht dazu, Minderheitenmeinungen sichtbarer zu machen, sondern die Interessen eines Einzelnen bzw. von einigen Wenigen manipulativ im öffentlichen Meinungsbildungsprozess durchzusetzen. Zudem tragen sie im Zusammenwirken mit *Hate Speech* dazu bei, dass gesellschaftliche Minderheiten sich aus der öffentlichen Diskussion zurückziehen. Zuletzt ist das Instrument Social Bots in seiner gesamten Wirkungsweise darauf angelegt, die konstruktive Diskussion zu verhindern, die aber für eine demokratische Diskussion elementar ist.

Weiterhin ist die Verwendung von Social Bots von der Parteienfreiheit grundsätzlich geschützt, allerdings zieht der Wahlrechtsgrundsatz der Freiheit der Wahl dort eine Grenze, wo Wähler in ihrer freien Willensbildung zwangsweise eingeschränkt werden; dieser Schutz gilt auch für die Phase der Meinungsbildung vor dem Wahlakt. Da die sich die Wirkung von Social Bots eher subtil entfaltet und zudem dem Wähler Ausweismöglichkeiten für seine Meinungsbildung existieren, ist die Verwendung von Social Bots für Parteien nicht aus diesem Grund zu beschränken. Jedoch aus einem anderen Grund: Parteien müssen sich stets so verhalten, dass ihre verfassungsrechtliche Mittlerrolle erkennbar ist. Ein wesentliches Merkmal von Social Bots ist hingegen die Identitätstäuschung. Folglich dürfen Parteien Social Bots nicht benutzen, weil sie ansonsten als je-

---

[1115] *Laude*, Automatisierte Meinungsbeeinflussung, 2021, S. 248.

ne Mittler nicht erkennbar wären und somit ihren Verfassungsauftrag nicht erfüllen können.

Teil 5 – Fazit

Die Digitalisierung der Kommunikationsstrukturen schreitet unaufhaltsam voran. Noch nie konnte der Einzelne sich dermaßen unmittelbar am öffentlichen Meinungsbildungsprozess beteiligen; noch nie gab es so viele Anknüpfungspunkte und Möglichkeiten, um den öffentlichen Meinungsbildungsprozess zu manipulieren. Beide Aussagen scheinen zuzutreffen. Die Hindernisse in beide Richtungen sind geringer geworden. Das sozio-technische Phänomen Social Bot ist nur eine von vielen Erscheinungen, die zum Zwecke der Manipulation eingesetzt werden. Kennzeichnend für ihr Wesen sind v. a. die Täuschung über die menschliche Identität, ihre (teil-)automatisiertes Aktivität und die Arena, in der sie eingesetzt werden: die sozialen Medien. Jenen kommt in der digitalisierten Öffentlichkeit eine bedeutende Rolle zu. Ihre Funktionslogik bestimmt maßgeblich die Struktur des digitalisierten öffentlichen Meinungsbildungsprozesses, welche wiederrum relevant für den individuellen Meinungsbildungsprozess ist. Welche Informationen auf welche Art zum Einzelnen gelangen und welche Meinungen sichtbar sind, sind prägend für die individuelle Meinungsbildung.

Auch wenn das Grundgesetz den Meinungsbildungsprozess als eigenständigen Regelungsgegenstand nicht kennt, sondern vielmehr seine Existenz als gegeben voraussetzt, stellt es normative Anforderungen an ihn. In grundrechtlicher Hinsicht gewährleistet es durch die Kommunikationsfreiheiten einen umfassenden Schutz der freien Kommunikation des Einzelnen. In systemischer Hinsicht gewährleistet es durch staatsorganisationsrechtliche Bestimmungen eine freie, gleichberechtigte und öffentliche politische Meinungs- und Willensbildung.

Aus grundrechtlicher Perspektive sind Social Bots zunächst als Kommunikationsinstrumente ihrer Betreiber zu betrachten, deren Verwendung prinzipiell von der Meinungs- und von der Versammlungsfreiheit geschützt ist. Es entspricht nicht dem entwicklungsoffenen Ansatz der Kommunikationsfreiheiten, neuen Kommunikationstechnologien verschlossen zu sein. Dennoch weisen Social Bots Merkmale auf, die im Ergebnis zu einer Grundrechtsversagung führen. Die Identitätstäuschung und die zum Teil zwangsweise Einschränkung der Kommunikationsfreiheiten anderer Nutzer sozialer Medien rechtfertigen die Beschränkung der Meinungs- und Versammlungsfreiheit der Bot-Betreiber. Die Kommunikationsfreiheiten des Grundgesetzes verlangen grundsätzlich eine von-Angesicht-zu-Angesicht-Kommunikation durch Offenlegung der Person und als Instrument im Kern die Nutzung der geistigen Kraft für das bessere Argument.

In systemischer Hinsicht tangieren Social Bots die Vorgaben des demokratischen Meinungsbildungsprozesses. Schon das Verwendungsziel – die manipulative Beeinflussung des öffentlichen Meinungsbildungsprozesses – kollidiert diametral mit dem Ziel des demokratischen Meinungsbildungsprozesses, eine konstruktive Diskussion zu führen. Ferner ist die Täuschung über die menschliche Identität mit dem demokratischen Wahrheitsgebot im Grundgesetz nicht vereinbar; die Identitätstäuschung ist auch der Grund, weshalb die Verwendung von Social Bots durch Parteien verfassungsrechtlich illegitim ist. Als Mittler zwischen dem Staat und der Gesellschaft können sie ihre Aufgabe nur erfüllen, wenn sie als solche wahrgenommen werden.

Vor diesem Hintergrund lässt sich als Gesamtergebnis festhalten: Social Bots sind dem Meinungsbildungsprozess des Grundgesetzes wesensfremd.

Literaturverzeichnis

Abokhodair, Nora/Yoo, Daisy/McDonald, David W., Dissecting a Social Botnet: Growth, Content and Influence in Twitter, in: Proceedings of the 18th ACM Conference on Computer Supported Cooperative Work & Social Computing, 2015, S. 839-851

Albrecht, Steffen, ChatGPT und andere Computermodelle zur Sprachverarbeitung – Grundlagen, Anwendungspotenziale und mögliche Auswirkungen, Büro für Technikfolgen-Abschätzung beim Deutschen Bundestag (TAB), Berlin 2023

Alexy, Robert, Theorie der Grundrechte, 9. Auflage, Berlin 2020

Arlt, Dorothee/Wolling, Jens, Bias wanted! Examining people´s information exposure, quality expectations and bias perceptions in the context of the refugees debate among different segments of the German population, in: Communications, The European Journal of Communications 43, 1/2018, S. 75-99

Asenmacher, Dennis/Grimme, Christian/Clever, Lena, Changing Perspectives: Is It Sufficient to Detect Social Bots?, in: Meiselwitz, Gabriele (Hrsg.), Social Computing and Social Media. User Experience and Behavior, Basel 2018, S. 445-461

Baade, Björnstjern, Wahrheit und Recht, Störung und Schutz regulatorischer, asylrechtlicher und medialer Wahrheitsfindung, Tübingen 2023

Bader, Katarina/Jansen, Carolin/Rinsdorf, Lars, Jenseits der Fakten: Deutschsprachige Fake News aus Sicht der Journalistik, in: Steinebach, Martin/Bader, Katarina/Rinsdorf, Lars/Krämer, Nicole/Roßnagel, Alexander (Hrsg.), Desinformation aufdecken und bekämpfen, Interdisziplinäre Ansätze gegen Desinformationskampagnen und für Meinungspluralität, Baden-Baden 2020, S. 33-76

Badura, Peter, Die öffentlich-rechtlichen Rundfunkanstalten bieten Rundfunk und Telemedien an, Archiv des öffentlichen Rechts 134 (2009), S. 240-267

Badura, Peter, Die parlamentarische Demokratie, in: Isensee, Josef/Kirchhof, Paul (Hrsg.), Handbuch des Staatsrechts der Bundesrepublik Deutschland – Band II: Verfassungsstaat, 3. Auflage, Heidelberg 2004, § 25

Barczak, Tristan, Public Forum und demonstrativer Arbeitskampf – Zur Reaktion des Versammlungsrechts auf den Streik im öffentlichen Raum, Deutsches Verwaltungsblatt 2014, S. 758-765

Barth, Armin P., Algorithmik für Einsteiger, 2. Auflage, Wiesbaden 2014

Bechmann, Sascha, Sprachwandel – Bedeutungswandel, Tübingen 2016

Becht, Ernst, Die 5 %-Klausel im Wahlrecht: Garant für ein funktionierendes parlamentarisches Regierungssystem?, Stuttgart 1990

Beck, Klaus, Kommunikationswissenschaft, 7. Auflage, Tübingen 2023

Bedford-Strohm, Jonas/Höhne, Florian/Zeyher-Quattlender, Julian (Hrsg.), Digitaler Strukturwandel der Öffentlichkeit, Baden-Baden 2019

Behre, Julia/Hölig, Sascha/Möller, Judith, Reuters Institute Digital News Report 2023, Ergebnisse für Deutschland, Hamburg 2023

Bessi, Alessandro/Ferrara, Emilio, Social bots distort the 2016 U.S. Presidentail election online discussion, First Monday, Volume 21, Number 11, 2016

Bethge, Herbert, Die verfassungsrechtliche Position des öffentlich-rechtlichen Rundfunks in der dualen Rundfunkordnung, Baden-Baden 1996

Bezemek, Christoph, Filterblase und Grundrechte, in: Österreichische Juristenkommission/Müller, Rudolf (Hrsg.), Krise der liberalen Demokratie? Frühjahrstagung der Österreichischen Juristenkommission vom 25. bis 27. Mai 2017 in Haibach/Schlögen. Vorträge und Diskussionen, Wien 2019, S. 313-314

Bieber, Christoph, Protestkommunikation im Internet, in: Holznagel, Bern/Grünwald, Andreas/Hanßmann, Anika (Hrsg.), Elektronische Demokratie – Bürgerbeteiligung per Internet zwischen Wissenschaft und Praxis, München 2001, S. 124-142

Bock, Michael, Die Übertragbarkeit der Kommunikationsfreiheiten des Art. 5 GG auf das Internet, Wiesbaden 2018

Boehl, Henner Jörg/Thum, Cornelius/Schreiber, Wolfgang (Begr.), Bundeswahlgesetz – Kommentar, 11. Auflage, Köln 2021

Böckenförde, Ernst-Wolfgang, Demokratie als Verfassungsprinzip, in: Isensee, Josef/Kirchhof, Paul (Hrsg.), Handbuch des Staatsrechts der Bundesrepublik Deutschland – Band II: Verfassungsstaat, 3. Auflage, Heidelberg 2004, § 24

Böckenförde, Ernst-Wolfgang, Grundrechtstheorie und Grundrechtsinterpretation, Neue Juristische Wochenschrift 1974, S. 1529-1538

Böckenförde, Ernst-Wolfgang, Die Entstehung des Staates als Vorgang der Säkularisation, in: Recht, Staat, Freiheit. Studien zur Rechtsphilosophie, Staatstheorie und Verfassungsgeschichte, Frankfurt 1991, S. 92-114.

Bönning, Holger, Französische Revolution und deutsche Öffentlichkeit, Publizistik 1989, S. 405-423

Bortnikov, Vyacheslav, Netzneutralität und Bedingungen kommunikativer Selbstbestimmung – Pflichten des freiheitlichen Verfassungsstaates zur Gewährleistung der Neutralität des Internets im Lichte der grundrechtlichen Schutzpflichtenlehre, München 2013

Boshmaf, Yazan/Muslukhov, Ildar/Beznosov, Konstantin/Ripeanu, Matei, The socialbot network: when bots socialize for fame and money, in: ACSAC'11: Proceedings of the 27th Annual Computer Security Applications Converence, 2011, S. 93-102

Boshmaf, Yazan/Muslukhov, Ildar/Beznosov, Konstantin/Ripeanu, Matei, Design and Analysis of a Social Botnet, Computer Networks: The International Journal of Computer and Telecommunications Networking 57 (2) 2013, S. 556-578

Brachten, Florian/Stieglitz, Stefan/Hofeditz, Lennart/Kloppenorg, Katharina/Reimann, Anette, Strategies and Influence of Social Bots in a 2017 German state election – A case study on Twitter, in: Proceedings of the Australian Conference on Information Systems 2017, 90

Bradshaw, Samantha/Bailey, Hannah/Howard, Philip N., Industrialized Disinformation: 2020 Global Inventory of Organized Social Media Manipulation, Oxford 2021

Bredler, Eva Maria/Markard, Nora, Grundrechtsdogmatik der Beleidigungsdelikte im digitalen Raum – Ein gleichheitsrechtliches Update der Grundrechtsabwägung bei Hassreden, Juristenzeitung 2021, S. 864-872

Brinkmann, Tomas, Zur Aktualität des Vielfaltsangebots in den Massenmedien, Zeitschrift für Urheber- und Medienrecht 2013, S. 193-226

Brosius-Gersdorf, Frauke (Hrsg.), Dreier, Horst (Begr.), Grundgesetz-Kommentar, Band I: Präambel, Artikel 1-19, 4. Auflage, Tübingen 2023

Bullinger, Martin, Kommunikationsfreiheit im Strukturwandel der Telekommunikation, Baden-Baden 1980

Bundesministerium für Wirtschaft und Energie (Hrsg.), Weißbuch Digitale Plattformen – Digitale Ordnungspolitik für Wachstum, Innovation, Wettbewerb und Teilhabe, Berlin 2017

Castells, Manuel, Networks of Outrage and Hope – Social Movements in the Internet Age, 2. Auflage, Hoboken/New Jersey 2015

Childs, Harwood Lawrence, Public Opinion: nature, formation, and role, Princeton 1965

Cialdini, Robert B., Die Psyhologie des Überzeugens – Wie Sie sich selbst und Ihren Mitmenschen auf die Schliche kommen, 8. Auflage, Berlin 2017

Converse, Philip, Changing Conceptions of Public Opinion in the Political Process, in: Public Opinion Qurerly 51, 1987, S. 12-24,

Cornils, Matthias, Vielfaltssicherung bei Telemedien, AfP – Zeitschrift für Medien- und Kommunikationsrecht 2018, S. 377-387

Cresci, Stefano/Di Pietro, Roberto/Petrocchi, Martinella/Spognardi, Angelo/Tesconi, Maurizio, Fame for sale: Efficient detection of fake Twitter followers, in: Decision Support Systems (80) 2015, S. 56-71

Dahm, Diethard/Peters, Wilfried, Aktuelle Fragen des Versammlungsrechts – Rechtsprechungsübersicht, Landes- und Kommunalverwaltung 2021, S. 443-448

Dankert, Kevin/Dreyer, Stephan, Social Bots – Grenzenloser Einfluss auf den Meinungsbildungsprozess? Eine verfassungsrechtliche und einfachgesetzliche Einordnung, Kommunikation & Recht, 2017, S. 73-78

Datenethikkommission der Bundesregierung/Bundesministerium des Innern, für Bau und Heimat/Bundesministerium der Justiz und für Verbraucherschutz (Hrsg.), Gutachten der Datenethikkommission der Bundesregierung, Berlin 2019

Davis, Clayton A./Varol, Onur/Ferrara, Emilio/Flammini, Alessandro/Menczer, Flippo, BotOrNot: A system to Evaluate Social Bots, in:

Proceedings of the 25th International Conference Companion on World Wide Web, 2016, S. 273–274

Davis, Christopher Michael, Die „dienende“ Rundfunkfreiheit im Zeitalter der sozialen Vernetzung, Zum Erfordernis einer Neuordnung der Rundfunkverfassung am Beispiel der Sozialen Medien, Tübingen 2019

Davison, W. Phillips, Public Opinion: Introduction, in: Sills, David L. (Hrsg.), Social Sciences. International Encyclopedia of the Social Sciences, New York 1968, S. 188-197

Degenhart, Christoph, Medienkonvergenz zwischen Rundfunk- und Pressefreiheit, in: Sachs, Michael/Siekmann, Helmut (Hrsg.), Der grundrechtsgeprägte Verfassungsstaat – Festschrift für Klaus Stern zum 80. Geburtstag, 2012, S. 1299-1316

Degenhart, Christoph, Rundfunkfreiheit, in: Merten, Detlef/Papier, Hans-Jürgen (Hrsg.), Handbuch der Grundrechte in Deutschland und Europa, Band IV: Grundrechte in Deutschland – Einzelgrundrechte, München 2011, § 105

Denninger, Erhard, Staatsrecht 1, Reinbek 1973

Denninger, Erhard/Hoffmann-Riem, Wolfgang/Schneider, Hans-Peter/Stein, Ekkehart (Hrsg.), Kommentar zum Grundgesetz für die Bundesrepublik Deutschland, Reihe Alternativkommentare, 3. Auflage, Neuwied 2002

Deutsche Akademie der Naturforscher Leopoldina e.V. – Nationale Akademie der Wissenschaften –/acatech – Deutsche Akademie der Technikwissenschaften e.V./Union der deutschen Akademien der Wissenschaften e.V., Digitalisierung und Demokratie, Halle (Saale) 2021

di Fabio, Udo, Rechtsordnung und Vertrauen, in: Kämper, Burkhard/Pfeffer, Klaus (Hrsg.), Neues Vertrauen in Staat, Kirche und Gesellschaft, Essener Gespräche zum Thea Staat und Kirche, Band 50, 2017, S. 61-80

die Medienanstalten – ALM GbR (Hrsg.), *Lobigs, Frank/Neuberger, Christoph*, Meinungsmacht im Internet und die Digitalisierung von Medienunternehmen – Neue Machtverhältnisse trotz expandierender Internet-Geschäfte der traditionellen Massenmedien-Konzerne, Gutachten für die Kommission zur Ermittlung der Konzentration im Medienbereich (KEK),

Leipzig 2018

Dißmann, Leonie, Das virtuelle Sit-in als grundrechtlich geschützte Protestform? Betrachtung der verfassungsrechtlichen Rechtslage und deren Einfluss auf das Privatrecht, Münster 2017

Djerf-Pierre, Monika/Adam Shehata, Still an Agenda Setter: Traditional News Media and Public Opinion During the Transition From Low to High Choice Media Environments, in: Journal of Communication 67, 5/2017, S. 733-757

Doering-Manteuffel, Anselm/Greiner, Bernd/Lepsius, Oliver, Der Brokdorf-Beschluss des Bundesverfassungsgerichts 1985, Tübingen 2015

Donges, Patrick/Jarren, Ottfried, Politische Kommunikation in der Mediengesellschaft, Wiesbaden 2017

Donsbach, Wolfgang/Stevenson, Robert L., Herausforderungen, Probleme und empirische Evidenzen der Theorie der Schweigespirale, in: Publizistik 1986 (31), S. 7-34

Dörr, Dieter, Informationsfreiheit, in: Merten, Detlef/Papier, Hans-Jürgen (Hrsg.), Handbuch der Grundrechte in Deutschland und Europa, Band IV: Grundrechte in Deutschland – Einzelgrundrechte, München 2011, § 103

Dörr, Dieter/Holznagel, Bernd/Picot, Arnold, Legitimation und Auftrag des öffentlich-rechtlichen Fernsehens in Zeiten der Cloud, Zeitschrift für Urheber- und Medienrecht 2016, S. 920-947

Dörr, Dieter/Natt, Alexander, Suchmaschinen und Meinungsvielfalt – Ein Beitrag zum Einfluss von Suchmaschinen auf die demokratische Willensbildung, Zeitschrift für Urheber- und Medienrecht 2014, S. 829-847

Dörr, Dieter/Schuster, Simon, Suchmaschinen im Spannungsfeld zwischen Nutzung und Regulierung – Rechtliche Bestandsaufnahme und Grundstrukturen einer Neuregelung, in: Stark, Birgit/Dörr, Dieter/Aufenanger, Stefan (Hrsg.), Die Googleisierung der Informationssuche – Suchmaschinen zwischen Nutzung und Regulierung, Berlin/Boston 2014, S. 262-323

Dörr, Oliver, Keine Versammlungsfreiheit für Neonazis? Extremistische Demonstrationen als Herausforderung für das geltende Versammlungsrecht, Verwaltungsarchiv 93 (2002), S. 485-505

Dreier, Horst (Hrsg.), Grundgesetz-Kommentar, Band II: Artikel 20-82, 3. Auflage, Heidelberg 2015

Drexl, Josef, Bedrohung der Meinungsvielfalt durch Algorithmen – Wie weit reichen die Mittel der Medienregulierung, Zeitschrift für Urheber- und Medienrecht 2017, S. 529-543

Drossel, Jan-Marcel, Wahlsystem und Wahlgleichheit, Eine verfassungsdogmatische Untersuchung von Gestaltungsspielraum und Beschränkungen des Gesetzgebers im Bundestagswahlrecht, Tübingen 2021

Dyson, George, Turings Kathedrale – Die Ursprünge des digitalen Zeitalters, Berlin 2014

Ebert, Andreas/Spiecker gen. Döhmann, Indra, Der Kommissionsentwurf für eine KI-Verordnung der EU, Neue Zeitschrift für Verwaltungsrecht 2021, S. 1188-1193

Eichenhofer, Johannes, Digitale Verwaltung und soziale Teilhabe, Juristenzeitung 2023, S. 1052-1060

Eichenhofer, Johannes, e-Privacy, Theorie und Dogmatik eines europäischen Privatheitsschutzes im Internet-Zeitalter, Tübingen 2021

Eifert, Martin, Die Rundfunkfreiheit, Juristische Ausbildung 2015, S. 356-368

Eifert, Martin, Freie Persönlichkeitsentfaltung in sozialen Netzen – Rechtlicher Schutz von Voraussetzungen und gegen Gefährdungen der Persönlichkeitsentfaltung im Web 2.0, in: Bieber, Christoph (Hrsg.), Soziale Netze in der digitalen Welt. Das Internet zwischen egalitärer Teilhabe und ökonomischer Macht, Frankfurt am Main 2009, S. 253-268

Eifert, Martin/Wienfort, Nora, Hassrede als Gefährdung der verfassungsrechtlich geschützten offenen Kommunikation unter Freien und Gleichen, Juristenzeitung 2023, S. 270-277

Enders, Christoph, Die Freiheit der Andersdenkenden vor den Schranken des Bundesverwaltungsgerichts: Zum Urteil des BVerwG vom 25.6.2008 – Rudolf Heß-Gedenkmarsch, Juristenzeitung 2008, S. 1092-1099

Epping, Volker/Hillgruber, Christian (Hrsg.), BeckOK Grundgesetz, 56. Edition, Stand: 15.08.2023, München 2023

Epping, Volker/Lenz, Sebastian, Das Grundrecht der Meinungsfreiheit

(Art. 5 I 1 GG), Juristische Ausbildung 2007, S. 881-889

Etzioni, Amitai/Etzioni, Oren, Keeping AI Legal, Vanderbilt Journal of Entertainment and Technology Law 19 (2016), S. 133-146

Europäisches Parlament, Cyber violence and hate speech online against women, Brüssel 2018

Eva Schmid, Claudia/Stock, Lennart/Walter, Svenja, Der strategische Einsatz von Fake News zur Propaganda im Wahlkampf, in: Sachs-Hombach, Klaus/Zywietz, Bernd (Hrsg.), Fake News, Hashtags & Social Bots, 2018, S. 69-95

Fehling, Michael/Leymann, Matthias, Der neue Strukturwandel der Öffentlichkeit: Wie lassen sich die sozialen Medien regulieren?, AfP – Zeitschrift für das gesamte Medienrecht 2020, S. 110-119

Ferrara, Emilio, What types of COVID-19 conspiracies are populated bay Twitter bots?, First Monday, First Monday, Volume 25, Number 6, 2020

Ferrara, Emilio/Varol, Onur/Davis, Clayton/Menczer, *Filippo,* The rise of social bots, Communications of the ACM, Volume 59, Issue 7, 2016, S. 96-104

Fiedler, Christoph, Meinungsfreiheit in einer vernetzten Welt – Staatliche Inhaltskontrolle, gesetzliche Providerhaftung und die Inhaltsneutralität des Internets, Baden-Baden 2002

Fiedler, Christoph, Technologieneutrale Pressefreiheit, AfP – Zeitschrift für Medien- und Kommunikationsrecht 2011, S. 15-18

Fikentscher, Wolfgang/Möllers, Thomas M. J., Die (negative) Informationsfreiheit als Grenze von Werbung und Kunstdarbietung, Neue Juristische Wochenschrift 1998, S. 1337-1344

Fischer, Paula, Infrastruktur bei Prorestcamps und der Schutzbereich der Versammlungsfreiheit, Neue Zeitschrift für Verwaltungsrecht 2022, S. 353-359

Flint, Jessica, Fake News im Wahlkampf – Eine Untersuchung der rechtlichen Problemstellung der Desinformation in sozialen Netzwerken am Beispiel von Facebook, Baden-Baden 2021

Förster, Christoph, Die Friedlichkeit als Voraussetzung der Demonstrationsfreiheit, Gelsenkirchen 1985

Forsthoff, Ernst, Neue Aspekte der Pressefreiheit, Der Staat 5 (1966), S. 1-16

Fraenkel, Ernst, Deutschland und die westlichen Demokratien, 7. Auflage, Berlin 1979

Fraser, Nancy, Theorie der Öffentlichkeit – Strukturwandel der Öffentlichkeit, in: Brunkhorst, Hauke/Kreide, Regina/Lafont, Christina (Hrsg.), Habermas Handbuch, Stuttgart 2009, S. 148-154

Frey, Regina, Geschlecht und Gewalt im digitalen Raum – Eine qualitative Analyse der Erscheinungsformen, Betroffenheiten und Handlungsmöglichkeiten unter Berücksichtigung intersektionaler Aspekte, Berlin 2020

Friedrich, Lutz, Das Wahrheitsgebot des Grundgesetzes, Aktivierung eines Verfassungsprinzips gegen „Fake News" und Soziale Desinformation, Archiv des öffentlichen Rechts 146 (2022) S. 642-686

Frotscher, Werner, Die parteienstaatliche Demokratie – Krisenzeichen und Zukunftsperspektiven, Deutsches Verwaltungsblatt 1985, S. 917-927

Fuchs, Martin/Motzkau, Martin (Hrsg.), Digitale Wahlkämpfe, Politische Kommunikation im Bundestagswahlkampf 2021, Wiesbaden 2023.

Gallwitz, Florian/Kreil, Michael, The Rise and Fall of "Social Bot" Research, 2021, online abrufbar unter: https://papers.ssrn.com/sol3/papers.cfm?abstract_id=3814191

Gärditz, Klaus Ferdinand, Der digitalisierte Raum des Netzes als emergente Ordnung und die repräsentativ-demokratische Herrschaftsform, Der Staat, Band 54 (2015), S. 113-139

Gelber, Katharine/McNamara, Luke, Evidencing the harms of hate speech, Social Identities: Journal fort he Study of Race, Nation and Culture 22 (2016), S. 324-341

Gerecke, Martin, Die sozialen Medien und die digitale Revolution, in: Gerecke, Martin (Hrsg.), Handbuch Social-Media-Recht, München 2023, S. 1-12

Gerhards, Jürgen, Konzeptionen von Öffentlichkeit unter heutigen Medienbedingungen, in: Jarren, Otfried/Krotz, Friedrich (Hrsg.), Öffentlichkeit unter Viel-Kanal-Bedingungen, 1998, S. 25.

Gerhards, Jürgen/Neidhardt, Friedhelm, Strukturen und Funktionen moderner Öffentlichkeit, Berlin 1990

Gersdorf, Hubertus, Legitimation und Legitimierung von Onlineangeboten des öffentlich-rechtlichen Rundfunks, Berlin 2009

Gersdorf, Hubertus, Teleshopping: Exerzitium für die Notwendigkeit einer Differenzierung zwischen Ausgestaltung und Beschränkung der Rundfunkfreiheit, Zeitschrift für Urheber- und Medienrecht 1995, S. 841-851

Gersdorf, Hubertus/Paal, Boris (Hrsg.), BeckOK Informations- und Medienrecht, 42. Edition, Stand: 01.08.2023, München 2023

Geschke, Daniel/Klaßen, Anja/Quent, Matthias/Richter, Christoph, #Hass im Netz: Der schleichende Angriff auf unsere Demokratie – Eine bundesweite repräsentative Untersuchung, Berlin 2019

Goldman, Erich, Search Engine Bias and the Demise of Search Engine Utopianism, Yale Journal of Law & Technology 2006, S. 188-200

Goodfellow, Ian/Bengio, Yoshua/Courville, Aaron, Deep Learning, Cambridge 2016

Gounalakis, Georgios, Regulierung von Presse, Rundfunk und elektronischen Diensten in der künftigen Medienordnung, Zeitschrift für Urheber- und Medienrecht 2003, S. 180-192

Graber, Robin/Lindemann, Thomas, Neue Propaganda im Internet. Social Bots und das Prinzip sozialer Bewährtheit als Instrumente der Propaganda, in: Sachs-Hombach, Klaus/Zywietz, Bernd (Hrsg.), Fake News Hashtags & Social Bots, Wiesbaden 2018, S. 51-68

Greve, Jens, Artikel „Öffentlichkeit“, II. Soziologie, Version 08.06.2022, in: Staatslexikon online, 8. Auflage

Grimm, Dieter, Die Meinungsfreiheit in der Rechtsprechung des Bundesverfassungsgerichts, Neue Juristische Wochenschrift 1995, S. 1697-1705

Grimm, Dieter, Die politischen Parteien, in: Benda, Ernst/Maihofer, Werner/Vogel, Hans-Joachim (Hrsg.), Handbuch des Verfassungsrechts, Band 1, 2. Auflage, 1994, S. 599-656

Gröpl, Christoph/Windhorst, Kay/von Coelln, Christian, Grundgesetz –

Studienkommentar, 5. Auflage, München 2022

Gröschner, Rolf, Transparente Verwaltung: Konturen eines Informationsverwaltungsrechts, Veröffentlichungen der Vereinigung Deutscher Staatsrechtslehrer 63 (2004), S. 344-376

Gurlit, Elke, Konturen eines Informationsverwaltungsrecht, Deutsches Verwaltungsblatt 2003, S. 1119-1134

Habel, Dominic, Roboterjournalismus, Baden-Baden 2019

Häberle, Peter, Das Menschenbild im Verfassungsstaat, 4. Auflage, Berlin 2008

Häberle, Peter, Die Verfassung des Pluralismus, Studien zur Verfassungstheorie der offenen Gesellschaft, Königstein im Taunus, 1980

Häberle, Peter, Die Wesensgehaltgarantie des Artikel 19 Abs. 2 Grundgesetz, Zugleich ein Beitrag zum Institutionellen Verständnis der Grundrechte und zur Lehre vom Gesetzesvorbehalt, 3. Auflage, Heidelberg 1983

Habermas, Jürgen, Ein neuer Strukturwandel der Öffentlichkeit und die deliberative Politik, Berlin 2022

Habermas, Jürgen, Strukturwandel der Öffentlichkeit, Untersuchungen zu einer Kategorie bürgerlichen Gesellschaft, 18. Auflage, Frankfurt am Main 1990

Habermas, Jürgen, Faktizität und Geltung, Beiträge zur Diskurstheorie des Rechts und des demokratischen Rechtsstaats, Berlin 2019

Hahn, Oliver/Hohfeld, Ralf/Knieper, Thomas (Hrsg.), Digitale Öffentlichkeit(en), Köln 2017

Hampton, Keith/Reainie, Lee/Lu, Weixu/Dwyer, Maria/Shin, Inyoung/Purcell, Kristen, Social Media and the ′Spiral of Silence′, Pew Research Center, Washington DC, 2014

Häntzschel, Kurt, Das Recht der freien Meinungsäußerung, in: Anschütz, Gerhard/Thoma, Richard (Hrsg.), Handbuch des Deutschen Staatsrechts Band II, Tübingen 1932, S. 651-675

Hartl, Korbinian, Suchmaschinen, Algorithmen und Meinungsmacht, Eine verfassungs- und einfachrechtliche Betrachtung, Wiesbaden 2017

Hartmann, Bernd J./Zanger, Johanna, (Original-)Referendarexamensvortrag – Öffentliches Recht: Polizei- und Ordnungsrecht, Versammlungsrecht – Rechtsrock, Juristische Schulung 2014, S. 829-833

Hornung, Gerit/Müller-Terpitz, Ralf, in: Hornung, Gerit/Müller-Terpitz, Ralf (Hrsg.), Rechtshandbuch Social Media, 2. Auflage, Berlin/Heidelberg 2021, S. 1-12

Hasert, Tommy/Hooffacker, Gabriele, Überschätze Bots?, Journalistik 2019, S. 140-153

Hebeler, Timo/Berg, Katharina, Die Grundrechte im Lichte der Digitalisierung – Teil III: Kommunikationsgrundrechte, Juristische Ausbildung 2021, S. 969-974

Heckmann, Dirk, Persönlichkeitsschutz im Internet, Neue Juristische Wochenschrift 2012, S. 2631-2635

Hegelich, Simon, Invasion der Meinungs-Roboter, Analysen & Argumente, Ausgabe 221, 2016

Heilmann, Stefan, Anonymität für User-Generated Content? – Verfassungsrechtliche und einfach-gesetzliche Analyse der Informationspflichten für journalistisch-redaktionelle Angebote und andere Telemedien in §§ 5 TMG, 55 RStV, Baden-Baden 2013

Heldt, Amélie, Intensivere Drittwirkung, Die mittelbare Drittwirkung der Meinungsfreiheit in Öffentlichkeiten der digitalen Gesellschaft, Eine verfassungsrechtliche, rechtsvergleichende und interdisziplinäre Analyse, Tübingen 2023

Hennis, Wilhelm, Meinungsforschung und repräsentative Demokratie, Zur Kritik politischer Umfragen, Tübingen 1957

Herberger, Maximilian, „Künstliche Intelligenz und Recht“, Neue Juristische Wochenschrift 2018, S. 2825-2828

Hermes, Georg, Verfassungsrecht und einfaches Recht – Verfassungsgerichtsbarkeit und Fachgerichtsbarkeit, Veröffentlichungen der Vereinigung der Deutschen Staatsrechtslehrer 61 (2002), S. 119-154

Herzog, Roman/Scholz, Rupert/Herdegen, Matthias/Klein, Hans H. (Hrsg.), Dürig, Günter (Begr.), Grundgesetz – Kommentar, Band I-V, Loseblatt, 102. Ergänzungslieferung, München 2023

Hesse, Konrad, Die verfassungsrechtliche Stellung der politischen Parteien im modernen Staat, in: Veröffentlichungen der Vereinigung Deutscher Staatsrechtslehrer 17 (1959), S. 11-52

Hesse, Konrad, Grundzüge des Verfassungsrechts der Bundesrepublik Deutschland, Neudruck der 20. Auflage, Heidelberg 1999

Hillgruber, Christian, Parteienfreiheit, in: Merten, Detlef/Papier, Hans-Jürgen (Hrsg.), Handbuch der Grundrechte in Deutschland und Europa, Band V: Einzelgrundrundrechte II, München 2013, § 118

Hindelang, Steffen, Freiheit und Kommunikation, Zur verfassungsrechtlichen Sicherung kommunikativer Selbstbestimmung in einer vernetzten Gesellschaft, Heidelberg 2019

Hochhuth, Martin, Die Meinungsfreiheit im System des Grundgesetzes, Tübingen 2007

Hoffmann-Riem, Wolfgang, Die digitale Transformation als Herausforderung für die Legitimation rechtlicher Entscheidungen, in: Ungern, Sebastian/von Ungern-Sternberg, Antje (Hrsg.), Demokratie und künstliche Intelligenz, Tübingen 2019, S. 129-159

Hoffmann-Riem, Wolfang, Kommunikations- und Medienfreiheit, in: Hoffmann-Riem, Wolfgang (Hrsg.), Offene Rechtswissenschaft, Tübingen 2010, S. 659-702

Hoffmann-Riem, Wolfgang, Kommunikationsfreiheiten – Kommentierungen zu Art. 5 Abs. 1 und 2 sowie Art. 8 GG, Baden-Baden 2002

Hoffmann-Riem, Wolfgang, Neue Rechtsprechung des BVerfG zur Versammlungsfreiheit, Neue Zeitschrift für Verwaltungsrecht 2002, S. 257-265

Hoffmann-Riem, Wolfgang, Recht im Sog der digitalen Transformation, Herausforderungen, Tübingen 2022

Hoffmann-Riem, Wolfgang, Regelungsstrukturen für öffentliche Kommunikation im Internet, Archiv des öffentlichen Rechts 137 (2012), S. 509-544

Hoffmann-Riem, Wolfgang, Versammlungsfreiheit, in: Merten, Detlef/Papier, Hans-Jürgen (Hrsg.), Handbuch der Grundrechte in Deutschland und Europa, Band IV: Grundrechte in Deutschland – Einzelgrundrechte, München 2011, § 106

Hofmann, Hans/Henneke, Hans-Günter (Hrsg.), Schmidt-Bleibtreu, Bruno (Begr.), Grundgesetz – Kommentar, 15. Auflage, Köln 2022

Hohendahl, Peter Uwe, in: Hohendahl, Peter Uwe (Hrsg.), Öffentlichkeit – Geschichte eines kritischen Begriffs, Stuttgart 2000, S. 1-7

Hohlfeld, Ralf/Godulla, Alexander, Das Phänomen der Sozialen Medien, in: Hornung, Gerrit/Müller-Terpitz, Ralf (Hrsg.), Rechtshandbuch Social Media, Heidelberg 2015, S. 11-13

Höllein, Hans-Joachim, Das Verbot rechtsextremistischer Veranstaltungen, Neue Zeitschrift für Verwaltungsrecht 1994, S. 635-641

Hölscheidt, Sven, Das Grundrecht der Versammlungsfreiheit nach dem Brokdorf-Beschluß des Bundesverfassungsgerichts, Deutsches Verwaltungsblatt 1987, S. 666-672

Holznagel, Bernd, Die Zukunft der Mediengrundrechte in Zeiten der Konvergenz, Multimedia und Recht 2011, Editorial

Holznagel, Bernd, Meinungsbildung im Internet, Zeitschrift für öffentliches Recht in Norddeutschland 2011, S. 205-212

Hong, Mathias, Das Recht auf Informationszugang nach dem Informationsfreiheitsgesetzt als Recht zur Mobilisierung der demokratischen Freiheit, Neue Zeitschrift für Verwaltungsrecht 2016, S. 953-960

Hong, Mathias, Hassrede und Desinformation als Gefahr für die Demokratie – und die Meinungsfreiheit als gleiche und positive Freiheit im Zeitalter der Digitalisierung, Rechtswissenschaft 2022, S. 127-174

Hong, Mathias, Die Versammlungsfreiheit. Verfassungsrechtliche Gewährleistung im Bund, in: Peters, Wilfried/Janz, Norbert (Hrsg.), Handbuch Versammlungsrecht, 2. Auflage, München 2021, S. 31-103

Hostacna, Kristyna, Social Bots und freie Meinungsbildung, Ad Legendum 2018, S. 1-5

Hoven, Elisa/Forschungsgruppe g/d/p, Hate Speech: Ergebnisse einer repräsentativen Umfrage, 2020

Howard, Philip N./Kollanyi, Bence, Bots, #Strongerin, and #Brexit: Computational Propaganda During the UK-EU Referendum, COMPROP Research Note 2016.1, online abrufbar unter:

https://papers.ssrn.com/sol3/papers.cfm?abstract_id=2798311

Huber, Michael/Voßkuhle, Andreas (Hrsg.), Grundgesetz – Kommentar, 7. Auflage, München 2018

Huber, Peter M., Natürliche Personen als Grundrechtsträger, in: Merten, Detlef/Papier, Hans-Jürgen (Hrsg.), Handbuch der Grundrechte in Deutschland und Europa, Band II: Grundrechte in Deutschland – Allgemeine Lehren I, 2006, § 49

Hufen, Friedhelm, Keine Schmähkritik in der politischen Auseinandersetzung? Der Schutz der Menschenwürde gegen Hass und Häme im Netz und anderswo, in: Cole, Mark D./Schiedermair, Stephanie/Wagner, Eva Ellen (Hrsg.), Verfassungsrecht – Internationales Recht – Medienrecht, Festschrift für Dieter Dörr zum 70. Geburtstag, Heidelberg 2022, S. 473-480

Hufen, Friedhelm, Staatsrecht II, Grundrechte, 10. Auflage, München 2023

Huster, Stefan, Das Verbot der „Auschwitzlüge“, die Meinungsfreiheit und das Bundesverfassungsgericht, Neue Juristische Wochenschrift 1996, S. 487-491

Iben, Alexander, Staatlicher Schutz vor Meinungsrobotern – (Verfassungs-)Rechtliche Überlegungen zu einer staatlichen Schutzpflicht vor Einflüssen von Meinungsrobotern auf die politische Willensbildung in sozialen Netzwerken, 2021

Iben, Alexander, Staatlicher Schutz des Meinungsbildungsprozesses in sozialen Netzwerken gegen potentielle Beeinträchtigungen durch Meinungsroboter, in: Greve, Ruth/Gwiasda, Benjamin/Kemper, Thomas et al. (Hrsg.), 60. ATÖR – Der digitalisierte Staat – Chancen und Herausforderungen für den modernen Staat, Baden-Baden 2020, S. 153-176

Ingold, Albert, „Governance of Algorithms“. Kommunikationskontrolle durch „Content Curation“ in sozialen Netzwerken, in: von Ungern-Sternberg, Antje/Unger, Sebastian (Hrsg.), Demokratie und künstliche Intelligenz, Tübingen 2019, S. 183-213

Ingold, Albert, Meinungsmacht des Netzes. Macht im Netz II: Rechtliche Herausforderungen aktueller Regulierungsvorstellungen für digitalisierte Öffentlichkeiten, Multimedia und Recht 2020, S. 82-86

Ipsen, Jörn (Hrsg.), Parteiengesetz – Kommentar, 2. Auflage, München 2018

Ipsen, Jörn, Grundrechte, 24. Auflage, München 2021

Jackob, *Nikolaus*, Cicero und die Meinung des Volkes: Ein Beitrag zu einer neuen Geschichtsschreibung der öffentlichen Meinung, in: Kuhn, Christian (Hrsg.), Politische Kommunikation und öffentliche Meinung in der antiken Welt, Stuttgart 2012, S. 167-190

Jahn, Ralf, Verfassungsrechtliche Probleme eines strafbewehrten Vermummungsverbots, Juristenzeitung 1988, S. 545-551

Jarass, Hans D./Kment, Martin, Grundgesetz für die Bundesrepublik Deutschland – Kommentar, 17. Auflage, München 2022

Jarass, Hans. D., Die Freiheit der Massenmedien, Zur staatlichen Einwirkung auf Presse, Rundfunk, Film und andere Medien, Baden-Baden 1978

Jestaedt, Matthias, Das Geheimnis im Staat der Öffentlichkeit: Was darf der Verfassungsstaat verbergen?, Archiv des öffentlichen Rechts 2001, S. 204-243

Jestaedt, Matthias, Die Verfassung hinter der Verfassung. Eine Standortbestimmung der Verfassungstheorie. Schönburger Gespräche zu Recht und Staat, Band 12, Paderborn u. a. 2009

Jestaedt, Matthias, Meinungsfreiheit, in: Merten, Detlef/Papier, Hans-Jürgen (Hrsg.), Handbuch der Grundrechte in Deutschland und Europa, Band IV: Grundrechte in Deutschland – Einzelgrundrechte, München 2011, § 102

Jung, Simone/Kempf, Victor, Krise und Kritik des Verständigungsorientierten Diskurses, Aus Politik und Zeitgeschehen (APuZ), Diskurskultur 43-45/2023, S. 4-10

Jürgensen, Hendrik/Laude, Laude, Art. 6 II GG in der Fallbearbeitung, Juristische Arbeitsblätter 2019, S. 672-676

Jürgensen, Sven, Politische Parteien und Öffentlichkeit, Verfassungsrechtliche Publizitätspflichten für die innerparteiliche Willensbildung und Entscheidungsfindung vor dem Hintergrund des Status demokratischer Öffentlichkeit, Tübingen 2022

Jürlicher, Tim/Röttgen, Charlotte, Bots im Kontext von Wirtschaftsrecht und Cybercrime, Zeitschrift zum Innovations- und Technikrecht 2018, S. 15-19

Kahl, Wolfgang/Waldhoff, Christian/Walter, Christian (Hrsg.), Bonner Kommentar zum Grundgesetz, Loseblatt, Ordner 3, 185. Aktualisierung, München 2017

Kahl, Wolfgang/Waldhoff, Christian/Walter, Christian (Hrsg.), Bonner Kommentar zum Grundgesetz, Loseblatt, Ordner 4, 191. Aktualisierung, München 2018

Kaiser, Anna-Betina, Die Organisation politischer Willensbildung: Parteien, Veröffentlichungen der Vereinigung Deutscher Staatsrechtslehrer 81 (2022), S. 117-169

Kaiser, Anna-Bettina/Reiling, Ines, Meinungsfilter durch soziale Medien – und das demokratische Ideal der Meinungsvielfalt?, in: von Ungern-Sternberg, Antje/Unger, Sebastian (Hrsg.), Demokratie und künstliche Intelligenz, Tübingen 2019, S. 85-112

Kämmerer, Jörn-Axel/Kotzur, Markus (Hrsg.), von Münch, Ingo/Kunig, Philip (Begr.), Grundgesetz-Kommentar, Band 1, 7. Auflage, München 2021

Kang, Tae-Soo, Der Friedlichkeitsvorbehalt der Versammlungsfreiheit – Zu Genealogie und Dogmatik des Grundrechtsvorbehalts „friedlich und ohne Waffen", Bonn 1993

Keller, Tobias R./Klinger, Ulrike, Social Bots in Election Campaigns: Theoretical, Empirical, and Methodological Implications, in: Political Communication (36) 2019, S. 171-189

Kellner, Anna, Die Regulierung der Meinungsmacht von Internetintermediären, Baden-Baden 2019

Kersten, Jens, Anonymität in der liberalen Demokratie, Juristische Schulung 2017, S. 193-203

Kersten, Jens, Schwarmdemokratie – Der Digitale Wandel des liberalen Verfassungsstaates, Tübingen 2017

Kersten, Jens/Rixen, Stephan (Hrsg.), Parteiengesetz (PartG) und europäisches Parteienrecht – Kommentar, Stuttgart 2009

Ketteler, Gerd, Die Einschränkbarkeit nichtöffentlicher Versammlungen in geschlossenen Räumen, Die Öffentliche Verwaltung 1990, S. 954-961

Kind, Sonja/Jetzke, Tobias/Weide, Sebastian/Ehrenberg-Silies, Simone/Bovenschulte, Marc, Büro für Technikfolgen-Abschätzung beim Deutschen Bundestag (TAB), Social Bots, TA-Vorstudie, Berlin 2017

Kingreen, Thorsten/Poscher, Ralf, Grundrechte, 39. Auflage, Heidelberg 2023

Kißlinger, Andreas, Das Recht auf politische Chancengleichheit, Baden-Baden 1998

Kitchin, Rob, Thinking critically about and researching algorithms, Information, Communication & Society (20) 2017, S. 14-29

Kitz, Volker, Der Gewaltbegriff im Informationszeitalter und die strafrechtliche Beurteilung von Onlineblockaden, ZUM 2006, S. 730-737

Klaas, Raphael, in: Möller, Christian (Hrsg.), Was tun gegen Fake News und Hate Speech? Strategien und Ausblicke, Kiel 2019, S. 47-60

Kloepfer, Michael, Grundprobleme der Gesetzgebung zur Informationszugangsfreiheit, Kommunikation & Recht 2006, S. 19-27

Kloepfer, Michael, Grundrecht als Entstehungssicherung und Bestandsschutz, München 1970

Kloepfer, Michael, Informationsrecht, München 2002

Kloepfer, Michael, Öffentliche Meinung, Massenmedien, in: Isensee, Josef/Kirchhof, Paul (Hrsg.), Handbuch des Staatsrechts, Band III, 3. Auflage, München 2005, § 42

Kloepfer, Michael, Produkthinweispflichten bei Tabakwaren als Verfassungsfrage, Berlin 1991

Kloepfer, Michael, Verfassungsgebung als Zukunftsbewältigung aus Vergangenheitserfahrungen, in: Kloepfer, Michael/Merten, Detlef/Papier, Hans-Jürgen/Skouris, Wassilios, Kontinuität und Diskontinuität in der deutschen Verfassungsgeschichte – Von der Reichsgründung zur Widervereinigung, Berlin 1994, S. 35-84

Kloepfer, Michael, Verfassungsrecht II – Grundrechte, München 2010

Kloepfer, Michael/von Lewinski, Kai, Informationsfreiheitsgesetz des

Bundes (IFG), Deutsches Verwaltungsblatt 2005, S. 1277-1288

Kloepfer, Michael, Versammlungsfreiheit, in: Isensee, Josef/Kirchhof, Paul (Hrsg.), Handbuch des Staatsrechts, Band VII, 3. Auflage, München 2009, § 164

Klutzny, Alexander, Online-Demonstrationen und virtuelle Sitzblockaden – Grundrechtsausübung oder Straftat?, Recht der Datenverarbeitung 2006, S. 50-59

Kniesel, Michael, Die Versammlungs- und Demonstrationsfreiheit – Verfassungsrechtliche Grundlagen und versammlungsgesetzliche Konkretisierung, Neue Juristische Wochenschrift 1992, S. 857-867

Kniesel, Michael, Versammlungs- und Demonstrationsfreiheit – Entwicklung des Versammlungsrechts seit 1996, Neue Juristische Wochenschrift 2000, S. 2857-2866

Knothe, Mathias/Nowosadtko, Volker, Sicherstellung von Rezeptionschancengleichheit, Zeitschrift für Rechtspolitik 2011, S. 33-36

Köbrich, Thomas/Froitzheim, Oliver, Lass uns quatschen – Werbliche Kommunikation mit Chatbots, Wettbewerb in Recht und Praxis 2017, S. 1188-1192

Köhler, Ben/Korch, Stefan (Hrsg.), Schwärme im Recht, Tübingen 2022

Kollanyi, Bence/Howard, Philip N./Woolley, Samuel C., Bots and Automation over Twitter during the Third U.S Presidential Debate, COMPROP Data Memo 2016.3

Köppler, Rudolf, Die Mitwirkung bei der politischen Willensbildung des Volkes als Vorrecht der Parteien. Ein Beitrag zur Auslegung des Art. 21 Abs. 1 Satz 1 des Grundgesetzes, München 1974

Koreng, Ansgar, Zensur im Internet – Der verfassungsrechtliche Schutz der digitalen Massenkommunikation, Baden-Baden 2010

Kramer, Oliver, Computational Intelligence, Eine Einführung, Heidelberg 2009

Krüper, Julian, Roboter auf der Agora, Verfassungsfragen von Social Bots im digitalen Diskursraum der Moderne, in: Unger, Sebastian/Ungern-Sternberg, Antje von (Hrsg.), Demokratie und künstliche Intelligenz, Tübingen 2019, S. 67-84

Kube, Hanno, Neue Medien – Internet, in: Isensee, Josef/Kirchhof, Paul (Hrsg.), Handbuch des Staatsrechts, Band IV: Aufgaben des Staates, 3. Auflage, München 2006, § 91

Kube, Hanno, Vertrauen und Vertrauensverluste, in: Kischel, Uwe/Kube, Hanno (Hrsg.), Handbuch des Staatsrechts, Band I: Grundlagen, Wandel und Herausforderungen, Heidelberg 2023, § 15

Kübler, Friedrich, Rundfunk und Demokratie, in: Bäuerle, Michael/Dann, Philipp/Wallrabenstein, Astrid (Hrsg.), Demokratie-Perspektiven – Festschrift für Brun-Otto Bryde zum 70. Geburtstag, Tübingen 2013, S. 199-212

Kühling, Jürgen, Die Kommunikationsfreiheit als europäisches Gemeinschaftsgrundrecht, Berlin 1999

Kunig, Philip, Parteien, in: Isensee, Josef/Kirchhof, Paul (Hrsg.), Handbuch des Staatsrechts, Band III, 3. Auflage, München 2005, § 40

Kunig, Phillip, Die Pressefreiheit, Juristische Ausbildung 1995, S. 589-595

Ladeur, Karl-Heinz, Rechtliche Möglichkeiten der Qualitätssicherung im Journalismus, Publizistik 2000, S. 442-461

Ladeur, Karl-Heinz, Verfassungsrechtliche Fragen regierungsamtlicher Öffentlichkeitsarbeit und öffentlicher Wirtschaftstätigkeit im Internet, Die öffentliche Verwaltung 2002, S. 1-11

Ladeur, Karl-Heinz/Gostomzyk, Tobias, Rundfunkfreiheit und Rechtsdogmatik – Zum Doppelcharakter des Art. 5 I 2 GG in der Rechtsprechung des BVerfG, Juristische Schulung 2002, S. 1145-1154

Lamp, Erich, Die Macht der öffentlichen Meinung – und warum wir uns ihr beugen, München 2009

Lamp, Erich, Öffentlichkeitskonzepte im Vergleich – Elitekonzept und Integrationskonzept, in: Melischek, Gabriele/Seethaler, Josef/Wilke, Jürgen (Hrsg.), Medien & Kommunikationsforschung im Vergleich. Grundlagen, Gegenstandsbereiche, Verfahrensweisen, Wiesbaden 2008, S. 199-218

Landwehr, Claudia, Demokratische Legitimation durch rationale Kommunikation, in: Lembcke, Oliver W./Ritzi, Claudia/Schaal, Gary S. (Hrsg.), Zeitgenössische Demokratietheorie, Band 1, Wiesbaden 2012, S.

355-385

Laude, Lennart, Automatisierte Meinungsbeeinflussung, Der Schutz des Kommunikationsprozesses in sozialen Online-Netzwerken, Tübingen 2021

Lazarsfeld, Paul F., Public Opinion and the Classical Tradition, Public Opinion Quarterly 21 (1957), S. 39-53

Le Bon, Gustav, Psychologie der Massen, 11. Auflage, Hamburg 2014

Lee, Hwai-Tzong, Chancengleichheit der politischen Parteien – Eine sich aus der „Natur der Sache" ergebende Betrachtung, München 1994

Leggewie, Claus/Bieber, Christoph, Interaktive Demokratie – Politische Online-Kommunikation und digitale Politikprozesse, Aus Politik und Zeitschichte 2000, S. 37-45

Lerche, Peter, Aktuelle Grundfragen der Informationsfreiheit, Juristische Ausbildung 1995, S. 561-566

Lewke, Christian, „... aber das kann ich nicht tun!": Künstliche Intelligenz und ihre Beteiligung am öffentlichen Diskurs, Zeitschrift zum Innovations- und Technikrecht 2017, S. 207-216

Lipphardt, Hanns-Rudolf, Die Gleichheit der politischen Parteien vor der öffentlichen Verwaltung – Kritische Studie zur Wahl- und Parteienrechtsjudikatur des Bundesverfassungsgerichts, Berlin 1975

Lischka, Konrad/Stöcker, Christian, Digitale Öffentlichkeit, Wie algorithmische Prozesse den gesellschaftlichen Diskurs beeinflussen – Arbeitspapier –, Gütersloh 2017

List, Christian/Sliwka, Anne, „Deliberative Polling" als Methoden zum Erlernen des demokratischen Sprechens, Zeitschrift für Politik 2004, S. 87-105

Löber, Lena Isabell/Roßnagel, Alexander, Kennzeichnung von Social Bots – Transparenzpflichten zum Schutz integrer Kommunikation, Multimedia und Recht, 2019, S. 493-498

Lotze, Netaya, Zur sprachlichen Interaktion mit Chatbots – Eine linguistische Perspektive, in: Hug, Theo/Pallaver, Günther (Hrsg.), Talk with Bots, Gesprächsroboter und Social Bots im Diskurs, Innsbruck 2018. S. 29-49

Lovink, Gert, Im Bann der Plattformen – Die nächste Runde der Netzkritik, Bielefeld 2017

Luch, Anika D./Schulz, Sönke E., Die digitale Dimension der Grundrechte – Die Bedeutung der speziellen Grundrechte im Internet, Multimedia und Recht 2013, S. 88-93

Lüdemann, Jörn, Warum und wie reguliert man digitale Informationsintermediäre? – Grundfragen der medienrechtlichen Instrumentendiskussion am Bespiel des Suchmaschinensektors, in: Hermstrüwer, Yoan/Lüdemann, Jörn (Hrsg.), Der Schutz der Meinungsbildung im digitalen Zeitalter, Tübingen 2021, S. 1-34

Luhmann, Niklas, Öffentliche Meinung, in: Langenbucher, Wolfgang R. (Hrsg.), Zur Theorie der politischen Kommunikation, München 1974, S. 27-54

Luhmann, Niklas, Öffentliche Meinung, Politische Vierteljahresschrift 1970, S. 2-28

Mafi-Gudarzi, Nima, Desinformation: Herausforderung für die wehrhafte Demokratie, Zeitschrift für Rechtspolitik 2019, S. 65-68

Magen, Stefan, Kontexte der Demokratie: Parteien – Medien – Sozialstrukturen, Veröffentlichungen der Vereinigung der Deutschen Staatsrechtslehrer 77 (2018), S. 67-104

Manow, Philip, (Ent)Demokratisierung der Demokratie, Berlin 2020

Martini, Mario, Algorithmen als Herausforderung für die Rechtsordnung, Juristenzeitung 2017, S. 1017-1072

Masing, Johannes, Meinungsfreiheit und Schutz der verfassungsrechtlichen Ordnung, Juristenzeitung 2012, S. 585-592

Massaro, Toni M./Norton, Helen/Kaminski, Margot E., "SIRI-OUSLY 2.0: What Artificial Intelligence Reveals About the First Amendment", Minnesota Law Review 101 (2017), S. 2481-2525

Mast, Tobias/Gafus, Tobias, Referendarexamensklausur – Öffentliches Recht: Grundrechte – Die Online-Versammlung, Juristische Schulung 2021, S. 153-160

Matz, Werner, Art. 21, in: Leibholz, Gerhard/von Mangoldt, Hermann (Hrsg.) Entstehungsgeschichte der Artikel des Grundgesetzes, Jahrbuch des öffentlichen Rechts der Gegenwart, Band 1 n.F., Tübingen 1951, S. 202-210

Medosch, Armin, Demonstrieren in der virtuellen Republik, in: Schulzki-Haddouti, Christiane (Hrsg.), Bürgerrechte im Netz, Wiesbaden 2003, S. 261-306

Mehrens, Anastasia, Wenn Maschinen Meinungen machen – Social Bots und Manipulationen, in: Steinbrecher, Michael/Rager, Günther (Hrsg.), Wenn Maschinen Meinung machen – Journalismuskrise, Social Bots und der Angriff auf die Demokratie, Frankfurt am Main 2018, S. 20-34

Meier, Christian, Entstehung des Begriffs Demokratie, 2. Auflage, Berlin 2015

Merten, Detlef, Begriff und Abgrenzung der Grundrechte, in: Merten, Detlef/Papier, Hans-Jürgen (Hrsg.), Handbuch der Grundrechte in Deutschland und Europa, Band II: Grundrechte in Deutschland – Allgemeine Lehren I, München 2006, § 35

Merten, Klaus, Das Handwörterbuch der PR, Frankfurt am Main 2000

Merten, Klaus, Stickwort „Öffentliche Meinung", in: Görlitz, Axel/Prätorius, Rainer (Hrsg.), Handbuch Politikwissenschaft. Grundlagen – Forschungsstand – Perspektiven, Reinbek bei Hamburg 1987

Meyer, Julia, Identität und virtuelle Identität natürlicher Personen im Internet, Baden-Baden 2011

Meyn, Jörn-Henrik, Die sogenannte Vermummung und passive Bewaffnung, Frankfurt am Main u. a. 1988

Milker, Jens, „Social-Bots" im Meinungskampf, Zeitschrift für Urheber- und Medienrecht 2017, S. 216-222

Milker, Jens, Social-Bots: Gesetzgeberische Maßnahmen auf dem Prüfstand, Zeitschrift zum Innovations- und Technikrecht, 2017, S. 199-207

Milstein, Alexander/Lippold, Matthias, Suchmaschinenergebnisse im Lichte der Meinungsfreiheit der nationalen und europäischen Grund- und Menschenrechte, Neue Zeitschrift für Verwaltungsrecht 2013, S. 182-187

Möhlen, Christian, Das Recht auf Versammlungsfreiheit im Internet – Anwendbarkeit eines klassischen Menschenrechts auf neue digitale Kommunikations- und Protestformen, Multimedia und Recht 2013, S.

221-230

Möllers, Christoph, Demokratie – Zumutungen und Versprechen, Berlin 2008

Möllers, Christoph, Die verfassungsrechtliche Missbilligung eines materialisierten Volksbegriffs als Element des Schutzes der Verfassung, DER STAAT 62 (2023), S. 181-200

Morlok, Martin, Handlungsfelder politischer Parteien, in: Ipsen, Jörn (Hrsg.), 40 Jahre Parteiengesetz, Göttingen 2009, S. 53-78

Muhle, Florian, Alles Bots? Ein Vorschlag zur Typisierung (teil-)automatisierter politischer Accounts auf Twitter, in: Breidenbach, Samuel/Klimczak, Peter/Petersen, Christer (Hrsg.), Soziale Medien – Interdisziplinäre Zugänge zur Onlinekommunikation, Wiesbaden 2020, S. 45-70

Muhle, Florian, Socialbots – Gefahr für politische Diskussionen und Meinungsbildung im Internet?, Forum Wohnen und Stadtentwicklung, 2018, S. 245-247

Muhle, Florian/Ackland, Robert/Graham, Timothy, Socialbots in polirischen Online-Konversationen. Eine (überschätzte) Gefahr für demokratische Willensbildung im Internet?, Zeitschrift für Parlamentsfragen 2018, S. 618-638

Müller-Mall, Sabine, Freiheit und Kalkül – Die Politik der Algorithmen, Stuttgart 2020

Münch, Ingo von/Mager, Ute, Staatsrecht II, Grundrechte, 7. Auflage, Stuttgart 2018

Murthy, Dhiraj/Powell, Alison/Tinati, Ramine/Anstead, Nick/Carr, Leslie/Halford, Susan/Weal, Mark, Bots and Political Influence: A Sociotechnical Investigation of Social Network Capital, International Journal of Communication (10) 2016, S. 4952-4971

Nahrgang, Nicolai, Der Grundsatz allgemeiner Wahl gem. Art. 38 Abs. 1 S. 1 GG als Prinzip staatsbürgerlicher Egalität, Berlin 2004

Nanz, Patrizia, Öffentlichkeit, in: Brunkhorst, Horst/Kreide, Regina/Lafont, Christina (Hrsg.), Habermas Handbuch, Stuttgart 2009, S. 358-359

Neidhardt, Friedhelm, Öffentlichkeit, öffentliche Meinung, soziale Bewegungen, in: Neidhardt, Friedhelm (Hrsg.), Kölner Zeitschrift für Soziologie und Sozialpsychologie, Sonderheft 34, 1994, S. 7-51

Nellesen, Sebastian, Äußerungsrechte staatlicher Funktionsträger, Neutralität, Meinungsfreiheit, Mäßigungsgebot: Determinanten der Teilnahme staatlicher Funktionsträger am öffentlichen Meinungsbildungsprozess, Tübingen 2019

Nettesheim, Martin, Einführung in das Thema, in: Stiftung Gesellschaft für Rechtspolitik, Trier/Institut für Rechtspolitik an der Universität Trier (Hrsg.), Bitburger Gespräche Jahrbuch 2013, 56. Bitburger Gespräche zum Thema 'Öffentlichkeit und Privatheit – Grenzverschiebungen in der modernen Kommunikationsgesellschaft', München 2014, S. 5-10

Neubaum, German/Krämer, Nicole C., What Do We Fear? Expected Sanctions for Expressing Minority Opinions in Offline and Online Communication, Communication Research 45 (2018), S. 139-164

Neuberger, Christoph/Quandt, Thorsten, Internet-Journalismus: Vom traditionellen Gatekeeping zum partizipativen Journalismus?, in: Schweiger, Wolfgang/Beck, Klaus (Hrsg.), Handbuch Online-Kommunikation, Wiesbaden 2010, S. 59-79

Neuhöfer, Stefan, Grundrechtsfähigkeit Künstlicher Intelligenz, Berlin 2023

Niederée, Claudia/Nejdl, Wolfgang,xTechnische Grundlagen der KI, in: Ebers, Martin/Heinze, Christian/Krügel, Tina/Steinrötter, Björn (Hrsg.), Künstliche Intelligenz und Robotik, Rechtshandbuch, München, München 2020, § 2

Niedersächsische Akademie der Wissenschaften zu Göttingen (Hrsg.), Fake News, Göttingen 2023

Noelle-Neumann, Elisabeth, Are We Asking the Right Questions? Developing Measurement from Theory: The Influence oft the Spiral of Silence on Media Effects Research, in: Hamelink, Cees J./Linné, Olga (Hrsg.), Mass Communication Research: On problems and policies. The art of asking the right questions. In Honor of James D. Halloran, Norwood 1994, S. 97-120

Noelle-Neumann, Elisabeth, Die Schweigespirale, Öffentliche Meinung –

unsere soziale Haut, 6. Auflage, München 2001

Noelle-Neumann, Elisabeth, Die Schweigespirale. Öffentliche Meinung – unsere soziale Haut, München 1980

Noelle-Neumann, Elisabeth, Kumulation, Konsonanz und Öffentlichkeitseffekt. Ein neuer Ansatz zu Analysen der Wirkung der Massenmedien, in: Publizistik 1987 (1), S. 26-55.

Nolle-Neumann, Elisabeth, Öffentliche Meinung, in: Nolle-Neumann, Elisabeth/Schulz, Winfried/Wilke, Jürgen (Hrsg.), Fischer-Lexikon Publizistik, Massenkommunikation, 2. Auflage, Frankfurt am Main 2009, S. 427-442

Noelle-Neumann, Elisabeth, Die Schweigespirale. Über die Entstehung der öffentlichen Meinung, in: Wilke, Jürgen (Hrsg.), Noelle-Neumann, Öffentlichkeit als Bedrohung – Beiträge zur empirischen Kommunikationsforschung, Freiburg/München 1979

Öhman, Carl/Gorwa, Robert/Floridi, Luciano, Prayer-Bots and Religious Worship on Twitter: A Call for a Wider Research Agenda, Minds and Machines (29) 2019, S. 331-338

Oncken, Hermann, Politik, Geschichtsschreibung und öffentliche Meinung, in: Oncken, Hermann (Hrsg.), Historisch-politische Aufsätze, Band I, 1914, S. 203-244

Ossenbühl, Fritz, Die Parteien im System des Grundgesetzes, Bayerische Verwaltungsblätter 2000, S. 161-169

Ostermann, Gregor-Julius, Transparenz und öffentlicher Meinungsbildungsprozess, Eine verfassungsrechtliche Untersuchung, Tübingen 2019

Pariser, Eli, Filter Bubble – Wie wir im Internet entmündigt werden, München 2012

Paschke, Anne, Digitale Gerichtsöffentlichkeit, Informationstechnische Maßnahmen, rechtliche Grenzen und gesellschaftliche Aspekte der Öffentlichkeitsgewähr in der Justiz, Berlin 2018

Pauli, Laura Katharina, Künstliche Intelligenz und Gefährdungshaftung im öffentlichen Recht, Zur Notwendigkeit der Einführung eines speziellen Gefährdungshaftungstatbestands, Berlin 2023

Peuker, Enrico, Verfassungswandel durch Digitalisierung. Digitale Souveränität als verfassungsrechtliches Leitbild, Tübingen 2020

Pfaffenberger, Fabian/Adrian, Christoph/Heinrich, Philipp, Was bin ich – und wenn ja, wie viele? Identifikation und Analyse von Political Bots während des Bundestagswahlkampfes 2017 auf Twitter in: Holtz-Bacha, Christina (Hrsg.), Die (Massen-)Medien im Wahlkampf – Die Bundestagswahl 2017, Wiesbaden 2019, S. 97-124

Pientak, Lisa, Die kommunale Sitzungsöffentlichkeit und ihre Ausnahmetatbestände, Rechtfertigungsnotstand oder Nichtöffentlichkeit aus der Natur der Sache?, Berlin 2023

Pieper, Fritz-Ulli, Die Vernetzung autonomer Systeme im Kontext von Vertrag und Haftung, Zeitschrift zum Innovations- und Technikrecht 2016, S. 188-194

Pötters, Stephan/Werkmeister, Christoph, Der verfassungsrechtliche Konflikt zwischen Freiheit und Sicherheit im Zeitalter des Internets, Juristische Ausbildung 2013, S. 5-12

Pozzana, Iacopo/Ferrara, Emilio, Measuring Bot and Human Behavioral Dynamics, Frontiers in Physics (8) 2020

Rath-Glawatz, Michael, Der Rechtsbegriff der "Presse" – Von den Anfängen bis ins digitale Zeitalter, in: Berufung als Beruf – Festschrift für Sigmar-Jürgen Samwer zum 70. Geburstag, München 2008, S. 163-182

Rauchfleisch, Adrian, The public sphere as an essentially contested concept: A co-citation analysis of the last 20 years of public sphere research, Communication and the Public Volume 2, Issue 1, 2017, S. 3-18

Rauchfleisch, Adrian/Kaiser, Jonas, The False Positive Problem of Automatic Bot Detection in Social Scinece Research, Berkman Klein Center Research Publication (3) 2020

Reckwitz, Andreas, Die Gesellschaft der Singularitäten, Berlin 2017

Reupert, Christine, Die Filmfreiheit – Der verfassungsrechtliche Schutz des Films, Neue Zeitschrift für Verwaltungsrecht 1994, S. 1155-1165

Rhinow, René, Grundprobleme der schweizerischen Demokratie, Zeitschrift für schweizerisches Recht 103 II (1984), S. 111-273

Rinken, Alfred, Geschichte und heutige Valenz des Öffentlichen, in: Winter, Gerd (Hrsg.), Das Öffentliche heute. Kolloquium zu Ehren von Alfred Rinken, Baden-Baden 2002, S. 7-74

Roessing, Thomas, Öffentliche Meinung – die Erforschung der Schweigespirale, Baden-Baden 2009

Ross, Björn/Pilz, Laura/Cabrera, Florian Bachten/Neubaum, German/Stieglitz, Stefan, Are social Bots a real threat?, An agent-based model oft the spiral of silence to analyse the impact of manipulative actors in social networks, European Journal of Information Systems 2019, S. 394-412

Rossi, Matthias, Informationszugangsfreiheit und Verfassungsrecht, Berlin 2004

Rossipaul, Amelie, Künstliche Intelligenz in Kommunikation und Kunst, Eine verfassungsrechtliche Betrachtung, Tübingen 2023

Rox, Barbara, Schutz religiöser Gefühle im freiheitlichen Verfassungsstaat?, Tübingen 2012

Ruck, Silke, Zur Unterscheidung von Ausgestaltungs- und Schrankengesetzen im Bereich der Rundfunkfreiheit, Archiv des öffentlichen Rechts 117 (1992), S. 543-566

Russel, Stuart/Norvig, Peter, Artificial Intelligence – A Modern Approach, 4. Auflage, London 2022

Sachs, Michael (Hrsg.), Grundgesetz – Kommentar, 9. Auflage, München 2021

Saxer, Urs, Von den Medien zu den Plattformen, Die Regulierung öffentlicher Kommunikation im Zeichen der digitalen Revolution, Tübingen 2023

Schemmel, Jacob, Soziale Netzwerke in der Demokratie des Grundgesetzes: Ein verfassungsrechtlicher Blick auf Empirie und Regelungsoptionen, Der Staat 2018, S. 501-527

Scherzberg, Arno, Von den arcana imperii zur freedom of information, Thüringer Verwaltungsblätter 2003, S. 193-203

Scheuner, Ulrich, Bericht zum ersten Beratungsgegenstand „Pressefreiheit“, in: Veröffentlichungen der Vereinigung Deutscher Staatsrechtslehrer 22 (1965), S. 1-100

Scheuner, Ulrich, Der Staat und die intermediären Kräfte, Zeitschrift für evangelische Ethik, 1957, S. 30-39

Schiedermair, Stephanie, Der Schutz des Privaten als internationales Grundrecht, Tübingen 2012

Schiedermair, Stephanie, Das Phänomen der *fake news* im Spiegel der Judikatur des EGMR, in: Cole, Mark D./Schiedermair, Stephanie/Wagner, Eva Ellen (Hrsg.), Verfassungsrecht – Internationales Recht – Medienrecht, Festschrift für Dieter Dörr zum 70. Geburtstag, Heidelberg 2022, S. 181-195

Schiedermair, Stephanie, Einsatz von Wahlcomputern unter Öffentlichkeit der Wahl, Anmerkung zu BVerfG, Urteil vom 03.03.2009 (Wahlcomputer) – 2 BvC 3/07 u. 4/07, Juristenzeitung 2009, S. 572-575

Schiewe, Jürgen, Öffentlichkeit: Entstehung und Wandel in Deutschland, Paderborn 2004

Schliesky, Utz, Das Demokratieprinzip des Grundgesetzes, in: Schliesky, Utz/Schulz, Sönke E./Gottberg, Friedrich/Kuhlmann, Florian (Hrsg.), Demokratie im digitalen Zeitalter, Das Grundgesetz im digitalen Zeitalter, Baden-Baden 2016

Schmalenbach, Kirsten, Wenn der Staat lügt: Desinformation im demokratischen Rechtsstaat, Neue Zeitschrift für Verwaltungsrecht 2005, S. 1357-1361

Schmidt, Jan-Hinrik/Merten, Lisa/Hasenbring, Uwe/Petrich, Isabelle/Rolfs, Amelie, Zur Relevanz von Online-Intermediären für die Meinungsbildung, Arbeitspapiere des Hans-Bredow-Instituts Nr. 40, Hamburg 2017

Schmidt-Aßmann, Eberhard, Verwaltungslegitimation als Rechtsbegriff, Archiv des öffentlichen Rechts 116 (1991), S. 329-390

Schmidt-Jortzig, Edzard, Meinungs- und Informationsfreiheit, in: Isensee, Josef/Kirchhof, Paul (Hrsg.), Handbuch des Staatsrechts, Band VII: Freiheitsrechte, 3. Auflage, München 2009, § 162

Schmitt Glaeser, Walter, Das Grundrecht auf Informationsfreiheit, Juristische Ausbildung 1987, S. 567-574

Schmitt Glaeser, Walter, Der freiheitliche Staat des Grundgesetzes,

Grundzüge, 3. Auflage, Tübingen 2016

Schmitt Glaeser, Walter, Die grundrechtliche Freiheit des Bürgers zur Mitwirkung an der Willensbildung, in: Böckenförde, Ernst-Wolfgang/Isensee, Josef/Kirchhof, Paul (Hrsg.), Handbuch des Staatsrechts der Bundesrepublik Deutschland, Band III, 3. Auflage, Heidelberg 2005, § 32

Schmitt Glaeser, Walter, Die Meinungsfreiheit in der Rechtsprechung des Bundesverfassungsgerichts, Archiv des öffentlichen Rechts 113 (1988), S. 52-100

Schnabel, Christoph, Auskunftsansprüche für Journalisten nach Landespressegesetzen und Informationsfreiheitsgesetz, Neue Zeitschrift für Verwaltungsrecht 2012, S. 854-859

Schoch, Friedrich, Das Recht auf Zugang zu staatlichen Informationen – Informationszugangsfreiheit in Deutschland und der Schweiz, Die Öffentliche Verwaltung 2006, S. 1-10

Schoch, Friedrich, Der Gleichheitssatz, Deutsches Verwaltungsblatt 1988, S. 863-882

Schoch, Friedrich, Informationsfreiheitsgesetz – Kommentar, 2. Auflage, München 2016

Schoch, Friedrich, Konvergenz der Medien – Sollte das Recht der Medien harmonisiert werden?, Juristenzeitung 2002, S. 798-807

Schoch, Friedrich, Zugang zu amtlichen Informationen nach dem Informationsfreiheitsgesetz des Bundes (IFG), Juristische Ausbildung 2012, S. 203-212

Schoen, Harald, Der demokratische Musterbürger als Normalfall? Kognitionspsychologische Einblicke in die black box politischer Meinungsbildung, Politische Vierteljahresschrift 2006, S. 89-101

Scholz, Rupert/Konrad, Karlheinz, Meinungsfreiheit und allgemeines Persönlichkeitsrecht – Zur Rechtsprechung des Bundesverfassungsgerichts –, Archiv des öffentlichen Rechts 123 (1998), S. 60-121

Schröder, Meinhard, Rahmenbedingungen der staatlichen Regulierung von Social Bots, Deutsches Verwaltungsblatt 2018, S. 465–472

Schröder, Meinhard, Stellung der Parteien, in: Merten, Detlef/Papier,

Hans-Jürgen (Hrsg.), Handbuch der Grundrechte in Deutschland und Europa, Band V: Einzelgrundrundrechte II, München 2013, § 119

Schulz, Anne/Rössler, Patrick, Schweigespirale Online, Die Theorie der öffentlichen Meinung und das Internet, Baden-Baden 2013

Schulz, Winfried, Artikel „Öffentliche Meinung", Version 08.06.2022, in: Staatslexikon online, 8. Auflage

Schulz, Wolfang, Gewährleistung kommunikativer Chancengleichheit als Freiheitsverwirklichung, Baden-Baden 1998

Schuster, Simon, Informationszugangsanspruch der Bürgerinnen und Bürger auf kommunaler Ebene am Beispiel der sächsischen Praxis, Landes- und Kommunalverwaltung 2018, S. 495-502

Schwander, Timo, Das digitale Vermummungsverbot – eine irreführende Analogie, Zeitschrift für Rechtspolitik 2019, S. 207-209

Schweiger, Wolfgang, Der (des)Informierte Bürger im Netz – Wie soziale Medien die Meinungsbildung verändern, Wiesbaden 2017

Schweiger, Wolfgang/Weihermüller, Miriam, Öffentliche Meinung als Online-Diskurs – ein neuer empirischer Zugang, Publizistik 2008, S. 535-559

Schwerdtner, Eberhard, Chancengleichheit und Minderheitenschutz in der Kommunalpolitik – Gemeinderat und Verwaltung im kommunalen Spannungsfeld: Anmerkungen zur Rechtsprechung –, Die Öffentliche Verwaltung 1990, S. 14-18

Seeliger, Martin/Sevignani, Sebastian (Hrsg.), Ein neuer Strukturwandel der Öffentlichkeit?, Leviathan Sonderband 37, Baden-Baden 2021

Seidel, Gerd, Das Versammlungsrecht auf dem Prüfstand, Die Öffentliche Verwaltung 2002, S. 283-291

Seifert, Karl-Heinz, Die politische Parteien im Recht der Bundesrepublik Deutschland, Köln 1975

Semizoğlu, Azim, Social Bots im Meinungsbildungsprozess – Eine Betrachtung aus Sicht der Meinungsfreiheit, in: Hetmank, Sven/Rechenberg, Constantin (Hrsg.), Kommunikation, Kreation und Innovation – Recht im Umbruch?, Baden-Baden 2019, S. 79-97

Sinder, Rike, Versammlungsfreiheit unter Pandemiebedingungen. Zeit,

Zahl und Zurechnung als Schlüsselkategorien praktischer Konkordanz, Neue Zeitschrift für Verwaltungsrecht 2021, S. 103-108

Sinder, Rike, Versammlungskörper. Zum Schutz von hybriden und online-Versammlungen unter dem Grundgesetz, in: Greve, Ruth/Gwiasda, Benjamin/Kemper, Thomas/Moir, Joshua/Müller, Sabrina/Schönberger, Arno/Stöcker, Sebastian/Wagner, Julia/Wolff, Lydia (Hrsg.), Der digitalisierte Staat – Chancen und Herausforderungen für den modernen Staat, Baden-Baden 2020, S. 223-244

Smend, Rudolf, Das Recht der freien Meinungsäußerung, Veröffentlichungen der Vereinigung der Deutschen Staatsrechtslehrer 4 (1928), S. 44-74

Smend, Rudolf, Verfassung und Verfassungsrecht, in: Smend, Rudolf, Staatsrechtliche Abhandlungen und andere Aufsätze, 4. Auflage, Berlin 2010, S. 119-276

Sodann, Helge (Hrsg.), Grundgesetz-Kommentar, 4. Auflage, München 2018

Spiecker gen. Döhmann, Indra, Digitalisierung, Informationsgesellschaft, Massendaten, in: Kischel, Uwe/Kube, Hanno (Hrsg.), Handbuch des Staatsrechts, Band I: Grundlagen, Wandel und Herausforderungen, Heidelberg 2023, § 20

Spiecker gen. Döhmann, Indra/Westland, Michael/Campos, Ricardo (Hrsg.), Demokratie und Öffentlichkeit im 21. Jahrhundert – zur Macht des Digitalen, Baden-Baden 2022

Stadler, Thomas, Haftung für Informationen im Internet, Berlin 2005

Stark, Birgit/Magin, Melani, Neuer Strukturwandel der Öffentlichkeit durch Informationsintermediäre: Wie Facebook, Google & Co die Medien und den Journalismus verändern, in: Eisenegger, Mark/Udris, Linards/Patrik, Ettinger (Hrsg.), Wandel der Öffentlichkeit und Gesellschaft – Gedenkschrift für Kurt Imhof, Wiesbaden 2019, S. 377-406

Steege, Hans, Definition von Künstlicher Intelligenz in Art. 3 Nr. 1 KI-VO-E, Ein Meilenstein auf dem Weg zu einem harmonisierten Rechtsrahmen, Multimedia und Recht 2022, S. 930

Steinbach, Armin, Social Bots im Wahlkampf, Zeitschrift für Rechtspolitik 2017, S. 101-105

Stern, Klaus, Das Staatsrecht der Bundesrepublik Deutschland, Band I, 2. Auflage, München 1984

Stieglitz, Stefan/Brachten, Florian/Ross, Björn/Jung, Anna-Katharina, Do Social Bots Dream of Electric Sheep? A Categorisation of Social Media Bot Accounts, in: Proceedings of the Australian Conference on Information Systems 2017, 89

Struth, Anna Katharina, Hassrede und Freiheit der Meinungsäußerung – Der Schutzbereich der Meinungsäußerungsfreiheit in Fällen demokratiefeindlicher Äußerungen nach der Europäischen Menschenrechtskonvention, dem Grundgesetz und der Charta der Grundrechte der Europäischen Union, Berlin 2019

Surden, Harry, Machine Learning and Law, Washington Law Review 87 (2014), S. 87-115

Sydow, Gernot, Parteien als Mittlerorganisationen in der Demokratie, in: Masing, Johannes/Jestaedt, Matthias/Jouanjan, Oliver/Capitant, David (Hrsg.), Die politischen Parteien als Mittler der Demokratie, 2024, S. 1-18

Theis-Berglmair, Anna Maria, Öffentlichkeit und öffentliche Meinung, in: Fröhlich, Romy/Szyszka, Peter/Bentele, Günter (Hrsg.), Handbuch der Public Relations, 3. Auflage, Wiesbaden 2015, S. 399-410

Thiel, Thorsten, Demokratie in der digitalen Konstellation, in: Riescher, Gisela/Rosenzweig, Beate/Meine, Anna (Hrsg.), Einführung in die politische Theorie, 2020, S. 331-349.

Thiel, Thorsten, KI und Demokratie: Entwicklungspfade, Aus Politik und Zeitgeschehen (APuZ), Künstliche Intelligenz 42/2023, S. 23-28

Thieltges, Andree/Hegelich, Simon, in: Blätte, Andreas/Behnke, Joachim/Schnapp, Kai-Uwe/Wagemann, Claudius (Hrsg.), Computational Social Science – Die Analyse von Big Data, Baden-Baden 2018, S. 357-378

Thieltges, Andree/Hegelich, Simon, Manipulation in sozialen Netzwerken – Risikopotenziale und Risikoeinschätzungen, Zeitschrift für Politik, 4/2017, S. 493-512

Towfigh, Emanuel V., Das Parteien-Paradox, Ein Beitrag zur Bestimmung des Verhältnisses zwischen Demokratie und Parteien, Tübingen 2015

Trute, Hans-Heinrich, Freiheit von Presse und Film, in: Merten, Detlef/Papier, Hans-Jürgen (Hrsg.), Handbuch der Grundrechte in Deutschland und Europa, Band IV: Grundrechte in Deutschland – Einzelgrundrechte, München 2011, § 104

Tsatsos, Dimitris/Morlok, Martin, Parteienrecht: Eine verfassungsrechtliche Einführung, Heidelberg 1982

Turing, Alan, Computing Machinery and Intelligence, Mind – A Quarterly Review of Psychology and Philosophy 59 (1950), S. 433-460

Tüfekci, Zeynep, Social Movements and Governments in the Digital Age: Evaluating a Complex Landscape, Journal of International Affairs 68 (2014), S. 1-18

Ullrich, Norbert, Das Demonstrationsrecht – Im Spannungsfeld von Meinungsfreiheit, Versammlungsfreiheit und öffentlicher Sicherheit, Baden-Baden 2015

Umbach, Dieter C./Clemens, Thomas/Dollinger, Franz-Wilhelm (Hrsg.), Bundesverfassungsgerichtsgesetz. Mitarbeiterkommentar und Handbuch, 2. Auflage, Heidelberg 2005

Vaidhyanthan, Siva, Antisocial Media – How Facebook Disconnects Us and Undermines Democracy, New York 2018

Vesting, Thomas, Die Veränderung der Öffentlichkeit durch künstliche Intelligenz, in: Unger, Sebastian/von Ungern-Sternberg, Atnje (Hrsg.), Demokratie und künstliche Intelligenz, Tübingen 2019, S. 33-49

Vogelsang, Jeniffer, Kommunikationsformen des Internetzeitalters im Lichte der Kommunikationsfreiheiten des Grundgesetzes, Tübingen 2017

Volkmann, Uwe, Verfassungsrecht zwischen normativem Anspruch und politischer Wirklichkeit, Veröffentlichungen der Vereinigung der Deutschen Staatsrechtlehrer, 2008, S. 57-88

Volkmann, Uwe, Grundzüge einer Verfassungslehre der Bundesrepublik Deutschland, Tübingen 2013

Volkmann, Uwe, Leitbildorientierte Verfassungsanwendung, Archiv des öffentlichen Rechts 134 (2009), S. 157-196

Volkmann, Uwe, Staatsrecht II – Grundrechte, 3. Auflage, 2020 München

Volokh, Eugene/Falk, Donald M., First Amendment Protection for Search

Engine Results – White Paper Commissioned by Google, UCLA School of Law Research Paper No.12-22, 2012

Völzmann, Berit, Freiheit und Grenzen digitaler Kommunikation, Multimedia und Recht 2021, S. 619-624

von Arnim, Hans Herbert, Parteien in der Kritik, Die Öffentliche Verwaltung 2007, S. 221-229

von Bünau, *Paul*, Künstliche Intelligenz im Recht, in: Breidenbach, Stephan/Glatz Florian (Hrgs.), Rechtshandbuch Legal Tech, 2. Auflage, München 2021, S. 71-81

von Coelln, *Christian*, Die Entwicklung des Rundfunkbegriffs, in: Bayerische Landeszentrale für neue Medien (Hrsg.), BLM-Symposium Medienrecht 2010: Rundfunkstrukturen im Wandel, Baden-Baden 2011, S. 17-53

von Coelln, Christian, Offenheit demokratischer Willensbildung und Staatsferne des öffentlich-rechtlichen Rundfunks: Der Staat als Garant oder Gefahr?, in: Uhle (Hrsg.), Information und Einflussnahme, Gefährdungen der Offenheit des demokratischen Willensbildungsprozesses, Berlin 2018, S. 11-48

von Daniels, Gero, Das Recht auf Auskunft und Gehör in politischen Parteien, Frankfurt am Main u. a. 2007

von Ungern-Sternberg, Antje, Demokratische Meinungsbildung und künstliche Intelligenz, in: von Ungern-Sternberg, Antje/Unger, Sebastian (Hrsg.), Demokratie und künstliche Intelligenz, Tübingen 2019, S. 3-32

von Ungern-Sternberg, Antje, Mehr Lauterbarkeit für Online-Kommunikation – Kennzeichnungspflichten zum Schutz der Demokratie vor Social Bots, Rechtswissenschaft 2022, S. 94-125

Vosoughi, Soroush/Roy, Deb/Aral, Sinan, The spread of true and false news online, Since (359) 2018, S. 1146-1151

Voßkuhle, Andreas, Verfassungsstil und Verfassungsfunktion: Ein Beitrag zum Verfassungshandwerk, Archiv des öffentlichen Rechts 119 (1994), S. 35-60

Waechter, *Kay*, Die Vorgaben des Bundesverfassungsgerichts für das behördliche Vorgehen gegen politisch extreme Versammlungen. Maßgaben für neue Versammlungsgesetze der Länder, Verwaltungsarchiv 99

(2008), S. 73-101

Walz, Sarah, Zur Art und Weise des Informationszugangs – Behördlicher Ermessensspielraum im Falle eines „deutlich höheren Verwaltungsaufwands“, Die Öffentliche Verwaltung 2009, S. 623-630

Wason, Peter, Reasoning about a rule, Quarterly Journal of Experimental Psychology, 1968, S. 273-281

Welcker, Carl, Artikel „Öffentlichkeit“, von Rotteck/Welcker (Hrsgs.), Das Staatslexikon, Encyklopädie der sämmtlichen Staatswissenschaften für alle Stände, 1848 (Nachdruck 1990), 10. Band, S. 246-282

Welzel, Tobias, Virtuelle Versammlungsfreiheit in Zeiten der Pandemie, Multimedia und Recht 2021, S. 220-225

Wimmer, Jeffrey, (Gegen-)Öffentlichkeit in der Mediengesellschaft, Wiesbaden 2007

Wischmeyer, Thomas, Regulierung intelligenter Systeme, Archiv des öffentlichen Rechts 2018, S. 1-66

Woolley, Samuel C., Automating power: Social bot interference in global politics, First Monday, Volume 21, Number 4, 2016

Woolley, Samuel C./Noward, Philip N., Political Communication, Computational Propaganda, and Autonomous Agents, International Journal of Communication, Volume 10, 2016, S. 4882-4890

Wu, Tim, The Attention Merchants: From the Daily Newspaper to Social Media, how Our Time and Attention is Harvested and Sold, London 2017

Zech, Herbert, Digitalisierung - Potential und Grenzen der Analogie zum Analogen, in: Eifert, Martin (Hrsg.), Digitale Disruption und Recht. Workshop zu Ehren des 80. Geburtstags von Wolfgang Hoffmann-Riem, Baden-Baden 2020, S. 29-44

Zimmermann, Ralph, Hochschulrundfunk, Berlin 2013

Zhang, Jinxue/Zhang, Rui/Zhang, Yanchao/Yan, Guanhua, On the impact of social botnets for spam distribution and digital-influence manipulation, in: IEEE Conference on Communications and Network Security, 2013, S. 46-54.

Zippelius, Reinhold, Allgemeine Staatslehre, 17. Auflage, München 2017

Zywietz, Bernd, F wie Fake News – Phatische Falschmeldungen zwischen Propaganda und Parodie, in: Sachse-Hombach, Klaus/Zywietz, Bernd (Hrsg.), Fake News, Hashtag & Social Bots, Wiesbaden 2018, S. 97-131